国家社科基金
后期资助项目
GUOJIA SHEKE JIJIN HOUQI ZIZHU XIANGMU

社会服务组织介入下城市社区居家养老服务效能提升研究

Research on Improving the Efficiency
of Home Care Service in Urban Community
under the Intervention of Social Service Organization

曲绍旭　著

南京大学出版社

图书在版编目(CIP)数据

社会服务组织介入下城市社区居家养老服务效能提升
研究 / 曲绍旭著. —— 南京：南京大学出版社，2023.11
ISBN 978 - 7 - 305 - 27410 - 7

Ⅰ. ①社… Ⅱ. ①曲… Ⅲ. ①养老—社区服务—研究
—中国 Ⅳ. ①D669.6

中国国家版本馆 CIP 数据核字(2023)第 221209 号

出版发行　南京大学出版社
社　　　址　南京市汉口路 22 号　　　邮　　编　210093
书　　　名　**社会服务组织介入下城市社区居家养老服务效能提升研究**
　　　　　　SHEHUI FUWU ZUZHI JIERU XIA CHENGSHI SHEQU JUJIA YANGLAO FUWU XIAONENG TISHENG YANJIU
著　　　者　曲绍旭
责任编辑　张婧妤

照　　　排　南京南琳图文制作有限公司
印　　　刷　江苏凤凰数码印务有限公司
开　　　本　718 mm×1000 mm　1/16　印张 17　字数 330 千
版　　　次　2023 年 11 月第 1 版　2023 年 11 月第 1 次印刷
ISBN 978 - 7 - 305 - 27410 - 7
定　　　价　68.00 元

网　　　址　http://www.njupco.com
官方微博　http://weibo.com/njupco
官方微信　njupress
销售热线　(025) 83594756

目　录

第一章　导　论

完善养老服务制度是我国应对人口老龄化、优化人口政策的重要举措。经过多年发展,我国城市养老服务制度在内容、方式、方法等方面进展较快,并逐步打造了以"居家为基础、社区为依托、机构为补充、医养相结合"的养老服务体系。不难看出,社区居家养老服务是我国养老服务体系建设的主要目标及发展方向。目前,我国的城市社区居家养老服务制度在模式的完善、质量的提升、效果的维持等方面仍存在诸多问题。这些问题产生的主要原因在于相关管理部门及研究者对效能优化的认知出现了偏差,主要集中于服务主体的优化、服务过程的完善、服务结果的评定等效能优化的操作化方面。从全国各地的实践经验来看,社会服务组织的介入能有效提高城市社区居家养老服务的质量,使其更为精准地为老年人提供服务。基于此,本书以服务效能优化为理论出发点,探讨社会服务组织以何种方式、采用何种方法、通过何种路径有效介入社区居家养老服务,进而优化其服务效能。

一、研究缘起

(一) 研究背景

人口老龄化是指在人口出生率逐渐降低与人口寿命不断延长的前提条件下,老年人口在总人口中的比例不断上升的趋势。根据国家卫健委公报相关的数据显示,截至 2021 年末,我国 65 周岁及以上老年人口已达 2 亿人,占总人口的 14.2%,这说明我国已经进入深度老龄化社会。

老龄化所带来的弊端显而易见,老年人口比重的上升,加之生育率下降导致 20~60 岁人口逐渐减少,使得社会的赡养比逐渐提高,社会负担也逐渐加重。此外,老年人口的增加会影响储蓄与消费的习惯,同时会增加税收的比重。在家庭层面,由于传统的家庭养老方式一直处于主导地位,老年人口的增加给家庭带来了额外的压力;在个人层面,老年人身体机能逐年下降,因老致残程度比较高,加之社会排斥的影响,生活困苦程度加深。因此,如何应对老龄化成为我国当前面临的重要问题。党的二十大报告指出:"实施积极应对人口老龄化国家战略,发展养老事业和养老产业,优化孤寡老人服务,推动实现全体老年人享有基本养老服务。"由此可见,养老服务社会化、养老服务产业化是我国应对老龄化问题的重要思路。

养老事业引领养老福利、养老关系和养老产业,如果说"养老福利化"是养老的社会目标,那么"养老和谐化"就是养老的人文目标,而"养老产业化"则是养老的经济目标。以目前来看,以上目标的实现都需要城市社区居家养老服务制度的有效实施。这是因为:首先,城市社区居家养老服务是养老服务社会化的基础。我国养老社会化服务体系在建设之初就将城市社区居家养老服务置于首要的位置①;其次,城市社区居家养老服务是老龄产业发展的前提。老龄产业是指专门为满足老年人的特殊消费需求、具有营利性特征的产品生产与服务活动的总体构成,属于一种跨行业的综合性的社会经济活动。在现有的市场经济体制下,它是以老年人为供给对象,以养老服务为主要内容,主要通过市场化运作配置养老资源,以市场交易为主要方式的健康养老模式,而社区居家养老服务能满足以上需求。由以上分析可知,发展社区居家养老服务是未来我国应对人口老龄化,提高老年人自身福利水平的重要路径。

城市社区居家养老服务政策是多元发展的,其服务内容和方式也应表现出多样化的特点,它不仅要关注服务人数的多少,而且要关注服务质量的高低,如若形成完整的模式,城市社区居家养老服务的质量要求必然要一以贯之。此外,现有的城市社区居家养老服务在注重标准化建设的同时,难以考虑到老年人的特殊需求,使得部分实施效果较差的服务形成短板效应。由于管理方面的原因,城市社区居家养老服务在内容设置、评估设置等方面存在诸多障碍,进而影响了服务的效果。因此,需要进一步明确或优化城市社区居家养老服务的效果,以便为今后相关政策的铺陈提供依据。在养老服务多元化发展、精准性发展、综合性发展的背景下②,城市社区居家养老服务政策也要在主体设置、内容更新等方面发展出更为多元化的服务方式,以此促进服务效果的提升。在此背景下,我国学者对社区居家养老服务的

---

① 按照"9073"的设计格局,即90%的养老服务要趋于居家养老,7%的养老服务要趋于社区养老,3%的养老服务要趋于机构养老。社区居家养老服务在养老服务体系中占有重要的位置。

② 郭林:《中国养老服务70年(1949—2019):演变脉络、政策评估、未来思路》,《社会保障评论》,2019年第3期。

研究也呈现出多元化的特点。现阶段,学者对城市社区居家养老服务优化的研究已打破原有服务的单一方式的探寻(即将研究焦点置于养老服务模式本身的创新上),朝着更为多元化的方向发展。表现为:首先,愈加趋向养老服务的环境、机构、供给等要素的优化分析。如从制度环境的角度出发,认为"社会服务组织参与养老服务具有宏观制度环境开放鼓励、微观制度环境渐趋宽松、制度执行环境模糊约束的含混性特征,需要进一步优化制度环境才能更好地激发社会服务组织活力"①。又如从主体优化的角度出发,认为社区居家养老服务"每种行动主体均有其自身特点和适用性,不论哪种类型的养老服务供给主体,只要能够代表本社区老年人的利益,满足本社区老年人的多元化需求,均能收到良好的效果,充分表明了行动主体对于客体的影响"②。其次,通过资源配置的优化、服务模式的创新、管理职能的拓展等多方面的共同作用,进一步优化养老服务功能,这对解决老龄化之负面影响以及提高老年人自身福利具有重要意义。在资源配置方面,实行财政社会化,多以政府为主导的方式开展城市社区居家养老服务;在模式创新方面,相对集中于开发或开展能有效增加老年人社会福利的服务模式,根据老年人需求的特点,提供专业的心理疏导、社会参与能力提升等方面的服务;在管理职能方面,在政府下放权力的基础上,增加或扩大社会部门的权力,拓展其服务空间,政府的职能多集中于督促和指导。

由于我国社会服务组织发展的起步较晚,加之没有现成的经验可借鉴,社会服务组织在城市社区居家养老服务中的介入效果并不尽如人意,如介入的模式不够具化、介入的方式复杂化、介入的路径随意化。这些问题将直接影响服务效果的提升,进而弱化服务体系构建的效果。因此,如何在社会服务组织介入的前提下,对介入的方式及其效果进行评估,成为当前理论学者及实践工作者亟须解决的重要问题。基于此,本研究主要探讨在现有政策的条件下,社会服务组织如何介入城市社区居家养老服务中,融合养老服务的相关要素,优化服务效能,在此基础上构建完善的服务效能提升机制。

(二) 研究意义

本研究对社会服务组织介入城市社区居家养老服务的方式和方法进行分析,并对介入后的效能进行分析并提出改善路径。研究内容既包括有关

① 刘春湘、姜耀辉:《社会组织参与养老服务的逻辑框架:制度环境·主体类型·实践方式》,《吉首大学学报(社会科学版)》,2020年第5期。
② 赵一红、庞志:《城市社区养老服务供给主体的结构化分析》,《学术研究》,2020年第4期。

服务效能理论的溯源及阐释,又涵盖服务制度优化的描述和分析,具有一定的现实和理论意义。

1. 现实意义

目前,社会服务组织参与城市社区居家养老服务的行为逐渐被政府部门、社会机构、家庭成员认可,而上海、广州、南京、杭州等地已经对社会服务组织介入养老服务的模式进行了初步探索,并取得一定成效。因此,加强此方面的研究具有重要的现实意义,主要体现在:

其一,有利于优化城市社区居家养老服务模式。本研究在优化"服务效能"①理念的推动下,建立"网络化"的城市社区居家养老服务模式。这种服务模式的优势表现在两个方面。一是,以社会服务组织为核心,链接各社区居家养老服务主体,凸显服务的综合性特征;二是,以老年人的需求为出发点,社会服务组织会联合其他服务主体如政府、市场部门等推出精准性的养老服务内容,更能有效满足老年人及其家庭成员的服务需求。综上所述,本研究所完善的城市社区居家养老服务模式一方面摈弃了以往服务模式主体单一的弊端,提高了服务效能,丰富了服务供给理论;另一方面使得老年人及其家庭成员对社区居家养老服务有了全面的认识,服务接受程度也有所提高。在这种情况下,城市社区居家养老服务的供需会更加平衡,资源的配置效果会更加优化,在客观上会有效提高服务的输送效率。

其二,有利于拓展养老服务市场。由于市场化跟进程度的不足,我国养老服务市场的发展略有滞后,养老服务市场针对城市社区居家养老服务的正外部效应体现的不明显。起初,我国通过提高养老服务市场功能、完善社会参与制度等来推动养老服务制度发展。在此之后,市场及社会力量等多元主体介入养老服务的方式、方法等日益成为理论及实践者讨论的焦点,方兴未艾。本研究所提出的服务效能理论受多元主体参与理念的影响,且与公共服务社会化、市场化的理念相吻合。该理论能进一步激发养老服务市场的有效发展。此外,借助于该理念,本研究能进一步推进养老服务市场化的进程。本研究以 Consumer Directed Care(CDC)理念为基础,探索养老服务市场化的途径,一方面可完善市场经济的相关理论,另一方面可将理念付诸实际,推出切实可行的养老服务市场优化措施。

其三,养老服务体系的优化。养老服务体系的优化是我国养老服务政策发展的主要目标。目前,我国养老服务体系的建设已经取得了一定的成就,但在内容设置、标准制定等方面仍存在诸多弊端亟须解决。在社会服务

---

① 养老服务效能的相关内容在后面会有详细论述。

组织介入的视角下,城市社区居家养老服务的内容能进一步丰富,这对养老服务体系的完善具有一定的促进作用。具体来说,本研究将社会服务组织独立于政府之外来优化城市社区居家养老服务模式。一方面,从竞争力角度出发,社会服务组织(以民办非企业为主)能在服务过程及效果评定等方面不断提升老年人福利,客观上为完善城市社区居家养老服务模式提供现实基础;另一方面,因考虑自身长远发展,社会服务组织也在不断地创新养老服务内容,为决策者提供政策经验,完善城市社区居家养老服务模式。

2. 理论意义

现有养老服务的研究多集中于体系的构建、模式的完善等方面,较少考虑到养老服务优化的整体考虑。通过对城市社区居家养老服务效能优化的研究,能优化诸多工具性理念,这些理念可为以上研究提供更多的指导。具体来说,理论意义主要在于:

其一,养老服务效能理论的完善。本研究通过对养老服务效能的概念、理论及使用范围的阐释,能进一步丰富养老服务体系建设的理论。城市社区居家养老服务效能的优化不仅要考虑到服务的过程,还要兼顾先前的准备及后期的评估。[①] 基于此,本研究认为养老服务效能主要涉及服务资源的功用、服务过程的效率以及服务功能的发挥等方面,目标在于提高老年人社会福利水平。在该视域下,养老服务更应注重服务资源的安排、服务过程的考量以及服务效果的评估等方面。也就是说,养老服务效能这一理念的介入,能更好地指导城市社区居家养老服务制度。同时,本研究在对养老服务效能进行理论分析的基础上,结合相关个案与实证研究,使理论与实践得以真正结合。

其二,协同—创新理论的应用。以往有关城市社区居家养老服务效能优化的研究多集中于主体间的协同[②],而很少涉及服务主体合作生产能力,这在降低部分服务主体积极性的同时,也会进一步阻碍养老服务体系构建的进程。本研究试图引入协同—创新理论来解决这一问题。协同—创新理论意指在协同理论的基础上,对参与服务的服务主体的服务方式、服务内容、服务资源等进行优化整合,并通过理念创新、项目创新、机制创新、方式创新等方式,产出优化的服务模式。协同—创新理论将更多关注不同服务

[①] 王莉莉:《基于"服务链"理论的居家养老服务需求、供给与利用研究》,《人口学刊》,2013年第2期。

[②] "协同"一词用在该处是指养老服务的实施并非是以某一主体为绝对的核心,而显在融合、介入等过程中实行不同的组合方式,这种方式避免了原有绝对主体的资源配置效率、遵从等弊端,使得养老服务能更加有效地开展。

主体间合作的可能性以及发展方式,力求完善与创新现有城市社区居家养老服务的模式,并将理念付诸实际,进一步完善养老服务产业。

其三,福利多元主义理念的现实解构。福利多元主义理念与本研究所提出的养老服务体系构建理念有诸多相似之处。由于制度环境、服务对象、资源整合方式的不同,福利多元主义理念的应用在我国刚处于中期发展阶段,实施的方式以及效果等方面并无完整的经验。基于此,本研究将养老服务效能理念与福利多元进行对比,为福利多元主义在我国的实践提供理论分析视角。

其四,服务效果的优化关注。养老服务效能理论适用于对养老服务的效果进行评估。在城市社区居家养老服务缺乏评估标准、评估体系不健全的现实困境下,服务效能理念的引入能进一步优化现有的服务效果。以城市社区居家养老服务效能的优化为基础,本研究将在养老服务的主体构建、资源供给、服务过程、效果评估等方面进行分析,为相关部门养老服务评估政策的制定以及后继研究的开展提供理论支持。

二、国内外研究现状述评

社会服务组织介入城市社区居家养老服务效能的研究,与城市社区居家养老服务发展的研究息息相关。我国城市社区居家养老服务制度在发展过程中并无现成的经验可借鉴,学者对其的研究是在利用本土环境结合国外经验基础上进行的。因此,对国内与国外的研究现状进行分析是研究开展的前提。此外,由于服务效能是一个新概念,因此本研究的现状述评亦包括对于服务效能相关理论(如服务效果、服务创新、服务体系优化)的研究。

(一) 国内研究现状和趋势

本研究的主要目的在于通过社会服务组织的介入来优化城市社区居家养老服务的效能,其理论溯源应涉及政府的"放权"以及养老服务社会化、社会支持等理论。国内学者对这一方面的研究内容主要集中于服务优化、社会支持、资源,重合等内容。

1. 城市社区居家养老服务的内容优化研究

我国相关管理部门在设计城市社区居家养老服务政策之初,是将社区养老和居家养老分开实施的,但由于制度实施过程中两者在服务内容上存在诸多重合交叉之处,如有的社区养老机构内设置了居家养老的床位,老年人既可以参与提升其生活水平的社区养老服务,又可以享受日托或全托的居家养老服务,因此相关部门将两者结合在一起。在此情况下,部分学者对社区、居家养老服务经常合二为一进行研究。如有的学者将社区养老服务称为社区居家养老服务,或等同于居家养老服务。[①] 在这一理念的引导下,学者们一致认为城市社区居家养老服务的优化是社会资源在社区内的融合,是养老服务行政化、社会化方式的渐进统一,是由社区组建养老(服务)机构,并以之为基础,为老年人(主要集中于生活不能自理或部分自理的老年人)提供生活方面服务。[②] 具体来说,城市社区居家养老服务内容优化的研究主要包括以下几方面。

其一,从整合服务主体的角度对优化服务的方式开展研究。主要以某一城市社区居家养老服务为中心,在整合其他服务主体资源的基础上,探讨提高其服务效果的方式与方法。如认为社区内建立社区养老服务中心(或称之为居家养老服务中心)应采取非营利性的方式,主要为老年人提供生活与卫生保健等服务,这种方式结合了家庭照料和机构养老的优势,能提高老年人的服务水准。[③] 又如,从协同理论的角度出发,认为城市社区居家养老服务应发挥街道与社区的组织与领导作用,通过协调的进一步发挥政府、社会服务组织、家庭成员、老年人的多方力量,充分动员各方面的资源,提供诸如生活护理、心理咨询、文化娱乐等方面的服务[④],进而提高社区居家养老服务的质量。此外,部分学者认为社区居家养老服务的优化离不开服务方式的开展,并将社区居家养老服务规定为两层含义:一是基于社区的服务,老年人的服务范围多集中于本社区;二是基于社区系统的服务,即通过整合社区的服务资源,建立与养老服务相关的支持体系,在此基础上提高服务质量。[⑤]

其二,从服务属性视角对优化服务的内容进行探究。在多元主体参与的背景下,不同参与主体的服务目标不尽相同,在协同开展服务时会对城市社区居家养老服务的公益属性造成一定的冲击。因此,如何在整合各服务主体优势的基础上,发挥社区居家养老服务的正外部性作用,成为学者研究的热点。从现有的研究成果来看,学者争议较大的点主要集中于社区居家

---

① 李凤琴、陈泉辛:《城市社区居家养老服务模式探索——以南京市鼓楼区政府向"心贴心老年服务中心"购买服务为例》,《西北人口》,2012 年第 1 期。

② 梁新颖:《家庭养老社会化问题探路》,《社会科学辑刊》,2000 年第 4 期。

③ 史柏年:《老人社区照顾的发展与策略》,《中国青年政治学院学报》,1997 年第 1 期。

④ 项丽萍:《我国社区养老服务方式探析》,《青海社会科学》,2007 年第 5 期。

⑤ 夏学鉴:《社区照顾的理论政策与实践》,北京大学出版社,1996 年版,第 137 页。

养老服务的公益属性。如有的学者从社区、居家养老服务兼备福利性、公益性等特点出发,认为不能拓展社区居家养老服务的服务对象和范围,只集中于少量的服务内容①,但有的学者认为社区居家养老不仅具有公益性、福利性,还应该以盈利为目的,为社区内所有的老年人开展专业化和非专业化的服务。② 以现实来看,后者的观点更适合社区居家养老服务制度,因为社区居家养老服务不仅是保障性服务,更是福利提升服务③。除了福利性的定位之外,学者们对城市社区居家养老服务产业化优的争论也较为激烈,有的学者将其视为第三产业的拓展,建议应该采取产业化、规模化的经营方式来开展相关服务。④ 有的学者采取折中的观点,认为社区居家养老服务应在福利性、公益性的基础上,实施项目化、产业化的运作方式。⑤

其三,从发展现状出发对服务的内容进行设计。部分学者在对城市社区居家养老服务制度发展历程及现状进行分析的基础上,认为现有的服务模式构建程度在部分地区已初步形成规模,服务质量已经有所提高。⑥ 部分学者对城市社区居家养老服务制度发展现状所包含的政策实施、设施配置等内容进行了梳理,并分析其制度优化理论的指向,以及实践发展所面临的问题。⑦ 从发展趋势看,学者们对该问题的研究主要集中于两方面:一方面是在调研个别代表性地区的基础上形成服务优化模式的经验并推广总结,如对服务优化所包含的服务内容、服务人员、项目特点做了典型分析。⑧ 此外,学者在分析个案的基础上,对服务优化的实证研究进行了拓展,不仅对优化模式进行了深入分析,还总结了社区居家养老服务的发展趋势。另一方面是对服务对象的满意度、服务管理与运行、服务跟踪调查等客观内容进行探究,以此来了解服务优化的方式与路径。整体上看,通过对现有的研究成果进行分析后发现,诸多文献对城市社区居家养老服务发展现状的阐释多集中于表面性与经验性的概括,缺乏深入的理解、分析与提升,这在客

---

① 王树新:《社区养老是辅助家庭养老的最佳载体》,《南方人口》,1999 年第 2 期。

② 李学斌:《我国社区养老服务研究综述》,《宁夏社会科学》,2008 年第 1 期。

③ 金德田:《加快实现养老社会化的步伐》,《党政干部学刊》,1995 年第 4 期。

④ 曾昱:《社区养老服务的发展方向:专业化、产业化和规模化》,《西北人口》,2008 年第 3 期。

⑤ 李学斌:《我国社区养老服务研究综述》,《宁夏社会科学》,2008 年第 1 期。

⑥ 韩烨,付佳平:《中国养老服务政策供给:演进历程、治理框架、未来方向》,《兰州学刊》,2020 年第 4 期。

⑦ 杨翠迎:《我国社会养老服务发展转变与质量提升——基于新中国成立 70 年的回顾》,《社会科学辑刊》,2020 年第 4 期。

⑧ 王慧、罗建华:《重庆市城市社区养老服务现状调查分析——以江北区东方家园社区为例》,《大众文艺》,2008 年第 3 期。

观上弱化了服务效果优化的研究力度。

其四,从完善对策角度找寻服务内容优化的路径。学者从三个视角提出优化城市社区居家养老服务质量的对策:第一,从宏观角度来看,有的学者认为当前的社会环境和法律环境是制约城市社区居家养老服务质量优化的主要因素。此外,政府在责任、资源等方面对城市社区居家养老服务的投入不足是制约城市社区居家养老服务优化的主要原因①。第二,从微观角度来看,学者认为城市社区居家养老服务制度优化存在的问题主要集中于服务项目实施的困难、服务设施等硬件条件的落后、服务或工作人员的素质低下等方面。第三,从区域均衡角度来看,学者把城市社区居家养老服务质量低下的主要原因归结于城乡发展差异,认为相对于城市,城乡结合范围内社区居家养老服务发展的环境更为复杂,质量提升进程将更加困难。②

2. 城市社区居家养老服务的社会支持研究

城市社区居家养老服务内容的优化需要通过多种方式来实现,而社会支持是内容优化的重要前提。郑杭生认为社会支持是对生活困难者提供各种形式的无偿性救助和服务,包括国家机构、社会服务组织或个人等。③ 李强认为社会支持是个人获得来自家庭成员、亲友、同事、社会团体、社会组织和社区精神和物质上的支持和帮助。④ 贺寨平认为社会支持是指个人能借以获得各种资源支持(如金钱、情感、友谊等)的社会网络,依靠这些社会支持网络的帮助,人们能够解决日常生活中的问题和危机,同时维持日常生活的正常运行。⑤ 阮曾媛琪认为一个人只要同家庭、邻里和朋友等有直接和间接的联系,那么在危机发生时刻就有获取社会支持的潜力。社会支持系统由其主体、客体、内容和手段等几个要素构成。社会支持的主体包括家庭成员、朋友、同事、亲属和邻居等,社会支持的客体指社会支持的受益者。穆光宗认为社会支持是在一定的社会网络内运用一定的物质和精神手段对社会弱者进行无偿帮助的一种选择性社会行为。⑥ 从以上学者对社会支持概念的阐释可看出:第一,社会支持的前提条件是关系网络的建立。如果没有社会关系网络的互动,那么社会支持就无从谈起。第二,社会支持较注重支持双方在资源占有方面的不平等,只有资源不平等,才会在支持双方之间产

---

① 宋凤轩、丁越、尤扬:《基于 SERVQUAL 模型的城镇社区养老服务质量测评与提升对策》,《经济研究参考》,2014 年第 4 期。

② 刘辛:《北京市海淀区社区养老服务问题的调查研究》,《劳动保障世界》,2010 年第 10 期。

③ 郑杭生:《转型中的中国社会和中国社会的转型》首都师范大学出版社,1996 年版。

④ 李强:《社会支持与个体心理健康》,《天津社会科学》,1998 年第 1 期。

⑤ 贺寨平:《国外社会支持网研究综述》,《国外社会科学》,2000 年第 1 期。

⑥ 穆光宗:《独生子女风险论》,《绿叶》,2009 年第 8 期。

生支持动机,进而促进社会支持行为的发生。第三,被支持的一方多为弱势群体。因为这部分群体缺乏社会资源或融入社会的机会,因此需要得到其他社会成员的支持。学者对城市社区居家养老服务社会支持的研究主要集中于以下内容:

其一,城市社区居家养老服务社会支持的功能研究。社会支持是人们提供互助的各种不同的方式,可以通过家庭和朋友这一帮助自动获得,也可以依靠专业机构的介入和参与。不同于社会网络,社会支持强调的是其正功能的效果。① 在这种理念的指引下,社会支持对城市社区居家养老服务的作用逐渐向两个方向发展:第一个方向为实际的支持,即提供物资援助和构建社会网络,如街道或社区为困难老年人提供物资援助,又如社会服务组织为老年人开展社会融入的服务项目。第二个方向为情感上的支持,即被理解、被尊重的体验及其满意感等方面的支持。② 随着现代社会的不断发展,老年人更加容易与现实脱节,更加容易被社会排斥。因此,在当前加强老年人情感方面的支持,对于提高他们的心理健康水平具有重要的理论意义和现实意义。

其二,城市社区居家养老服务社会支持的类别探究。从社会支持来源角度看,城市社区居家养老服务的社会支持可以分为正式社会支持和非正式社会支持。③ 正式社会支持是指正式的机构依据制度和法律提供的规范性支持,包括政府、社区、社会服务组织、企业等提供的支持。如政府在制定与执行服务政策、购买服务项目等方面的支持;社区在规范服务内容、整合服务资源等方面的支持;社会服务组织在提供服务、增强社会资本等方面的支持,等等。非正式社会支持是指个体因血缘、地缘等社会关系提供的非制度性支持,按照内容可分为经济支持、生活照料支持和精神支持等。

我国城市社区居家养老服务社会支持系统建设起步晚,发展程度不高,加之我国人口基数大,国情复杂,因此正式支持难以惠及每一个人。在开展工作的过程中,正式社会支持作为非正式社会支持的补充,通过深入家庭、社区的方式,满足老年人的需求。我国是一个人情社会,因此,即便是正式社会支持容易获得,来自家庭或朋友的非正式支持也不会因此停止,特别是在部分地区的社会保障水平相对较低的情况下,仅仅依靠政府的正式支持

---

① 封铁英、马朵朵:《社区居家养老服务如何包容性发展? 一个理论分析视角》,《社会保障评论》,2020 年第 3 期。

② 张珂:《新时代推进文化养老服务体系的路径探析》,《人民论坛》,2020 年第 4 期。

③ 李俊:《支持非正式照料者:发达国家老年福利制度新动向及其对中国的启示》,《学海》,2018 年第 4 期。

并不能完全发挥作用。因此,人际(邻里关系)、代际关系(子女支持)就显得十分重要。当然,非正式社会支持和正式社会支持应该互相补足,扬长避短,一起发展才能够提高城市社区居家养老服务水平。在面对城市社区居家养老服务的问题时,部分地区的基层政府通常的思路是如何发展大规模、标准化的机构养老或者如何鼓励老年人居住在家中,实行家庭养老或者居家养老,这些考虑都忽视了一个问题,即照顾者的感受养老问题是一项涉及多方面的问题,不仅有被照顾者,也离不开照顾者如老人的配偶、子女等其他利益相关者。一项好的养老模式不仅要考虑到直接受益人的需求和感受,更需要考虑到其他方面的因素。

除了对两者的关系进行研究外,学者还对城市社区居家养老服务正式支持和非正式支持的相关政策分别做了探讨。城市社区居家养老服务的正式支持具有较强的目的性,通常都有政策支持或者法律依据,如《关于推进医疗卫生与养老服务相结合的指导意见》(国办发〔2015〕84 号)为社区医养结合的发展提供了政策依据,《关于鼓励民间资本参与养老服务业发展的实施意见》(民发〔2015〕33 号)为社会服务组织介入城市社区居家养老服务提供了前提,等等。

城市社区居家养老服务非正式支持包含的内容较广,如家庭成员和邻里朋友提供的支持、基层政府管理部门提供的临时性帮扶等。城市社区居家养老服务的非正式支持与正式支持不同,前者更多强调的是个体与个体之间的关系,且具有更多的灵活性与自由度,这也意味着非正式支持的不确定性。在这种情况下,老年人得到的服务经常取决于服务供给者的能力与主观选择。也就是说,城市社区居家养老服务的正式支持更加强调服务提供方的利益,因而要从提供方的角度来提供服务,而非正式支持注重服务需求方的利益,因此提供的服务要围绕老年人及其家庭成员(服务对象)来设计。虽然说我国部分地区对城市社区居家养老服务的非正式支持做出了较多规定①,但受其多元化服务方式的影响,其服务表现愈加具有不确定性,因此也会造成较高的管理成本,以上问题使得非正式支持发展始终处于初始阶段。在我国传统家庭养老服务的提供者多为老年人的子女,老年人从子女那里得到代际支持,但以现实来看,越来越多的独居老人无法得到子女的照顾。因此,在完善社区居家养老服务的正式支持制度之余,发掘老年人的非正式照顾资源也十分重要。从城市社区居家养老服务非正式支持的研究现状看,一些学者发现非正式支持与提升照顾效果具有一定的关系,当照

---

① 姚远:《非正式支持:应对北京市老龄问题的重要方式》,《北京社会科学》,2003 年第 4 期。

顾者发现他们有可用的非正式社会支持网络时,他们会更加愿意提供高质量的社区居家养老服务,因此在非正式支持中,直接支持的质量比结构特征更为重要。① 此外,学者研究发现,对老年人来说,家庭在其养老服务中具有不可替代的地位②,家庭不仅为老年人提供最基本的养老服务,还是接受、整合、优化非正式社区居家养老服务资源的重要中介。除家庭的社会支持外,社会融合和家庭成员及朋友之间互动形式的支持,也是提高社区居家养老服务的重要手段。③

在城市社区居家养老服务正式支持和非正式支持研究的基础上,学者从两个方向对服务效能优化的路径开展了研究。第一个方向为老年人社会支持网络的构建。从支持网络构建的主体角度看,城市社区居家养老服务的社会支持主体既包括正式服务的主体,也包括非正式服务的主体。完整的社会支持系统既包括政府、社会服务组织、社区等正式支持力量,也包括志愿者及老人互助群体等非正式支持力量。从社会支持网络构建能力的角度来看,学者从社会环境的角度出发,认为个人拥有的社会支持网络与他应对环境变化的能力成正比。个人对环境变化的敏感程度越高,社会支持网络构建的程度就会越好,反之则越差。④ 因此,要整合和扩大老人社会支持的内容和范围,才能更好地凝聚其社会资本,保持他们的身心健康,提高其面对社会生活的信心和能力。此外,学者建议在城市社区建设中融入新型社区居家养老服务元素,为城市社区居家养老社会支持系统的长远发展提供硬件支持。⑤ 同时,在社区居家养老服务时加强专业社工介入研究,一是建立社工介入养老机构的长效机制,二是对服务人员进行职业化训练,并加强心理疏导、能力提升方面的培育工作。

第二个方向为非正式照顾。非正式照顾是指通过道德或血缘关系维系的非规范性养老支持。⑥ 非正式照顾具有满足老年人的经济需求、生活照料和情感慰藉的功能,能够有效提高老年人的生活质量。关于老人非正式

---

① 苗元江、胡敏、高红英:《积极老化研究进展》,《中国老年学杂志》,2013 年第 19 期。

② 汪泳:《社会资本视域下支持家庭养老的政府行动逻辑及策略》,《理论探讨》,2020 年第 4 期。

③ 孔令卫、赵琛徽:《供给侧改革背景下社会养老服务需求分析与优化对策研究》,《老龄科学研究》,2019 年第 7 期。

④ 胡平、王雪珺、张银普等:《心理学在社会服务体系中作用的思考——以复原力建设为例》,《心理科学进展》,2020 年第 1 期。

⑤ 赵立新:《社区服务型居家养老的社会支持系统研究》,《人口学刊》,2019 年第 6 期。

⑥ 姚远、范西莹:《血亲价值观及中国老年人对非正式支持资源的选择研究》,《中州学刊》,2018 年第 2 期。

照顾,国内学界关注较多的是家庭成员,尤其是子女对老年人的赡养和照料。其中,研究较早的学者为熊跃根,他采用焦点小组的方式对成年子女照顾老人的看法进行了探索性的研究,并进一步指出代际间存在着互惠支持的关系。① 随后,学者对非正式支持的方式与方法进行了全面研究。其中,非正式照顾中的喘息服务因其方式的灵活性、服务的便利性等优势,逐渐成为学者理论界和实践者关注的焦点。② 对于非正式照顾而言,喘息服务的介入能够满足照顾者在照顾服务期间休息的需要,这项源于20世纪70年代的临时性照顾服务是将居家照顾的老人暂时送到"喘息服务"机构,由专门人员服侍几天后,再由其子女接回家继续照顾。服务的目的在于给居家照顾老人的配偶或者子女提供一点"喘息"时间,防止其产生情绪上及生理上的耗竭。喘息服务具有计划性、短暂性或周期性等特征③,主要是在有失能老年人的家庭中开展服务,目的是让家庭照顾者休息的同时,也能让被照顾者得到更为全面的照顾服务。

第三个方向为互助养老服务。老年人对非正式资源的依赖点呈现出由近及远的特点,他们会依次使用近亲、远亲、朋友和邻居等关系。当近亲和远亲的支持不能满足老年人的服务需求时,老年人通常会通过以往建立的邻里关系来提高自己的福利水平,而以邻里、朋友等方式建立起来的互助养老服务关系,称为互助养老服务模式。对于互助养老而言,抱团养老的老年人身心具有一定的弱势特征,因此,如果能让他们在互帮互助的过程中体会到"松一口气"的感觉,或者可以让他们从互助活动中"短暂地开溜",势必会从很大程度上让人们感受到互助养老的便利,让人们更容易接受这种养老方式④,这也是发展互助养老服务的主要优势。

3. 城市社区居家养老服务的资源整合研究

在社会支持的基础上,学者对城市居家养老服务资源整合进行了深入的研究。社区居家养老服务资源整合强调主体多元参与和模式创新,这与社会服务组织介入养老服务的思路较为相近。对社区居家养老服务资源整合的研究主要包括以下内容。

① 熊跃根:《需要、互惠和责任分担:中国城市老人照顾的政策与实践》,上海人民出版社,2008年版,第86页。
② 唐咏、徐永德:《中国社会福利变迁下养老服务中非营利民间组织的发展》,《深圳大学学报(人文社会科学版)》,2017年第1期。
③ 黄秀梨、陈月枝、熊秉荃:《从社会批判理论角度看台湾的喘息服务》,《护理杂志(中国台湾)》,2016年第1期。
④ 窦影:《社区治理视角下城市老年人邻里互助养老"预阶段"的发展路径研究》,《云南民族大学学报(哲学社会科学版)》,2020年第5期。

其一,养老服务资源整合的发展历程。我国养老服务资源整合的发展并非一蹴而就,而是经历了理念形成—制度发展—模式巩固的阶段。基于此,本研究将从理念视角、问题视角、模式行为视角三阶段对其研究加以总结,引之为本研究借鉴。

我国城市社区居家养老服务资源整合研究的第一阶段为理念的形成阶段。该阶段的研究内容主要集中于的服务责任、资源配置等方面的探讨。城市社区居家养老服务资源整合实施的理念最初形成于对有偿养老服务的思考,学者认为"对有偿养老服务,我们应该根据需要建立相应的服务机构,完善有关法规,妥善解决经费来源,培养合格的护理人才,做好准备,迎接人口老龄化的挑战"[①]。在这一理念的影响下,加之学者对社区老年服务认知程度的提高[②],城市社区居家养老服务资源整合的研究愈加倾向于探讨各种养老模式之间资源配置的问题,如有的学者认为养老服务资源整合应将重点放置于老年人社会服务需求与家庭服务模式间的差异方面。有的学者认为在社区居家养老服务资源整合的过程中,政府在调动资源的同时,要注重社会保障水平的公平性,并以此为出发点,结合分类指导原则,建立多层次城市社区居家养老服务网络[③];部分学者认为应该利用社区内服务资源的优势,结合不同服务主体的特征,构建完善的社区居家养老服务平台,并围绕平台对辖区内的老年人实施分门别类的照顾[④],提高老年人的福利水平;有的学者则直接提出老年人服务设施的分类及建立方式,如建立以老年学校、老年活动站、老年谈心站为基础的社区三级为老服务网络[⑤];老年人也可结合自身的特点以及家庭的需求状况,选择适合自己的养老方式[⑥]。

第二阶段为城市社区居家养老服务资源整合问题探析及解决的阶段。由于缺乏相关经验,加之部分地区在开展服务时较少考虑当地的经济与文化条件,使得我国社区居家养老服务在开展过程中遇到诸如效率低下,资源浪费等发展性问题,亟须解决。通过研究诸多文献资料发现,该阶段学者的研究内容主要集中于城市社区居家养老服务的专业性提升、资源高效利用等方面的探讨。一是服务专业性提升的探究。为解决社区居家养老服务效

---

① 杨金星、任立忠:《对有偿养老服务的思考》,《老年学杂志》,1993年第1期。

② 赵熙超、范张娟:《对沪垦企业养老服务社区化的探讨》,《农场经济管理》,1996年第1期。

③ 北京市老年学会(家庭养老与社会化服务)课题组:《市场经济条件下的家庭养老与社会化服务》,《人口研究》,1996年第4期。

④ 吴国卿:《社区养老服务——时代的呼唤》,《中国社会保险》,1999年第3期。

⑤ 王岚、易中、姜忆南:《社区养老服务设施规划的探讨》,《北方交通大学学报》,2001年第2期。

⑥ 王辅贤:《社区养老助老服务的取向、问题与对策研究》,《社会科学研究》,2004年第6期。

率低下的问题,部分学者通过个案分析的方式,在对城市社区居家养老服务的服务机制、人员配置、网络建构等方面进行全面分析的基础上,认为提高社区居家养老服务效率的途径之一在于对服务人员的专业性技能优化方面,同时要实施相关的资格等级划定工作,在此基础上不断提高服务质量。① 二是资源高效利用方面的研究。城市社区居家养老服务资源高效利用是解决服务方式单一化、服务内容低质化、服务评估单调化的主要路径。为此,诸多学者也针对服务资源的利用效果提出了诸多对策,如部分学者提出整合多种社区居家养老服务以及市场等资源,形成家庭养老、邻里养老、商业养老模式②,但细加分析则会发现,学者对资源政策对策的研究多集中于模式的创新,较少提出具体的整合路径,这也为后续深入的研究提供了前提。

在问题探析及解决的阶段,学者的研究内容对制度创新也起到了一定的推动作用,如对劳动交换养老服务模式的探究,并通过合理设计规则,有效调动其他资源来弥补现行服务模式的不足,使之发展成为养老服务的重要辅助力量,这种方式体现了养老服务的可行性、经济性、有效性。③

第三阶段为城市社区居家养老服务资源整合的模式构建与优化阶段。该阶段为城市社区居家养老服务研究的繁荣阶段,出现诸多创新性观点,这些观点区别于以往对社区居家养老服务制度完整性与否的阐释,而是集中于对城市社区居家养老服务资源整合系统、模式、方式的探求。一是在社区居家养老服务资源整合系统的建设方面,部分学者认为应该从协同创新的视角来看待我国城市社区居家养老服务制度的建构与管理创新,同时要考虑与社区居家养老服务体系建设相关的如资源整合、系统优化和体系发展等方面的重要问题,要在理念上更多地考虑效率、公平等理念在系统中的注入与实际拓展。④ 二是在社区居家养老服务资源整合模式完善方面,在该阶段出现了诸多值得借鉴的资源整合模式,如以上海市徐汇区⑤、长江三角

---

① 孙泽宇:《关于我国社区居家养老服务问题与对策的思考》,《中国劳动关系学院学报》,2007 年第 1 期。

② 白友涛:《城市老年问题和社会化养老服务体系研究》,《中共福建省委党校学报》,2007 年第 3 期。

③ 刘素华、王龙:《建立基于劳动互换的居家养老服务体系的可行性探究》,《河北师范大学学报(哲学社会科学版)》,2007 年第 5 期。

④ 敬义嘉、陈若静:《从协作角度看我国居家养老服务体系的发展与管理创新》,《复旦学报(社会科学版)》,2009 年第 5 期。

⑤ 潘鸿雁:《公共服务社会化的三方合作研究——以上海市徐汇区养老服务社会化为例》,《中共中央党校学报》,2012 年第 1 期。

洲地区①、兰州市城关区②、南京市③、苏州沧浪区④、北京市⑤、西部六省区⑥等地的实际养老经验为基准,探求社区居家养老服务资源整合模式的完善。三是在社区居家养老服务资源整合方式的创新方面,此阶段的研究内容更多从微观角度展开,并试图引进其他社区居家养老服务资源整合的要素,来共同丰富服务的内容。如有的学者认为从发展的历程来看,城市社区居家养老服务在今后发挥的作用会日益明显,因此要从老年人需求的角度出发,创新社区居家养老服务资源整合的方式。老年人的需求不同,对服务内容、服务人员、服务时限等方面的要求也有所不同,因此要围绕老年人的需求开发形式各样的养老资源整合项目。⑦ 此外,部分学者还尝试建立专门的社区居家养老服务类社会服务组织来进一步扶持服务资源整合模式的发展,认为养老服务类社会服务组织在养老服务中起到重要的作用,政府应从养老服务类社会服务组织评估体系的建立方面入手积极发展组织的建设。⑧

其二,养老服务资源整合的发展趋势。当前,城市社区居家养老服务资源整合的研究趋势主要集中于以下几方面:一是,以需求为导向的研究。过去对城市社区居家养老服务资源整合的研究过多注重顶层设计,而很少涉及老年人自身的需求。因此,未来研究趋势应在对老年人进行分类的基础上,从其需求角度出发,通过创新模式来提高服务资源整合的效果。二是以个案为特点的研究。城市社区居家养老服务资源整合与政策性关联程度较高,自 2005 年国务院提出养老服务的"三化(市场化、产业化、社会化)"发展方向以来,各地根据其实际情况,业已发展出独特的社区居家养老服务资源整合模式,形成诸多代表性个案。未来研究者可把实际与理论相结合,提出完善的服务资源整合的提升机制。三是以合作为基础的研究。城市社区居

---

① 郅玉玲:《长江三角洲地区居家养老服务的发展》,《学海》,2016 年第 4 期。

② 李丽君:《新型养老服务模式的探索——对兰州市城关区"虚拟养老院"建设的调查与思考》,《改革与战略》,2018 年第 10 期。

③ 杨春:《南京市居家养老服务特色研究》,《人口与计划生育》,2016 年第 1 期。

④ 张国平:《居家养老社会化服务的新模式——以苏州沧浪区"虚拟养老院"为例》,《宁夏社会科学》,2017 年第 3 期。

⑤ 张汝立、隗苗苗、许龙华:《凭单制购买养老服务中的问题与成因——以北京市养老服务券政策为例》,《北京社会科学》,2012 年第 3 期。

⑥ 许琳、唐丽娜:《残障老年人居家养老服务需求影响因素的实证分析——基于西部六省区的调查分析》,《甘肃社会科学》,2016 年第 1 期。

⑦ 王小莹、王颖:《探索人性化居家养老服务新模式》,《江西财经大学学报》,2019 年第 6 期。

⑧ 李娟:《社会组织承接政府养老服务项目面临的制度困境——以新制度主义为视角》,《苏州大学学报(哲学社会科学版)》,2020 年第 2 期。

家养老服务资源整合涉及众多要素,既包括服务主体的整合等主观因素,又涉及服务环境的改善、服务制度的创立、服务管理的完善等客观因素,这些因素在服务范围、方式、评估等方面存在诸多的差异。以先前研究来看,学者曾试图整合服务资源,完善服务模式,但多集中于理论的表达。因此,未来城市社区居家养老服务资源整合效果的提升一方面要继续整合优势资源,另一方面要把理论应用于实际,发展出独特的模式。

(二) 国外研究现状和趋势

国内学者对城市社区居家养老服务质量提升的研究与社会化进程息息相关。基于我国许多服务社会化的理念都是源自国外现实,对国外学者的相关研究就要从更深入的理念层次进行挖掘,并找寻诸多值得借鉴的服务经验和服务模式,以期为后续的国际比较研究夯实基础。基于此,本研究以理念研究为前提,以政策实施为基础,对国外城市社区居家养老服务多元化方式的研究与实践进行总结。

1. 社区居家养老服务多元化发展的理论渊源

社区居家养老服务多元化理念之所以产生于西方并不断完善和发展,其主要原因在于西方的政治环境要求公共服务多元化理念的实施。首先,政治体制对多元化理念发展起到一定的促进作用。西方大部分国家实施的是多党合作制,在这种政治制度中,政党之间的博弈逐渐成为常态,这给公共服务的优化带来了诸多阻碍。因此,许多国家引导社会主体与市场主体介入社区居家养老服务中,这一方面能弥补政府在服务方面的缺陷,另一方面能丰富服务主体参与的形式。在这种情况下,包括养老服务在内的公共服务多元理念在西方不断形成。其次,社会环境有利于多元化理念的发展。西方国家社会治理多元化理念的实施使得治理的社会环境愈加复杂,加之在现代化社会中不确定性因素的增加,政府的治理领域不确定的因素越来越多,政府权力的模糊性弊端愈加明显,这些问题会导致民众对政府不信任程度的提高,这就为其他社区居家养老服务主体的介入提供了现实条件,也为多元化治理的制度发展夯实了平台。除以上现实环境外,西方国家诸多学者亦对多元化理念的溯源进行了研究,具体来说,主要包括以下内容。

其一,新公共管理理论中有关多元化发展的阐释。由以上分析可知,国外社区公共服务多元化研究的开展是在特定的历史、制度环境下形成的,而这一形成过程也是政府管理制度不断完善和优化的过程。可以说,服务管理理念对制度的形成具有重要的帮扶作用,西方公共服务多元化的发展历程也是管理制度和理念不断创新的过程。对公共服务多元化开展起到重要作用的是新公共管理理论,这一理论肇始于 1992 年 David Osbrne 与 Ted Gaebler 合著的《改革政府——企业精神如何改革着公营部门》一书中对相关理念的阐释,该书主要从委托—代理的理论视角,对政府的交易成本做了详细的分析,并对美国无论是公营部门还是私营公司十分严重的官僚主义现象开出了十种"药方"。在书中,作者提出最主要的办法就是用"企业家精神"来克服官僚主义,即政府要讲究实效,按效果而不是按投入拨款。政府要进行全面质量管理,利用业绩数据来确定问题之所在,向雇员提供可用的手段来分析问题,找出其根源,制定解决办法,付诸实施。在公共服务多元化理念的阐释上,书中指出政府目前所面临的主要困境在于没有完全掌握社会管理的方法,从而增加了服务成本,要想提高政府效率、完善服务模式、优化服务,政府需要进一步吸收或引进私人部门来共同治理,提高绩效。这一观点不仅可以作为政策实施的参考,而且可以作为重要的理念并付诸实践。按照 Hood 的理解,新公共管理包含的要素集中于"实施专业化管理,明确的行为标准和绩效方法,强调产出控制,打破本位主义,引入竞争,降低管理成本,提高服务质量,吸收和运用私营部门管理方法,强调对资源的有效开发和利用"①。

David Osbrne 与 Ted Gaebler 对公共服务多元化的理念进行了详细的阐释,但没有将其付诸实践。因此,在两位学者研究的基础上,诸多学者从实践的角度对该理念的运用进行了分析。新公共管理中公共服务无论在理念还是实践中都得到了快速发展。一是公共利益最大化的实践。通过将理论与实践有效结合,学者认为公共服务多元化的价值理念更加趋近于公共利益的最大化。这是因为公共服务多元化意味着服务主体、服务方式、服务机制以及服务模式更加多元化,因此服务对象的满足渠道、满足程度也会有所提升,最终会直接导致公共利益的最大化。二是公民利益表达机制的创新。新公共管理的公共服务多元化理念也会拓宽服务的渠道,这使得民众有更广泛的渠道来表达自己的利益。在这种情况下,公民身份的地位也愈加稳固,人们向政府诉求矛盾的方式也愈加集中于协商民主、对话沟通等方面。三是政府治理理念的优化。新公共管理中公共服务多元化的实践对政府的治理理念也有较大的推动作用,在"掌舵而非划桨"的治理原则下,政府更加愿意与社会相关部门(包括社会服务组织)进行合作来推出创新型的养老服务模式,进而提高服务质量。

---

① [英]克里斯托夫·胡德:《一种适用于所有季节的公共管理》,《公共行政》,1991 年第 1 期。

其二,福利多元主义有关多元化发展的阐释。福利多元主义(Welfare Pluralism)是指社会福利可以由公共部门、营利组织、非营利组织、家庭和社区共同负担,政府角色转变为福利服务的规范者、福利服务的购买者、服务管理的仲裁者以及促进其他部门从事服务供给的角色。对现有相关的文献分析发现,学者对福利多元主义概念的理解不尽一致,有称之为福利多元组合,有称之为福利混合。① 虽然概念的名称不尽一致,但所有概念的指向较为明确,即在整合的理念下,强调资源协调与互动。

福利多元主义概念的提出并非偶然,而是在西方社会福利制度发展与完善的基础上发展起来的。西方社会福利制度的发展依据三个重要的条件。首先,福利国家是在民族国家的基础上形成的,它是在现代民族国家的建设发展过程中实现内部稳定的重要组成部分。在现代民族国家的形成过程中,贫穷、失业、疾病、生态危机等这些威胁国家稳定的因素,不仅是国家需要尽可能处理好的既有问题,也是国家形成发展中必然要经历的过程,为了解决失业、贫穷、疾病等问题而建立起来的福利制度则代表国家促进和维护民族国家稳定的愿望。因此,"从早期以来,福利制度是被作为更一般的国家建设过程中的一个部分建构起来的,福利国家就是民族国家"②。民族国家之所以要全面承担起社会福利的责任,从客观上讲是因为具有了这种管理的技术和能力,从主观上讲则是为了促进国家的稳定与发展,提高国家的实力和竞争力。其次,福利国家也是劳资妥协的历史产物,它在实质上是一种调节资本与劳工关系的制度。资本主义产生伊始,劳资之间的冲突、摩擦便没有停息过。资本主义以追求最大利润为目的,以市场为制度依托,强调竞争和效率,而劳工则要求更好的待遇,更广泛而平等的社会权利,以及一旦在残酷的市场竞争中被淘汰下来能够获得必要的社会保障。在"二战"后的 30 年间,劳资妥协在资本主义制度内得到了较好的体现。为了建立国际经济秩序的基础,资本主义不得不向工业社会提出的要求以及国家的某些调控决定妥协。福利国家"是资本为满足一些社会要求而做出的一项策略调整"③。它在一定程度上限制了资本力量的过度膨胀,为劳工提供了必要的安全保障。卡尔·波兰尼指出:"真正自由放任的资本主义意味着不稳定与不安全达到大多数人所无法承受的,并最终会削弱这一制度自我再生

---

① 彭华民:《福利三角:一个社会政策分析的范式》,《社会学研究》,2006 年第 4 期。
② 安东尼·吉登斯:《超越左与右——激进政治的未来》,社会科学文献出版社,2000 年版,第 141 页。
③ 王列,杨雪冬编译:《全球化与世界》,中央编译出版社,1998 年版,第 15 页。

能力的程度。"①福利国家作为一种对资本进行限制的制度形式,它的形成在一定程度上修正了资本主义市场的不合理因素,防止资本主义遭到这一制度的自我破坏逻辑的伤害。再次,福利国家是为了管理风险而出现的。"在每一个个体的生命历程中,都会遭遇到各种各样的风险,而福利国家一直被视为解决这些风险问题的有效手段。"福利国家从其一开始到现在一直关心风险管理,吉登斯认为,"福利国家在很大程度上是由国家控制的管理风险的制度"②。在吉登斯看来,这反映了现代性与从前的社会秩序形态的冲突,因为在前现代社会,个体的贫穷、疾病等风险只是一种"偶然"的事情,而社会福利概念的产生意味着人们对社会不公的重新理解,反映出社会和经济生活可以人为控制这样一种占优势的想法。凯恩斯主义对古典经济学理论的批判在这里显得非常重要,在 20 世纪 30 年代之后的几十年间占支配地位的正统经济学派把大规模的失业风险看作一种可以有效控制的风险。③

在以上研究的基础上,Norman Johnson 在 20 世纪 80 年代的专著《转变中的社会福利:福利多元主义的理论与实践》(The Welfare State in Transition:The Theory and Practice of Welfare Pluralism)中正式提出福利多元主义的概念,并从价值主体、形式、内容等方面进行了阐述。Norman 认为,福利多元主义表现出如下特点:其一,强调社会福利的供给并非只有政府的单一主体,应该强调社会的多元参与,除政府外,非正式部门(包括社区照料、家庭保障、邻里互助、公益服务等)都应该成为重要的资源组合要素。④ 即只有福利参与主体或服务主体越来越多元,服务的形式和内容才会更加丰富,这为社会服务组织参与社区居家养老服务的制度提供了理论基础。其二,社会福利的供给形式也应实行多元化。在主体多元化的基础上,公共服务的提供方式也会更加丰富。除了制度性的参与方式外,非制度的参与方式也应该被提倡。其三,社会福利的内容应该强调资金、服务、设施等软硬件方面。⑤

Norman Johnson 引入并阐释了福利多元主义的概念,后来的学者进一

---

① 王列、杨雪冬编译:《全球化与世界》,中央编译出版社,1998 年版,第 83 页。

② 杨雪冬、薛晓源主编:《"第三条道路"与新的理论》,社会科学文献出版社,2000 年版,第 73 页。

③ 安东尼·吉登斯:《超越左与右——激进政治的未来》,社会科学文献出版社,2000 年版,第 187 页。

④ Johnson, Norman (1987). The Welfare State in Transition: The Theory and Practice of Welfare Pluralism. Amherst: University of Massachusetts Press. 1 - 2.

⑤ Johnson, Norman (1987). The Welfare State in Transition: The Theory and Practice of Welfare Pluralism. Amherst: University of Massachusetts Press. 87.

步对其理念进行了深入的探讨,如在理论的阐释方面,Titmuss 在《福利的社会分工》(The Social Division of Welfare)一文中认为,不同的主体整合形成完整的社会服务机制,而能进一步发挥其社会功能,但这一过程如若使要素相互合作,则会使其运转更为良好。① 基于此,Rose 认为,从制度性的角度来看,社会福利的发展并非基于直线型的发展趋势,而是在总体福利产生基础上进一步完善,从而具有混合式的理念。② 在理念与实践结合方面,福利多元主义强调服务资源的有效配置;在资源整合机制方面,福利多元主义注重国家、市场、社会与家庭等方面的平等进入。

福利多元主义的理念在我国得以发展的主要原因在于对社会制度的转型的经验借鉴,但在吸收到优化的过程中,福利多元主义在我国也被冠以多种概念,如福利三角理论③、福利多元主义视界④、福利多元视域⑤等。诸多概念的基本出发点都集中于政府在社会福利政策制定和实施过程中的优化。福利多元主义强调建立以政府、社会等主体的制度参与形式,共同提升社会治理能力。对城市社区居家养老服务来说,社会服务组织的介入是福利多元主义理念的体现,也是福利多元主义理念的具体实施。

其三,相互依赖理论有关多元化发展的阐释。相互依赖理论主要是指社会服务的提供是由国家、市场和社会服务组织共同来完成。最初提出这一理论的学者是罗伯特·伍思努(Robert Wuthnow)。他区分了三大部门的运行机制,并从组织特性角度出发,对国家、市场和志愿部门进行概念界定。他将国家定义为"由形式化的、强制性的权力组织起来并合法化的活动范围"⑥,国家的主要特点是以强制性权力为依托。市场被定义为"涉及营利性的商品和服务的交换关系的活动范围"⑦,市场的运行主要依赖于以价

---

① Shaun Wilson, Gabrielle Meagher and Kerstin Hermes(2012), The social Division of Welfare Knowledge: Policy Stratification and Perceptions of Welfare Reform in Australia, Policy & Politics.

② Rose, Richad (1986). Common Goals but Different Roles: The State's Contribution to Welfare Mix. In Richad Rose and Rei Shiratori (eds.), The Welfare State East and West, New York: Oxford University Press.

③ 彭华民:《福利三角:一个社会政策分析的范式》,《社会学研究》,2006 年第 4 期。

④ 李扬:《福利多元主义视界:我国非营利组织发展的路径选择》,《长春理工大学学报(高教版)》,2009 年第 7 期。

⑤ 黄佳豪:《福利多元视域下民办养老福利机构的发展思考——以安徽为例》,《天府新论》,2011 年第 1 期。

⑥ Robert Wuthnow (1991). Between States and Markets: the Voluntary Sector in Comparative Perspective[M], Princeton University Press, 5 - 7.

⑦ Robert Wuthnow (1991). Between States and Markets: the Voluntary Sector in Comparative Perspective[M], Princeton University Press, 5 - 7.

格形成为基础的供给与需求关系的界定,并强调其他强制性原则之外的运行规则。志愿部门被定义为"既不是正式的强制,也不是利润取向的商品和服务交换的剩余活动范围"①,主要以志愿主义的原则来运作。此外,罗伯特·伍思努进一步强调,从表面上来看,政府、市场与公益部门间的界限分明,但在具体的政策实施过程中,三个部门之间存在频繁互动,使得自身所具备的社会资源日益融合并形成新的资源整合模式,这会使得三者的组织边界日益模糊。组织间的联合行动使政府、市场与志愿部门获得了外部环境的资源支持,既有利于组织的可持续发展,又有利于整合各种资源,共同解决社会问题。

2. 社区居家养老服务制度构建的政策研究

在理念的基础上,国外学者对城市社区居家养老服务优化的路径进行了诸多政策性研究。按照阶段性的梳理,国外对城市社区居家养老服务优化的研究,肇始于20世纪80年代在美国所流行的多元化政策理论②③。这一理论认为政府提高自身的服务能力以及决策效力,需要多关注政策的渗透性以及社会资源的整合,同时要结合社会问题的产生、发展及预测等方面的问题做出详细的分析。④ 此外,多元化政策理论要求政府进一步提高公共产品的数量和质量,节约公共服务的成本,引入市场机制来进一步提高服务效率。⑤

20世纪90年代以来,与城市社区居家养老服务相关的"协同—生产"理论被理论界及政策制定者接受,该理论强调服务受益群体与政策的互动,并在此基础上强调社会资源的进一步融合。在这一理念下,社会服务组织的介入有了现实基础,并逐渐被社区居家养老服务制度接纳,并进一步优化了其服务质量。Alford对澳大利亚进行研究的过程中发现,政府与社会共同推出的合作服务模式能有效缓解原有服务机制效率低下的弊端,并开发

---

① Robert Wuthnow（1991）. Between States and Markets：the Voluntary Sector in Comparative Perspective[M]，Princeton University Press，5－7.

② Sharp E（1980）Toward a new understanding of urban services and citizen participation：the co-production concept. Midwest Rev Public Adm 14：105－118.

③ Whitaker G（1980）Co-production：citizen participation in service delivery. Public Adm Rev 40：146－240.

④ Leadbeater C（2007）Personalisation through participation：a new script for public services. London，Demos.

⑤ Gershon P（2004）Releasing resources to the front line：independent review of public sector efficiency. London，HMSO.

了一些新的模式。① 有的学者以此为经验基础,认为城市社区居家养老服务政策的颁布不只是有利于老年人的社会资源建构,而且更多地与相关的理念以及合作主义、社团主义联系在一起,通过能经验交流、互助小组等多种方式并发展多样化的模式,提高老年人的社会福利水准②③。

进入 21 世纪以来,西方学界对城市社区居家养老服务优化的研究主要集中于合作方式的探讨。部分学者从公共服务的角度对社会服务组织介入提出了自己的看法④。有学者认为公共服务质量的提高应该采取多样化的方式,政府在体系建设的基础上,引进社会服务组织介入,共同完善制度建设。在城市社区居家养老服务方面应该关注社区医院的作用,使其与家庭照料结合起来,提高基层护理的水平⑤。有学者认为要进一步发挥专业人才在养老服务优化方面的作用。政府可以制定相关的规则为养老服务人才提供保障机制,进而提升整体的服务质量。⑥ 此外,许多学者认为政府制定城市社区居家养老服务政策的能力不够,较少考虑所在社区、社会服务组织等服务主体的作用。⑦⑧⑨ 基于此,学者将目标瞄准老年人专有服务的社会

---

① 详见 Alford J (1993) Toward a new public management model: beyond 'managerialism' and its critics. J Dev Adm 35(3):62-88;Alford J (1998) A public management road less travelled: clients as co-producers of public services. Aust J Public Adm 57(4):128-137;Alford J (2002) Why do public-sector clients coproduce? Toward a contingency theory. Adm Soc 34(1):32-56;Alford J (2009) Public value from co-production by clients. Working Paper, Melbourne, Australia and NewZealand School of Government 等文章。

② Needham C (2008) Realising the potential of co-production: negotiating improvements in public services. Soc Policy Soc 7(2):221-231.

③ McIntyre-Mills J (2010) Participatory design for democracy and wellbeing: narrowing the gap between services outcomes and perceived needs. Syst Pract Action Res. doi:10.1007/s1213-009-9145-9.

④ Bovaird T, Loeffler E (2007) The public governance implications of user co-production of public services: a case study of public services in Carrick, UK. ASPA Annual Conference, Washington DC.

⑤ J. Walmsley and S. Rolph. (2001) The Development of Community Care For People With Learning Difficulties 1913 to 1946,Critical social policy21(1):59-80.

⑥ Hillel Schmid (2004). The Israeli long-term care insurance law: selected issues in providing home care services to the frail elderly, Health & Social Care in the Community13(3):191-200.

⑦ Considine M, Lewis JM (2003) Bureaucracy, network, or enterprise? Comparing models of governance in Australia, Britain, the Netherlands, and New Zealand. Public Adm Rev 63:131-140.

⑧ Casey J, Dalton B (2006) The best of times, the worst of times: community-sector advocacy in the age of 'compacts'. Aust J Polit Sci 41(1):23-38.

⑨ Needham C, Carr S (2019) Co-production: an emerging evidence base for adult social care transformation. SCIE Research briefing 31. Queen Mary University, Social Care Institute for Excellence, London.

服务组织,对其参与能力的相关研究不断增加,如认为在老年人生活护理方面,应该制定社会服务组织的介入政策,认为在老年人人道主义关怀、社会歧视方面应该进一步优化。学者还对与老年护理有关的从业者实施态度转换的理念进行研究,从忽视老年人的想法,提供较差质量的护理,转变为提供高质量、具备个性化的老年护理,真正提高老年人的生活质量[①]。老年人家庭护理的保健合作(ARCHUS)相关的研究认为,对需要长期照顾的老年人来说,医疗照顾可能会导致其沮丧,应该利用社会服务组织的优势对其进行护理[②]。此外还有老年人居住地的信息交换参与机制研究等[③]。

从目前来看,随着老龄化问题所带来的社会影响日益深远,国外许多学者也将研究焦点集中于具有成功经验国家养老服务模式的相关探索上,这些国家包括比利时[④]、欧盟等国[⑤]。从诸多研究中发现,学者对社会服务组织介入养老服务也进行过详细分析。

由以上的分析可知,国外对养老服务优化的研究趋势体现在:其一,多学科的综合研究。从现有的情况来看,国外学者对服务优化的研究所涉学科较少,多集中于病理学、社会学等方面,同时较多关注老年人身体健康及社会参与。因此,在专业化融合的趋势下,也将会更加集中于社会、市场等其他主体的参与。其二,社区照料的优势研究。国外社区的建设较为成熟,相关的理论有重要的借鉴意义。因此,很多社区居家养老服务在社区内就能有效提供(包括与养老服务有关的日间照料、护理等方面)。因此,今后的研究要以社区为实践平台,为老年人提供系统化的服务。其三,社会服务组织参与的研究。国外社会服务组织发展较为独立,理论研究体系较为完善,社会服务组织的服务效率也逐渐被人们认可。许多学者已开始关注社会服务组织对城市社区居家养老服务优化的促进作用,其研究成果具有较好的

---

① Emily You, David Dunt, Colleen Doyle, Arthur Hsueh (2012), Effects of case management in community aged care on client and carer outcomes: a systematic review of randomized trials and comparative observational studies, BMC Health Services Research, (12):95 - 106.

② Susan J Foster(2012), Aged Residential Care Health Utilisation Study (ARCHUS): a randomised controlled trial to reduce acute hospitalisations from residential aged care. BMC Geriatrics (9):54 - 65.

③ Sarah Gaskin(2012), Examining the role of information exchange in residential aged care work practices-a survey of residential aged care facilities, BMC Geriatrics (12):2 - 11.

④ Baeyens(2010), Belgian care Programme for older pantients, The Journal of Nutrition, Health & Aging (14):471 - 475.

⑤ Nicolas Sirven, Brigitte Santos-Eggimann, Jacques Spagnoli (2012), Comparability of Health Care Responsiveness in Europe, Soc Indic Res:255 - 271.

借鉴意义。

3. 社区居家养老服务的多中心治理研究

社会秩序的形成及发展是多中心治理理论讨论的焦点。西方学者对社会秩序形成的探讨主要围绕"自发秩序"还是"集中指导的秩序"①来展开。英国政治家与哲学家托马斯·霍布斯(Thomas Hobbes)首先系统地对社会秩序的形成加以讨论,他认为社会秩序的形成需要具有主权意识的"利维坦国家"来建构,否则会形成人对人像狼的丛林社会。② 霍布斯认为"利维坦国家"中社会秩序的形成应当按照主权者的意志行动。与霍布斯所倡导的理念不同,古典自由主义及后来的新自由主义学者却认为自发的意识是社会秩序形成的基础。亚当·斯密(Adam Smith)所认为的市场能妥善有效地安排人们的自利行为并能构建出有效的社会秩序和增进人们的总体福祉③,以及弗里德里希·哈耶克(Friedrich Hayek)所认为的人类对自由的需求源于人们的有限理性和社会秩序的自发性④,都是对社会秩序自发性的诠释。

自由主义学者对社会秩序的辨析因西方国家的治理危机而饱受诟病。20世纪80年代,西方国家出现一系列诸如社会风险增加、贫富差距扩大、市场功能弱化、政府机构臃肿等社会治理问题,以上问题使得学者们重新思考社会治理的方式与方法,并开展了一场治理革命,而多中心治理的理论与实践基础正是源于西方的治理革命,且"已经成为治理革命的'元叙事'"⑤。

迈克尔·波兰尼(Michael Polanyi)认为,多中心(Polycentrity)是与一元化的单中心相对应的社会治理秩序,在多中心的治理模式中,社会各主体(或称单位)可自由且独立地追求自身的利益,并根据社会的规则实现自身的定位以及相互关系的调节与使用,最终会形成自发性的社会管理模式。⑥由以上分析可知,"自发性"是多中心理论中的核心要义,但这种"自发性"需要社会规则(尤其是互动规则)的完善。与"自发性—社会秩序"的叙述逻辑

---

① [英]迈克尔·博兰尼:《自由的逻辑》,冯银江、李雪茹译,吉林人民出版社,2011年版,第107页。

② [英]霍布斯:《利维坦》,黎廷弼译,商务印书馆,2017年版,第86-90页。

③ [英]亚当·斯密:《国富论(上册)》,郭大力,王业南译,译林出版社,2011年版,第66页。

④ [英]弗里德里希·哈耶克:《自由秩序原理》,邓正来译,生活·读书·新知三联书店,1997年版,第17页。

⑤ 孔繁斌:《多中心治理诠释——基于承认政治的视角》,《南京大学学报(哲学·人文科学·社会科学)》,2007年第6期。

⑥ [英]迈克尔·博兰尼:《自由的逻辑》,冯银江、李雪茹译,吉林人民出版社,2011年版,第86页。

不同,文森特·奥斯特罗姆(Vincent A. Ostrom)通过对公共领域治理的研究,发现互动性对多中心治理及社会秩序的构成更加具有现实意义,"如果我们认为一个联邦制社会是一个能够产生大量社会集合体的契约社会,那么我们将期望看到一种或另一种形式上独立但相互考虑的社会单位以相互融通的方式发挥作用以实现许多不同秩序模式"①。奥斯特罗姆通过对公共池塘治理的经验研究发现,在个人理性与集体理性存在矛盾的情况下,自主性管制却发挥较大的作用,并能有效实现公共利益及公共秩序,这也是多中心治理的核心要义。

由以上的分析可知,多中心治理理论主要关注以下几方面内容:其一,治理主体多元化。多中心理论自建立之初,就摈弃以指挥秩序为主的治理范式,确定以"主体多元化治理"的治理逻辑分析架构,并在此基础上强调通过政府以外其他治理主体(如利益集团、社会组织团体)的参与来增加社会治理的灵活性。此外,多中心治理理论认为多元化主体的参与能增加治理能力的降低以及治理边界的模糊性问题。其二,治理主体的互动性。主体互动是多中心治理运行的前提条件,以往治理的主体多以单方或单一中心来展开互动,而多中心治理则强调治理单元的多元互动与沟通,认为只有按此方式才能形成依存关系,才能真正走向互助服务的公共治理体系,减少治理的成本。其三,互动方式的多样化。多中心治理主体可采取认同、合作、融合等方式进行互动,正如詹姆斯·罗西瑙(James N Rosenau)认为,多中心治理"是一种新的管理过程,或者一种改变了的有序统治状态,或者一种新的管理社会的方式"②。

多中心治理理论肇始于社会治理的逻辑研究,逐渐拓展至社会治理的方式与过程,并为社会服务供给、公共事物治理、公共产品配给等提供了大量的实践经验。多中心治理理论对城市社区养老服务的有效发展具有重要的参考价值。

4. 社区居家养老服务政社关系研究

城市社区居家养老服务主体建构多元性、服务传递机制特殊性、服务关系处理复杂性等既有现实,使得城市社区居家养老服务政社关系更为复杂,呈现方式也更为多样,这为有效把握城市社区居家养老服务政社关系形成以及运行等方面的问题设置了障碍。因此,从发展历程来看,学者对包括养

---

① [美]文森特·奥斯特罗姆:《美国联邦主义》,王建勋译,上海三联书店,2002年版,第230页。

② [美]詹姆斯·N.罗西瑙:《没有政府的治理》,张胜军、刘小林译,江西人民出版社,2001年版,第88-90页。

老服务在内的公共服务政社关系的研究也呈现出多视角、多领域、综合性的特点。国外学者认为国家权利的延伸应该无限扩大,公共服务(包括社区居家养老服务)的权责应规制于政府的范围之内,政社关系应表现出更为行政化的倾向①;有学者主张从"权力绝对主义抑或有限国家模式"的角度出发,认为分立的、合作的公共服务政社关系是社会发展的长久之路②;有学者从"市民社会"的角度探求在公共领域内政社关系的运行以及发展的规律,认为共同治理、伙伴关系应是公共服务政社关系的发展方向③。由以上分析可知,学者按照影响因素到类别分析再到模式建构的时序路径,对包括城市社区居家养老服务在内的公共服务政社关系的形成机理以及该机理下的关系类别进行了分析。但较少有学者对类型划分的规律以及各类型间的相互影响(甚至转化)进行过深入的分析。

为弥补这一弊端,国外学者对城市社区居家养老服务的类型进行了研究。理论的预设及出发点不同,政社关系类型划分亦有所差别。在公民社会理论视角下,政社关系类型的划分是以公民社会独立性为前提的,持有近代公民社会理念的后马克思主义者将"重建公民社会"作为其研究的重要任务,而这一任务的前提在于将公民社会与经济领域区分开来。④ 为实现这一目标,学者主张将社会服务组织当作公民社会的主体,并在分析社会服务组织与政府互动的基础上,提出政治社会、经济社会、公民社会等政社关系类型。⑤ 这一类型划分强调的是社会服务组织的独立性以及政府与社会服务组织的平等关系。⑥ 在这一理念的影响下,西方公民社团的发展较为迅速,且逐渐成为较为重要的政治力量,如美国的绿色和平组织、英国的救助儿童会等;在法团主义理论的视角下,政社关系类型的划分以社会服务组织利益与国家决策模式为前提,该理论将政社关系划分为准同型(政府与社会组织的目标具有异质性)、权威型(允许社会组织存在,但需要政府的控制)、合约型(政府通过谈判与社会服务组织建立合约关系,并确立双方各自的权

---

① [德]卡尔·施密特:《合法性与正当性》,冯克利、李秋零、朱雁冰译,上海人民出版社,2015年版,第126-127页。
② [美]莱斯利·里普森:《政治学的重大问题》,刘晓译,华夏出版社,2001年版,第75页。
③ [德]尤尔根·哈贝马斯:《公共领域的结构转型——论资产阶级社会的类型》,曹卫东译,学林出版社,1999年版,第59-63页。
④ Community engagement and building trust to resolve ethical challenges during humanitarian crises: experience from the CAGED study.
⑤ [英]特纳:《公民身份与社会理论》,郭忠华、蒋红军译,吉林出版集团有限责任公司,2007年版,第99页。
⑥ 亚历山大:《国家与社会》,中央编译出版社,2002年版,第47页。

力和地位)①等类型。这一类型划分强调政府在政社关系中的主体地位,并要求社会服务组织在管理上隶属于政府的范畴,在目标上要与公共利益保持一致。这种类型下社会服务的开展因政社目标一致而较为顺利,但社会服务组织独立性的降低也会影响服务质量。例如,我国社区社会组织对基层政府的依赖性较高,其工作内容多集中于政府的辅助性事务,专业能力提升方面也会受到一定的影响。② 在相互赋权理论视角下,政社关系类型的划分是以权力总量增加为前提的,该理论认为权力可能会通过政社的合作而增加,社会服务组织力量的增加并不能削弱政府的权力,反而能通过与政府的合作达到社会目标的制度能力。③ 相互赋权理论将政社关系划分为合约型这种类型。例如,在政府购买服务过程中,政社双方通过签订合同而规定双方的义务,并对服务完成的目标进行量化的规定。这种契约关系不仅能规范政社的管理关系,而且能使双方的服务目标愈加趋向一致性。

5. 社区照顾与老年人需求分析

西方社区居家养老服务制度的理念由社区照顾(community care)而来。社区照顾理念源自20世纪50年代的英国,是针对住院式照顾的高成本且不符合老年人生活习惯而提出来的。英国政府于1989年发表了《社会照顾白皮书》,1990年颁布了全民健康服务与社会照顾法令。④ 在其示范下,社区照顾模式逐渐在全球推广。

老年人通常愿意在自己家里尽可能长久地养老。⑤ 但是,老年人年龄的增长、躯体功能和认知功能等方面的下降使其失去了独立居住的能力,使得在家养老变得更为困难,而社区照顾则是实现老年人就地养老的一种有效路径。⑥ 导致老年人非正式照顾者减少的原因包括老人照顾者年龄的增大、家庭规模变小、人际关系淡化,以及更多的女性参与劳动市场等。由于社区照顾能实现老人在家养老的心愿,且与机构养老相比,具有更低成本、

① Trends in the Study of Chinese Politics: State-Society Relations[J]. Elizabeth J. Perry. The China Quarterly. 1994.

② Corporatism And Comparative Politics: The Other Great "Ism". Howard J Wiarda. M. E. Sharpe, Inc. 1997.

③ Cooptation and Corporatism in China: The Logic of Party Adaptation. Dickson, B. J. Political Science. 2000.

④ Robin M. 1991. Community care, housing and older people: Continuity or change[J]. Housing Studies, 6(4):273 - 284.

⑤ Marek K D, Popejoy L, Petroski G, et al. 2005. Clinical outcomes of aging in place[J]. Nursing Research, 54(3):202 - 211.

⑥ Jiska C M, Julia F. 2008. Relationship between perceived needs and assessed needs for services incommunity-dwelling older persons[Jj. The Gerontologist, 48(4):505 - 516.

高更效益的优势,这使得老年人对社区照顾的需要持续增加。① 实现社区的健康老龄化是一个更优的方式,正式的居家照护能显著降低老年人去养老院的概率,从而让老年人尽可能地在社区生活。此外,与养老院照顾相比,老年人在社区接受照顾能降低财政资金的负担。② 与机构照料相比,依托社区提供的居家照料对老年人也是最便利、最便宜的养老方式。③ Worrall 等人在对加拿大 75 岁及以上老年人社区照顾及机构照顾的需求调查中发现,老年人对社区照顾的需求远远高于目前资源的供给,而对机构照顾的需求则小于供给。显然,相对于机构照顾,资源应多向社区照顾倾斜。④

失能、失智等问题会严重影响老年人的晚年生活。Meinow 等人研究了影响瑞典老年人居家照顾需要的影响因素,结果发现躯体功能和认知功能对老年人的照顾需要有显著影响。躯体功能、认知功能越差的老年人有更多的照顾需要。此外,年龄越大的老年人及独居老年人有更多的照顾需要。⑤ Muramastu 等人的研究发现,虽然人们一般通过非正式资源(如家人、朋友)寻求帮助,但老年人越来越多地需要正式资源提供的照料,尤其更加依赖于居家和社区为依托的照护(home and community-based services,HCBS),通过日间照料,使失能、失智老年人能继续在社区生活。日常生活功能及认知功能的下降还会增加老年人及其配偶的抑郁感,HCBS 能有效提高自理功能,提高老年人的心理健康水平。对于那些自理功能下降而又缺乏非正式支持的老人,其作用更明显。⑥ Momtaz 等人通过对马来西亚400 名失能老年人的实证分析发现,没有得到其他照料(包括社区照料、机

① Henderson E J, Caplan G A. 2008. Home sweet home? Community care for older people in Australia[J]. Journal of the American Medical Directors Association, 9(2):88 - 94.

② Sarma S, Simpson W. 2007. A panel multinomial logit analysis of elderly living arrangements: evidence from Asins In Manitoba longitudinal data, Canada fJl. Social Science&Medicine. 65(121:2539 - 2552.

③ Mmst S A C, Keating N, Eales J. 2003. Client-centred, community-based care for frail seniors[J]. Health&Social Care in the Community, 11(3):253 - 261.

④ Worrall G, Knight J. 2003. Short report: care for people aged 75 and older. Independence, community care, andinstitutional care[J]. Canadian Family Physician Medecin De Famille Canadien, 49(5):623 - 625.

⑤ Meinow B, Parker M G, Thorslund M. 2010. Complex health problems and mortality among the oldest old in Sweden: decreased risk for men between 1992 and 2002[J]. European Journal of Ageing, 7(2):81 - 90.

⑥ Muramatsu N, Yin H, Hedeker D. 2010. Functional declines, social support, and mental health in the elderly:does living in a state supportive of home and community-based services make a difference[J]. Social science& medicine, 70(7):1050 - 1058.

构照料等)的老年人比例为 18.3％,在控制了其他风险因素后,发现男性老年人得不到照顾的比例更高,这说明了男性老年人更加缺乏充分的非正式照顾,这在一定程度上增加了男性老年人的死亡风险。因此,应当为男性老年人提供适当的社区为基础的养老服务,以提高他们的生活质量。①

抑郁是老年人晚年常见的精神障碍,有抑郁症状的老年人又常伴有失能、疾病等问题,所以他们的照顾需要不仅多,而且需要更复杂、更特殊。Stein 等人以德国 1179 名 75 岁及以上老年人为研究对象,分析了有抑郁症状老年人和无抑郁症状老年人未满足的照顾需要与抑郁之间的关系。结果发现,抑郁老年人未满足的照顾需要更多,且未满足需要的老年人出现抑郁症状的比例更高。所以,有必要给予这些老年人有效、优质的照顾服务。② Stein 等人还分别从老年人、老年人照料者、全科医生等角度研究了德国 75 岁及以上患有抑郁症状老年人未满足照顾的需要。与没有抑郁症状的老年人相比,有抑郁症状的老年人年龄更大、女性居多、文化程度低、离婚或丧偶的情况多。总体上,无论站在哪一个角度,有抑郁症状的老年人未满足照顾的情况更为严重。此外,对于需要未满足照顾程度的情况,老年人与照料者之间以及老年人与医生之间的看法是不一致的,且老年人抑郁的程度会进一步加深这些不一致的看法。所以,在评估患有抑郁症状老年人需要的时候,应考虑老年人自己的看法,给予老年人表达需要的权利。③ 认知障碍也是老年人常见的精神疾病。在美国,17.8％的老年人有认知障碍,但这些老年人中只有 29％的比例在养老机构接受照顾,其余认知障碍老年人在社区内生活,这也折射出老年人对社区照顾需要的现实状况。④

研究发现,虽然现在的老年人比以往的老年人身体更为健康,失能率也更低,但 80％以上的老年人至少患有 1 种慢性病,62％的老年人患有 2 种及以上的慢性病,这会进一步引起照料需要的增加⑤。居家护理服务(home health care,HHC)也称为居家照护,能为在家的病人上门提供专业

---

① Momtaz Y, Hamid T A, Ibrahim R. 2012. Unmet needs among disabled elderly Malaysians[J]. Social Science&Medicine, 75(5):859-863.

② Stein J, Pabst A, Weyerer S, et al. 2016. The assessment of met and unmet care needs in the oldest old with and without depression using the Camberwell Assessment of Need for the Elderly (CANE): Results of the AgeMooDestudy[J]. Journal of Affective Disorders, 193:309-317.

③ Stein J, Pabst A, Weyerer S, et al. 2016. Unmet care needs of the oldest old with late-life depression: A comparison of patient, caring relative and general practitioner perceptions-Results of the AgeMooDe study[J]. Journal of Affective Disorders, 205:182-189.

④ Jiska C M, Julia F. 2008. Relationship between perceived needs and assessed needs for services in community-dwelling older persons[J]. The Gerontologist, 48(4):505-516.

⑤ Warshaw G. 2006. Chronic conditions in later life[J]. Generations, 30(3), 2-96.

护理、物理治疗、职业治疗、言语治疗等。病人在得到居家护理服务后,能更加快速地恢复健康和独立能力。[①] Huang 在对中国台湾地区慢性病老年人居家照护需要进行分析的基础上,指出 89% 的中国台湾地区老年人患有 1 种慢性病,且慢性病会影响老年人的自我照顾能力。由于老年人更愿意在家居住,所以慢性病老年人需要居家照护的协助,以此保持并提升自我照顾的能力。此外,相关的研究还发现,职业和年龄会影响慢性病老年人对居家照护的需要,与 75～79 岁老年人相比,65～74 老年人和 80～85 岁老年人对用药提醒的需要则会更高,与无稳定收入老年人相比,无收入及有稳定收入的老年人更需要家庭人员的关心。[②] Sindhu 等人的研究发现,在泰国,护士介入的社区照护能让慢性病患者出院后在家接受照护,接受该服务 3 周及 8 周的病人,病情的严重性显著低于没有接受该服务的病人。同时,得到护士介入社区照护的慢性病人对社区照顾的满意度也更高。[③]

在对养老服务需要的评估方面,Jiska 对老年人社区服务感知需要与相关组织评估需要之间的关系。结果显示,虽然感知需要和评估需要之间呈现出了很明显的一致性,但两者之间仍然有很大差异。比如较大比例老年人被评估为不需要某种服务,而老年人自己却认为需要该服务,或者是被评估为需要某服务的,老年人却认为不需要此服务。此外,结果还显示老年人对服务的高需要与低需要之间会出现矛盾的状况。这一事实进一步表明如何确定需要以及如何让需要和服务相匹配是社区居家养老服务关注的重点。因此,Jiska 指出应改进筛选感知需要和评估需要的方法,从而为社区老年人提供更可得的照护服务提供条件。[④] 在澳大利亚,家庭和社区照料(home and community care,HACC)是社区养老服务项目中的重要组成部分,能为老年人提供日常护理、保健、家政、膳食等服务。但研究发现,HACC 的提供者在提供服务时并没有充分考虑老人的需要,导致无法给老年人提供更为优质的服务。所以,HACC 对需要进行评估时,应根据老年人的需要和提供的服务制订照顾计划,且计划应随着需求的变化适时修改,

①　Hughes S L, Ulasevich A Weaver F M, et al. 1997. Impact of home care on hospital days: a meta analysis[J] Health Services Research, 32(4):415-32.

②　Huang F H. 2015. Explore Home Care Needs and Satisfaction for Elderly People with Chronic Disease and their Family Members[J]. Procedia Manufacturing, 3:173-179.

③　Sindhu S, Pholpet C, Puttapitukpol S. 2010. Meeting the challenges of chronic illness: a nurse-led collaborative community care oro}ram in Thailand fJl. Colleeian Journal of the Royal Colleee of Nursine Australia. 17(21:93-99.

④　Jiska C M, Julia F. 2008. Relationship between perceived needs and assessed needs for services in community-dwelling older persons[J]. The Gerontologist, 48(4):505-16.

以保证服务更好地满足老人的需要。[1]

在养老服务的使用方面,Joan 研究了澳大利亚 HACC 使用者使用该服务的影响因素,在社会人口因素方面,具有年龄越大、女性、家庭收入低、无配偶、无工作、本地人等特征的老年人,使用 HACC 更多;在生活方式因素方面,生活方式不良者使用 HACC 更多;在健康状况因素方面,躯体功能越差、心理健康越差、自评健康越差的使用 HACC 越多[2]。Kempen 研究了荷兰老年人使用居家照护服务的影响因素,在人口学变量方面,老年人的性别、是否独居以及收入状况显著地影响他们对居家照护利用的情况,且使用者更多为女性、独居者、低收入者;在社会支持变量方面,与使用居家照护的老年人相比,不使用此服务的老年人社会支持网更大,但差异并不显著。此外,没有使用此服务的老年人会得到更多的来自非正式照顾者提供的帮助。[3]

(三) 研究述评

国内外学者从内容优化、社会支持、资源整合、多元化发展、制度构建、多中心治理、政社关系等方面对城市社区居家养老服务进行了系统化、精准化的研究,研究内容呈现出如下特点:第一,研究视角的多样性。国内外学者从主体优化、服务属性、服务模式、服务体系等多种角度探究了城市社区居家养老服务的现状、问题及发展趋势,为后续的研究提供了理论和现实基础。第二,对策建议的针对性。尤其对国内学者来说,相关研究结合我国养老服务体系发展的既有现实,从宏观视角、微观视角以及区域均衡的视角对优化城市社区居家养老服务提出了相应的对策。第三,理论运用的层次性。国内学者从资源整合、社会资本的视角对城市社区居家养老服务的发展提出了创新性的建议,国外学者从多中心治理理论、政社关系等视角研究了城市社区居家养老服务发展的理论渊源。第四,研讨范围的区域性。国内外在经济、政治、文化方面有诸多差异,城市社区居家养老服务的发展亦存在区别。从文献回顾亦可看出,国内外学者讨论的前提都是基于本土的客观实际。这种对比研究一方面能体现出社区居家养老服务发展的多样性,另

① Lindeman M A, Pedler R P. 2008. Assessment of indigenous older peoples' needs for home and community care in remote Central Australia[J]. Journal of Cross-Cultural Gerontology, 23(1):85-95.

② Jorm L R, Walter S R, Lujic 5, et al. 2010. Home and community care services: a major opportunity for preventive health care[J]. BMC Geriatrics, 10(1):26-34.

③ Kempen G I, Suurmeijer T P. 1991. Factors influencing professional home care utilization among the elderly[J]. Social Science&Medicine, 32(1):77-81.

一方面也为我国学者及实践者更好地借鉴国外经验提供了现实基础。

城市社区居家养老服务制度的优化是一个渐进、综合且复杂的过程,不仅要关注其时代的适用性,而且要考虑部门管理、养老文化、政治资源等各种复杂的因素。因此,相关的研究也不可避免地出现滞后性的问题。从城市社区居家养老服务发展的历程及趋势来看,国内外学者的相关研究还存在一些不足之处:第一,全面性的思考有待提升。从国内外研究现状看,学者都从积极的视角探析城市社区居家养老服务发展的对策,但社区居家养老服务并非具有完全的积极作用。以现实来看,社区居家养老服务亦有可能会造成如下问题:服务主体的多元化有可能会导致服务内容和方式不聚焦;服务过程的监管可能会增加管理成本;服务评估要素增加可能会导致公正性的偏颇。因此,需要从更为全面性、综合性的视角理解城市社区居家养老服务的质量以及服务的效果。第二,增加社会服务组织介入方面的思考。社会服务组织的发展是社会治理多元化发展的必然结果。对城市社区居家养老服务来说,社会服务组织的介入已是一个不争的事实。从研究现状看,国内外学者对社会服务组织介入城市社区居家养老服务多持肯定的态度,缺乏对其消极影响的分析。因此,需要进一步从客观性和全面性的视角探究社会服务组织介入社区居家养老服务的效果。第三,加强多元服务主体合作的实践研究。在资源受限的影响下,城市社区居家养老服务的发展需要采取多种服务主体整合的方式。虽然国内外学者从资源整合、服务多元化的视角探究了城市居家养老服务多主体开展服务合作的可行性,但相关研究多集中于框架设计、理论体系建构等层面,没有过多考虑实践方面的探索。因此,需要联合社会服务组织、居家养老服务机构、家庭等养老服务主体,构建完善的城市社区居家养老服务合作机制,以此提升服务的质量。

三、主要概念

本研究是在社会服务组织介入的前提下,探究城市社区居家养老服务效能提升的路径,并以之为基础构建完善的养老服务政策网络,优化原有的城市养老服务体系。因此,与本研究相关的概念包括养老服务效能、社区居家养老服务、社会服务组织、政策网络。

(一)养老服务效能

效能是指有效的、集体的效应,即人们在有目的、有组织的活动中所表现出来的效率和效果,它反映了人们所开展活动的目标选择的正确性及其实现的程度。效能是衡量工作成果的尺度,效率、效果、效益是衡量效能的依据。从效能概念的发展历程不难看出,许多学者经常将效能和效率的概念相混淆或统一使用。实际上,效能并非完全等同于效率。效率指在单位时间里完成的工作量,或者说是某一工作所获的成果与完成这一工作所花时间和人力的比值。而效能是指达到或完善系统目标之程度。从社会福利的角度来看,效率和效能的区别在于:第一,效率具有福利过程的指向性,而效能具有福利结果的指向性。从效率的定义可以看出,效率是在福利的产生过程中逐渐体现出来的,它衡量更多的是福利产生的质量和效果;而效能是对福利整个过程的通盘考虑,它不仅关注福利的产生过程,还注重服务产生的结果,是综合性的关注。第二,两者对公平的影响各不相同。效率影响公平理念的实施以及社会福利水平提升。从社会福利体系建设的角度来看,福利主义与效率主义呈现矛盾之势,一个国家若想实施福利主义的社会保障政策,必须从社会保险、社会救助等方面尽可能实现平均主义,反之则是效率主义。效能与公平之间并没有绝对的隔阂,这是因为效能包含公平的要素,效能对社会福利效果和效益的衡量标准中就有公平的相关要素。可以说,社会福利体系建设中的效能和公平是相互促进的。基于以上分析,本研究以效能代替效率的理念内涵,试图采取更为柔性、多元、包容的方式分析养老服务质量衡量的准则。

由于效能的适用范围比较广泛,不同学科(如管理学、政治学、社会学等社会科学以及机械等自然科学)对其理解程度亦有所不同。因此,在全面掌握效能的概念及其适用范围之前,首先需要明确效能这一概念的学科适用范围。结合本研究的方向与研究内容,我们将从管理学和行政学的角度对效能进行进一步阐释。

管理学认为管理效能(Management Effectiveness)是指"管理部门在实现管理目标所显示的能力和所获得的管理效率、效果、效益的综合反映"[①]。从以上解释可以看出,管理效率体现在管理的产生、过程及评估等各个阶段,更加关注效率的作用。这种观点在很多研究中都有所体现,如管理学大师德鲁克(Durcker)认为,效能是指选择适当的目标并实现目标的能力,或者说组织效能是组织实现其目标的程度。[②] 从以上分析可看出,管理学对效能的理解主要基于以下观点:其一,效能具有目标属性。目标属性是指以

---

① 方振邦、鲍春雷:《管理学原理》,中国人民大学出版社,2014年版,第58-67页。

② Peter F. Dureker. The effective executive[M]. NewYokr: Haprernad Row, 1966.

目标为工作导向、制订战略计划的工作理念。对管理效能的阐释可看出,以目标为基础的管理效能价值参考始终贯穿于从制定到完成方案的过程中。同时,管理效能还将管理目标的阐释集中于效能的优化,这进一步强化了管理效能和管理目标间的紧密关系,这种关系会反过来优化促进管理效能的目标导向属性。其二,效能具有综合属性。综合属性意指全面、多元要素相结合的突出与强调。从管理效能的角度来看,效能所包含的内容是多方面的,它不仅包括效率,还包括效果和效益,效率是管理过程中的优势反应,是管理过程中的基本价值追求,而效果则是对整个管理体系的评价,是一种综合考虑基础上的判断,效益的范围则扩大至管理中的人、事、物的评价因素,更加注重多种要素的平衡。其三,效能具有能力属性。能力属性是指作用的呈现以及对作用结果的一种结合主观与客观的评价。从管理学的角度来看,效能的能力属性表现在:首先,效能本身就是一种管理能力的体现,这种能力不仅指管理中人力、物资等资源的能力,更是指管理中系统的综合能力,是各个要素协调能力的整体体现,而这些管理能力会间接促进管理组织中效能的提升;其次,能力提升是效能评价标准中的重要因素。在管理效能中,管理能力、组织能力、计划能力、执行能力等方面的进步对管理效能的提升具有重要的帮扶作用。可以说,管理能力提升是效能提升的重要参考。

与管理学的研究指向不同,行政学对效能的解释更加集中于结果的体现,认为行政效能是指"行政管理活动达成预期结果或影响的程度"。行政学之所以如此重视效能的结果,是由行政学的基本理念所决定的,尤其是在公共行政学领域。公共行政的最终出发点是维护公民的社会利益,由于社会环境、竞争机制、地理位置等多种复杂因素的影响,一个社会中难免会出现利益配置不均的情况,因此公共行政以公平的理念来维护公民利益。诚然,公共行政学也注重效率,但要在公平理念的基础上,这就赋予了公共行政效能一定的特殊性。由以上对公共行政效能的阐释可以看出,行政效能是指政府在提供公共服务方面的能力及水平,其构成要素包括公共服务的数量、质量、效果、满意度等。行政学对效能的认识与效率有着本质上的区别。与行政效率相比,行政效能更加倾向于最终目标的完成,在质量要求的前提下,更加关注服务效果以及工作量和投入量之外的相关要素,在优化最终结果的同时保证能力发展。[①] 因此,从行政学的角度看,相对于效率而言,效能更加注重管理实施的影响程度、管理效果的满意程度;相对于功能而言,效能更加注重过程、结果的衡量与评定。毋庸置疑,效能的终极目标更多与

---

① 徐晓林、杨锐:《电子政务》,华中科技大学出版社,2014年版,第87-90页。

目的性、工具性、尺度性、全面性等福利特征联系在一起。

基于对效能的阐释,本研究认为,养老服务效能是养老服务政策执行的内在能力,是养老服务政策制定合理性、政策执行能力以及政策评估设计等效果的综合反馈。对养老服务效能概念的理解应注意到养老服务效能是内在能力的体现。养老服务效能是养老服务制度实施效果的体现,这种体现贯穿于养老服务政策的制定、执行与评估的过程中。这种体现也反映出养老服务体系的内在能力,表现在:第一,效果评价能力。养老服务效能是对养老服务政策实施效果整体性的评价。这种评价方式突破以往单一评价的弊端,采取更为多元化、多样化、多视角的方式来评判养老服务实施的质量与效果。例如,从养老服务效能的视角出发,养老服务主体的构建应更为多元和多样,这在客观上提高了服务方式多样化的效果以及服务执行的力度,提高了服务质量。由此可知,养老服务效能的提出为养老服务效果的评价提供了全新的思路。第二,资源配置能力。养老服务效能理念对养老服务政策的质量以及服务效果提出了更高的要求。在这一理念的指引下,养老服务资源配置的方式会更加多元,以迎合养老服务效能的目标。例如,养老服务效能对服务主体多元化的要求更高,这会使得养老服务政策的设计更加关注服务主体的融合。党的十九届四中全会明确提出"加快建设居家社区机构相协调、医养康养相结合的养老服务体系",这也充分体现了养老服务政策设计多主体参与的特征,为服务效能的提升提供了现实基础。第三,服务调整能力。养老服务效能不是独立于养老服务政策之外的理念,而是养老服务政策在构建及运行过程中逐渐形成的一种认知。因此,养老服务效能不仅是一种评价制度,也是认识自身的有效手段。通过养老服务效能理念的实施,养老服务政策体系在构建过程中会不断调整自身,以迎合服务效能最优化的选择。例如,在养老服务效能的理念下,养老服务体系的评估会更加关注服务主体多元化的构建、服务过程多模式的创新等内容。为迎合这一理念的实施,养老服务主体在开展服务过程中也会不断调整自身的服务内容。第四,体系完善能力。养老服务政策体系构建是一个复杂的过程,需要服务主体的充分配合、服务内容的有效补充与完善,以及服务方式的有效衔接,如若没有完善的理念支撑,那么养老服务政策体系的建构只能归于表层化且缺乏逻辑性的项目组合。在养老服务效能理念的指引下,养老服务政策体系建构会更加关注主体建构、服务过程以及服务评估的优化方面,建构过程会更加完善。例如,养老服务理念会更加关注服务主体建构到服务过程等方面的衔接,这会使得相同的要素(如服务主体构建的市场要素依然在服务过程中发挥作用)贯穿于服务体系构建的全过程,有利于体系的完善。

对养老服务评价的理念综合,这些理念不仅包括诸如决策、计划、组织、协调、控制等效率有关的要素,还包括意义、效应、结果等评价要素,是一种综合的考虑。养老服务效能是本研究的核心概念,要对其进行更为全面的、深入的、精细化的研究,有关养老服务效能的理论阐释在后续章节中还会有所体现,因此这一部分只对其概念及其相关的内容进行阐释,其他内容不一一累述。

(二) 社区居家养老服务

我国在规划养老服务体系之初,是将社区养老和居家养老分开阐述的,如国务院办公厅在 2011 年颁布的《社会养老服务体系建设规划(2011—2015 年)》中指出"社会养老服务体系建设应以居家为基础、社区为依托、机构为支撑,着眼于老年人的实际需求,优先保障孤老优抚对象及低收入的高龄、独居、失能等困难老年人的服务需求,兼顾全体老年人改善和提高养老服务条件的要求"。在这一文件中,以社区为基础的养老方式与居家养老在政策层面是分别实施的,但随着社区养老服务和居家养老服务的开展,两者在实践中的效果反馈具有诸多相似之处,如从内容上看,居家养老是基于社区服务的居家养老方式。"家"总是处于某一个社区环境之中,因此社区可以被看作一定数量的家庭的集合,在地理上和管理上都具备为居家养老提供外部支撑的天然优势。① 从社会化服务支持的层面上看,居家养老与社区养老的内涵是相同的。英国等国家强调的社区养老(也称为社区照护,community care)指由社区或在社区提供社会化的服务,是从制度安排的角度提出的,强调社会政策的导向应从发展机构回归到老年人所在的社区(去机构化的过程)。从这一点上看,社区养老与居家养老的表现形式是一致的,都是居住在家中。并且,家庭作为一种额外的资源也逐渐被考虑在社区养老的体系中。因此,从结果上看,居家养老与社区养老也是相同的,只是各国的提法不同。2022 年 2 月颁布的《"十四五"国家老龄事业发展和养老服务体系规划》(国发〔2021〕35 号)也提出"'十四五'时期,积极应对人口老龄化国家战略的制度框架基本建立,老龄事业和产业有效协同、高质量发展,居家社区机构相协调、医养康养相结合的养老服务体系和健康支撑体系加快健全",进一步把社区养老和居家养老制度进行融合。基于此,本研究用社区居家养老服务的概念代替传统的居家养老服务和社区养老服务的概

---

① 石玏:《居家养老概念辨析、热点议题与研究趋势》,《社会保障研究》,2018 年第 4 期。

念。对社区居家养老服务概念的理解要从两个层面进行。

1. 核心要素

核心要素之社区。社区是具有某种互动关系的和共同文化维系力的，在一定领域内相互关联的人群形成的共同体及其活动区域。它是若干社会群体或社会组织聚集在某一个领域里所形成的生活上相互关联的大集体，是社会有机体最基本的内容，是宏观社会的缩影。尽管学者对社区的定义各不相同，在构成社区的基本要素上认识还是基本一致的，普遍认为一个社区应该包括一定数量的人口、一定范围的地域、一定规模的设施、一定特征的文化、一定类型的组织。在社区内开展社区居家养老服务需要考虑到社区的规模、文化、位置等要素。从社区规模上来看，对于规模较大的社区，老年人口较多，那么社区居家养老服务就要尝试以驻点的方式开展服务，反之对规模较小的社区，可以依附大社区的驻点或联合建设驻点来开展服务；从社区文化上来看，有着优秀养老文化底蕴的社区，能自觉形成尊老爱老的文化氛围，这对社区居家养老服务的开展具有一定的促进作用；从社区位置上来看，城市和农村社区在社区居家养老服务的方式、方法等方面有着较多的差别。

核心要素之家庭。从服务内容和服务对象上看，社区居家养老服务的重中之重在于居家养老，这不仅是因为居家养老服务的内容及服务效果是我国养老服务体系中的重点（如前所述，我国"9073"养老服务体系设计就将居家养老服务置于重要的位置），而且居家养老服务的对象多为失能半失能老年人，是养老服务制度中重点关注的对象。居家养老服务的核心是家庭，家庭不仅是老年人长期居住的场所，也是老年人与家庭成员共同生活的美好依托。尽管国内外有关家庭的内涵有所不同，但不可否认的是，家庭对老年人的保障功能特别是精神慰藉功能是无法被替代的，这在东亚和南欧国家中尤为显著。居家养老隐含着家庭成员对老年人的养老支持，联合国文件指出，年长者的住房不仅是一个容身之地，除物质部分外，它还有心理和社会的意义。此外，当今的老年人受传统观念的影响较深，儿女养老的意识依然在老年人群体中较为流行，家庭养老依然在老年人心目中占有较为重要的地位，但我们还是要有效区分居家养老和家庭养老的区别。居家养老强调外界的介入以满足老年人有关居家养老所需要的相应资源，而家庭养老较关注于家庭内部养老服务资源，以及家庭成员帮扶的有效性。

核心要素之养老服务资源。本研究将服务资源视作为应对与满足服务对象需求，所有能提供服务并能有效转化为具体服务项目或内容的客体。服务资源整合是指在明晰服务资源的来源、层次、结构、内容之基础上，通过辨别与选择、吸收与配置、创新与调和等方式形成各种服务组合模式,最大化提高资源的利用率。国外将老年人的照料的养老资源和医疗资源高度结合,如 Caroline 指出医疗保障与养老服务相结合有助于将分散的养老资源转化为更有效的养老系统。[①] Shannon 和 Laura 等人将养老服务资源划分为日常生活照料资源、医疗康复、精神慰藉、紧急救护等,并致力于打造一个全方位照料老人的服务平台。[②③] Pinka 通过研究发现为老年人提供多方面的养老服务资源,有利于老年人身心状态和生活质量的提升。[④] Lars 提出如果政府联合其他信息化平台共同提供养老服务资源,可提高资源供给的质量和效率。[⑤] Shen 认为我国的养老服务资源的供给与需求相差甚远,需要进一步的调整。

在国内,不同的学者从不同的研究视角对养老服务资源进行了研究。张祖华认为养老服务资源是我国养老保障体系的一部分,是为保障老年人的基本生活由国家、社会、家庭和农民个人来提供经济供养、生活照料和精神慰藉的保障措施,进而满足老年人的养老需求。[⑥] 杨静慧认为养老服务资源包括老年人提供经济物质保障、生活服务、日常照料和情感慰藉等方面的内容[⑦]。关于养老服务资源的分类,杨晓奇等人认为应该包括保险、救助资源和福利资源这三方面,并且认为资源不集中是造成我国养老保障资源效用较低的主要原因之一[⑧]。丁建定认为养老服务资源包括保障收入和养老服务两方面内容,而养老服务又包括人力资源、设施资源和组织老年人活动的场所和组织,并且强调在满足资源数量供给的情况下,对资源进行调配

①　Caroline. Glendinning Breakong down barriers: integrating health and cate sevices for older people in England[J]. Health Policy, 2003:65.

②　Shannon. S., Carson. C. 1999. "Outcomes after Long-Term Acute Care An Analysis of 133 Mechanically Ventilated Patients"[J]. Am J Pespir Crit Care Med:159.

③　Laura. R., Gadsby. B. 2007. "PACE-Program of All inclusive Care for the Elderly"[J]. Age in Action:4.

④　Pinka C, Nancy R. Burstein D. 1998. Evaluation of the Program of All-Inclusive Care for the Elderly(PACE) Demonstration, Cambridge[J]. Associates Inc. :41.

⑤　Lars T, Vicotor B, Bram S. 2009. Policy Alienation of Professionals [J]. Public Management Review, 11(5):34.

⑥　张祖华:《关于加快建立和完善我国农村社会养老保险制度的思考》,《经济师》,2006 年第6 期。

⑦　杨静慧:《互助式养老:我国农村养老模式的现实选择》,《中国农村研究》,2014 年第 2 期。

⑧　杨晓奇、阚丽娟:《我国养老保障制度的最新发展及问题分析——基于老年人视角》,《兰州学刊》,2013 年第 8 期。

是养老服务的重要环节①。汪连杰②、赵东霞③等人从医养结合的角度对养老服务资源进行了类似的分类,认为养老服务资源包括养老保障类资源和医疗服务资源。刘艺等人在需求层次方面对我国老年人所需要的服务种类做出了划分,分别为生存类、中等类和高端类。结合马斯洛的需求层次理论,人们最基本的需求包括生理需求和安全需求,对老年人就是要保障其正常生活和晚年健康。结合以上分析,本研究将养老服务资源和医疗资源作为研究的范围。④

核心要素之社会支持。社区居家养老服务的发展需要多种服务主体的有效支持。在家庭保障功能不断弱化的背景下,老年人社区居家养老愈发需要社会化的养老支持。因此,除了家庭的支持外,社区居家养老也需要来自社会(非家庭)的养老支持。社会支持概念已被广泛应用到各个领域,并得到了长足的发展,但是从这一概念被提出以来,学界都未形成统一的定义与认识。从目前来看,社会支持仅限于自上而下地对社会脆弱群体的社会救助。基于此,有学者提出,社会支持既是一个静态的结构,也是一个动态的过程,它在人们的交往互动中不断产生,影响着人们的生活,而当事人的主观感受和需求是获得社会支持的主要动力和评价标准。⑤ 林南根据这些特性并综合不同学者的论点,将社会支持定义为意识到的或实际的由社区、社会网络和亲密伙伴提供的工具性或表达性的资源。⑥ 对社区居家养老服务来说,社会支持的多元化发展更加容易形成完善的社会支持网络。社会支持网络通常被认为是个人能够借其获得各类社会资源网络,也就是说,在用网络分析方法研究个人所获得的社会支持时,个人获得的资源性支持的网络框架,也是个人所属的相对稳定的社会关系网络。⑦

2. 与相关概念的区分

为深入探究社区居家养老服务的概念,本研究对社区居家养老服务的

---

① 丁建定:《论中国养老保障制度与服务整合——基于"四力协调"的分析框架》,《西北大学学报(哲学社会科学版)》,2019 年第 2 期。

② 汪连杰:《银发浪潮背景下全面推行医养结合养老模式问题研究》,《晋阳学刊》,2017 年第 4 期。

③ 赵东霞、韩增林、任启龙等:《市域人口老龄化空间特征与养老资源匹配关系研究——以东北三省为例》,《资源科学》,2018 年第 9 期。

④ 刘艺、范世明:《公共产品理论指引下构建农村养老服务供给主体支持体系研究——基于不平衡不充分的视角》,《湖南社会科学》,2018 年第 3 期。

⑤ 刘静林:《湖南省老年人社会支持网络研究》,《湖南社会科学》,2005 年第 5 期。

⑥ 林南、张磊:《社会资本:关于社会结构与行动的理论》,社会科学文献出版社,2020 年,第 86 页。

⑦ 左习习、江晓军:《社会支持网络研究的文献综述》,《中国信息界》,2010 年第 6 期。

相关概念进行分析。

第一,社区居家养老是一种养老方式的选择,而居家养老服务是实现居家养老的关键要素和必要条件。居家养老服务的提供者既可以是家庭成员,也可以是社会化服务的专业服务人员,其内容一般包括护理、照料等。随着我国养老服务社会化理念的不断提升,居家养老服务的内容也愈加丰富,包括助浴、助洁、助餐等。第二,家庭养老强调养老的责任主体是家庭,居住地点可以在家也可以在机构。而居家养老强调家庭和社会(非家庭)的有机结合。第三,社区居家养老与机构养老的关系中,严格的机构养老与居家养老是截然对立的养老方式。机构养老指老年人入住养老机构实现休养的过程。但是,居家养老不排斥养老机构提供的专业化养老服务,需要日间照料中心、老年人日托中心等机构提供服务支持。一些地区有针对家庭照护者的"喘息"服务,例如为老年人提供短期(周末)入住养老机构的服务,以缓解家庭日常照护的压力。这些由机构提供的养老服务并非严格的机构养老,其目的仍然是促进居家养老的发展。

(三)社会服务组织

社会服务组织是为实现特定的目标而有意识组合起来的社群组织,区别于政府组织和企业组织,具有非营利性的,从事服务提供、利益表达、资源募集等活动。

1. 概念辨析

在学术研究上,因角度的不同,对社会服务组织的称呼亦有所不同,有慈善组织、非政府组织、志愿组织、民间组织、公益组织、免税组织、第三部门等称呼。为避免在研究上遇到概念混淆、研究冲突的问题,有必要将社会服务组织与其他概念做出区别性的阐释。

第一,社会服务组织与社会团体的区别。从目前来看,社会服务组织、社会团体等都是被广泛混淆使用的概念,如果不加注意而随便使用可能会引起人们认知上的混乱和政策理解上的偏差。因此,有必要对其进行分析和明确地界定。社会团体是一个政治法律概念。《中华人民共和国宪法》明确规定:"全国各族人民、一切国家机关和武装力量、各政党和各社会团体、各企业事业组织,都必须以宪法为根本的活动准则,并且负有维护宪法尊严、保证宪法实施的职责。"这从根本上规定了我国的社会团体是与国家机关、武装力量、政党、企业、事业组织并列的六类组织体系之一。《中华人民共和国民法通则》第三章明确规定"社会团体法人是与机关法人、企业法

人、事业法人并列的我国法律层面上的四大法人之一"①。1998 年颁布的
《社会团体登记管理条例》(以下简称《条例》)对社会团体做出如下界定:"社
会团体是指由中国公民自愿组成,为实现会员共同意愿,按照其章程开展活
动的非营利性社会组织。"②《条例》还特别指出了三种不属于此条例管理范
围的团体类型,即参加中国人民政治协商会议的人民团体,由国务院机构
编制管理部门审定并经国务院批准免于登记的团体,经本单位批准在机关、
团体、企事业单位内部活动的团体。由此看来,社会团体有广义和狭义之
分。广义的、法律意义上的社会团体指的是国家机关、武装力量、政党、企业
和事业组织以外的所有团体组织类型。狭义的、实际操作管理层面的社会
团体指的是在民政部门依法登记注册的团体。由于我国专门出台了《民办
非企业单位登记管理暂行条例》和《基金会管理条例》,社会团体的指称范围
进一步缩小③,不包括从事非营利性社会服务活动的经济实体和以基金会
形式成立的"财产法人"。

  社会团体和社会服务组织所表示的内容接近,两者有着共同利益,且都
是公民自愿组成的非营利性社团。④ 两者的区别在于,它们所蕴含的价值
取向、个人偏好以及所暗含的对问题的理解不同。社会服务组织是一个与
政府组织、企业组织相对应的概念,它的产生背景、理论来源和价值取向都
是在国家、市场和社会三方分离的基础上形成的。社会团体则是一个与政
府组织相对应的概念,它体现了我国长期以来构成基本政治秩序的"官民
二分"的特征。伴随着我国社会建设、政府治理改革进程的加快,表示"官民
二分"的"民间组织"一词的使用频率和使用人数逐步减少,政府也在有意识
地强调与政府和市场并立互补意味的社会组织概念。因此,不论是从实际
使用人数还是从我国未来改革取向上看,使用社会服务组织这个概念比使
用社会团体这个概念更为适宜。此外,两者从根本属性上都是介于政府和
企业组织之间,只是侧重点不同,或者因各国的法律实践差异而称呼不同。
为研究的统一性和准确性,本研究采用国内较为统一的称呼——社会服务
组织。这一概念在 2006 年中国共产党第十六届六中全会中首次进入官方
话语体系,随后在党的诸多会议和重大文件当中都能找到这个概念表述。

---

  ① 《中华人民共和国民法通则》,《中华人民共和国最高人民法院公报》,1986 年第 2 期,第
19－20 页。
  ② 《社会团体登记管理条例》,《中华人民共和国国务院公报》,1998 年第 27 期,第 1028 页。
  ③ 自 2005 年以来,民政部发布的《民政事业发展统计公报》(2010 起改成《社会服务发展统
计公报》)对社会团体、基金会、民办非企业单位都进行了单独统计。
  ④ 俞可平:《中国公民社会:概念、分类与制度环境》,《中国社会科学》,2006 年第 1 期。

　　第二,社会服务组织与非政府组织的区别。国际社会与社会服务组织相对应的概念有很多,这些相关概念包括非营利组织、非政府组织、第三部门、独立部门、慈善组织、志愿组织等,另外还存在一些类似的概念,如我国台湾地区所使用的公益团体、社区组织、邻里组织、非商业组织、英非营利企业等。

　　非政府组织强调的是非官方性,表明其不属于政府系统。这是一个被国际社会广泛使用的概念。早在 1945 年联合国成立时,非政府组织的重要地位就得到了认可。随后颁布的《联合国宪章》第七十一条规定"经济及社会理事会要采取适当办法与各种非政府组织会商有关于本理事会职权范围内之事件",这意味着非政府组织开始正式登上世界舞台。从 20 世纪 60 年代开始,联合国开始邀请政府之外的各类民间机构出席其会议,非政府组织这种简洁明了表示与政府组织对应的称谓便约定俗成地沿用了下来。非政府组织作为一个否定性概念,只是强调了这类组织的非政府的或者自治性的特征,并不能囊括其他特征。作为一个舶来词,这一概念可能会造成两种完全不同的理解:一是许多人会因"非政府组织"的"非官方性"或"非政府性"将其看作与政府没有任何关系的组织。然而,改革开放以来,我国社会组织的发展实践却显示着完全不同的方向,那些在国内外产生重要影响的、在现实生活中发挥重要作用的"非政府组织"恰恰是与政府关系最为密切的,有些直接就是在政府转变职能的过程中由政府机构转变而来,或者由政府主动成立的附属于政府的非政府组织。二是认为只有那些重要的、正式的组织形式才是非政府组织,因为当非政府组织最初出现在《联合国宪章》时,这种组织指的是国家间的非政府组织,这一概念最初被引入我国时也包含了这层意思。但从现实来看,国家间非政府组织通常是十分正规的,是得到了各国政府正式批准的,这就可能导致许多人把没有得到政府正式批准的、大量存在于社会中的非正式组织排除在外。鉴于非政府组织这一概念在使用过程中容易引起疑义,用非政府组织指称所有的社会服务组织显然不合适,所以,只有在突出其与政府的区别或者与境外类似组织进行比较研究使用时才是比较合适的。

　　第三,社会服务组织与非营利组织的区别。非营利组织遵循利润限制分配的原则,即组织的利润不在组织成员内部进行分配。非营利组织这一概念来自《美国国内税收法》,该法明确规定了利润限制分配原则,强调限制非营利组织"将盈余分配给组织的人员,如组织的成员、董事或是理事等"①。迄今为止,学界普遍认为约翰·霍普金斯大学非营利组织比较研究中心推荐的"结构—运作定义"是关于非营利组织最为经典的定义,该定义认为凡符合组织性、私有性、非营利性、自治性和志愿性五个特性的组织都可被视为非营利组织。② 在我国的环境下,非营利组织的概念容易使人们模糊非营利组织从事的有偿服务与营利活动之间的界限。因为从字面上看,人们很难理解何以把不以营利为目的的事业单位排除在非营利组织之外,而且"非营利组织""非盈利组织"及"非赢利组织"在日常生活中还经常使人产生混淆错乱之感。实际上,即便在西方,"非营利"一词也遭到了许多人的反对,他们认为"非营利"这个非人性化和经济化的词汇模糊了慈善根基、道德维度以及它对个人的意义,"非营利"不能反映出慈善捐赠和服务所蕴含和推广的正面价值观。③ 因此,不能泛化非营利组织的概念。与非政府一样,非营利只是这类组织的某一特征,不能代表全部特征。与社会服务组织相比,非营利组织这一概念与限制利润分配、税收等行为有直接的关系。非营利组织适合在经济和财税领域广泛使用,而且在强调与企业组织之间的区别时使用它才是最恰当的,这点与社会服务组织的区别最为明显。

第四,社会服务组织与公益组织的区别。公益组织,顾名思义就是为公共利益服务的组织,其存在的主要目的是提供社会公共服务,它的服务对象不是本组织成员而是社会大众,也因为其提供服务的公共性而受到人们的称赞,甚至许多人把公益组织等同于社会服务组织。但事实上,它只是社会组织的一部分,社会组织还包括服务本组织成员的互益性组织。公益组织还冠以志愿组织、慈善组织、独立部门、无税组织等名称。志愿组织突出的是组织的志愿性特征,指那些由志愿者参与、以向社会提供志愿服务为宗旨的公益性组织机构。慈善组织强调组织为救济弱势者提供慈善服务的公益慈善性质。④ 独立部门虽然得到政府和企业的大量支持,但其在本质上仍然是独立的,即独立提供服务。免税组织强调此类组织在税收制度上享受

---

① 邵金荣:《非营利组织与免税》,社会科学文献出版社,2003 年版,第 29 页。

② [美]莱斯特·M.萨拉蒙:《全球公民社会——非营利部门视界》,贾西津、魏玉译,社会科学文献出版社,2002 年版,第 3-4 页。

③ [美]罗伯特·L.佩顿,迈克尔·P.穆迪:《慈善的意义与使命》,中国劳动社会保障出版社,2013 年版,第 43-44 页。

④ 在实际生活中,人们经常将慈善组织等同于公益组织,但两者有明显的区别,现代慈善组织是公益组织,但公益组织不都是慈善组织,其区别主要在于谁是组织的主体。民间组织建立的慈善组织是公益组织,政府建立的公益组织不是慈善组织。因此,单独称慈善组织时,指的是民间兴办的慈善公益组织;合称公益与慈善组织时,指的是民间的慈善组织、政府兴办的公益组织以及两个主体协同兴办的慈善公益组织。

免税待遇。由于社会背景和社会环境的不同,各国在使用这些概念时有不同的倾向性。如志愿组织常为英国和印度等国家使用;非营利组织、第三部门、免税组织等在美国较为常见;发展中国家和联合国则偏爱非政府组织。但是,这些概念要么强调社会组织的某类特征,要么强调社会组织的某类价值功能,要么注重社会组织的重点活动领域,都不完全适用于我国,我国只能在特定语境下使用这些术语。

综上所述,社会服务组织本身的多元化特征导致人们对这类组织产生差异性的理解和多样化的称谓。虽然学术界关于民间组织和社会服务组织的使用仍有不同意见,但相对于"非政府组织""非营利组织"等舶来词汇,使用民间组织和社会服务组织显然更易形成共识。而且,基于我国改革的目标取向,社会服务组织是一个较民间组织更为合适的概念。当然,社会服务组织本身具有的多元性和复杂性特征也决定了这一概念不可能消弭分歧。因此,在涉及社会组织的整体特征时,宜采用社会服务组织的概念;在涉及某一特征特别是与境外进行比较研究时,宜采用专有名词或加以解释。当然,对社会服务组织和相关概念的分析仅是第一步工作,更重要的是为社会服务组织营造一个更为良好的发展环境,使其能够在社会治理转型、公共服务改革中真正成为一个重要主体,发挥出更大的作用。

2. 类型划分

本研究,从以下几方面划分社会服务组织:第一,小范围,是指在民政部门获得合法注册的民办非企业单位、社会团体和基金会等单位。其中,民办非企业单位的名称根据法律的修订计划可能改称社会服务组织。这三者在我国分别是由不同的法规实施管理,社会团体是以会员为基础组合形成的,以章程为活动准则,实施非营利的活动,常以协会、学会、研究会或联合会而命名;民办非企业单位(社会服务组织)的发起方是企业事业单位、社会团体、公民以及其他社会力量,使用非国有资产举办,是从事非营利性社会服务活动的组织,常以各种站、中心、学校、院、所等命名;基金会,是指为从事公益事业而成立的非营利性法人,其基础是自然人、法人或者其他组织捐赠的财产。第二,中范围,这部分指在民政注册之外的,如人民团体、群团组织、事业单位、宗教组织。其中《社会团体登记管理条例》中明确规定"参加中国人民政治协商会议的群团组织,不属于本条例规定登记的范围"。人民团体、群团组织是具有中国特色的政治组织,是在中国共产党的领导之下,由政府财政支持,围绕某一方面的社会事务,表达某一阶层或者团体的共同利益,有秩序地动员这类阶层或团体参与社会政治经济文化生活,具有明确的社会目标,并担负着部分社会管理职能,其数目和名称是特定的,政治色彩浓厚。事业单位是国家财政支持的从事特定社会事业的组织，主要是在文教科卫体方面。宗教组织在我国是特定范围、政府严格监管的各类型以举办宗教活动为主的组织。第三，大范围，除了上面两类，还包括自治组织和社会企业。自治组织在我国主要是群众性的自治组织，在农村表现为村民自治，在城区就表现为居民自治等。社会企业不是纯粹的营利组织，比较重视社会价值而非单纯追求自身利润的最大化。也有观点认为应该按照组织的宗旨，划分为两类，一类是互益性，一类是公益性。互益性的社会服务组织是为会员服务的，可以分为经济性互益和社会性互益两种，前者关注会员的商业利益和商业活动，常见的有行业协会、商会、合作社等；后者为学术活动或者兴趣活动存在，常见的有学会、研究会、联谊会、爱好团体等。

本研究的社会服务组织主要是民办非企业单位。随着《中华人民共和国慈善法》的实施，现有的社会团体、民办非企业单位和基金会，他们可以自由决定是否申请成为慈善组织，但如果成为慈善组织，将在治理结构和资金使用上发生巨大的变化并受到更多的监管，所以本研究不包括已经成为慈善组织的社会服务组织。

(四) 政策网络

政策网络(Policy Network)主要指政策并非由单一的主体来完成，而是以政府为主体，通过引导、宣传、辅助等方式发挥社会的力量来完善公共政策。政策网络的理念源于美国的"铁三角"理论模型，这一模型的构架主要由三个主体来完成，分别是行政管理部门、立法机关部门和相关利益群体。随着社会多元化的发展，利益集团对公共政策制定的影响愈加重要。在市场失灵、政府失灵之后，社会失灵的弊端也凸现出来，表现在相关利益集团的独立性遭受质疑，且逐渐成为政府附属的问题上。此外，社会需求的多元化发展，公共政策在制定和实施进程中遇到了较多困难，一方面是外部环境的变化使得公共政策在制定过程中考虑较多外部因素，尤其是环境要素难以估量；另一方面是公民对公共政策普遍持怀疑态度，对政府的信任度降低，且许多公共政策并不能完全满足公民的多样化需求。在此情况下，政府必须做出改变，扭转当时的颓势，并逐渐改变以往政策的力量格局，引进社会力量介入或监督政府的政策制定、实施，政策网络应运而生，对政策网络的界定主要包括三个方面。

1. 宏观层面释义

宏观层面的政策网络理论脱离了以市场为导向和以政府为主导的两种解释方式，采用与解决国家政策问题相关的第三种新的解释方法。德国学者梅茵茨(Mayntz)与沙尔普(Scharpf)等人认为,仅仅以官僚制和市场主导的方式已经无法适应新型政府治理的需求。由于政府失灵和市场失灵的存在,需要一种新型的国家治理方式。政策网络这一概念和理论就很好地解释了现实问题,为当下的政策制定、执行以及评估提供了一种新的有效思路。他们认为,在宏观层面,政策过程就是一群有各自不同利益的、自主的行动者,它们组成不同的利益集团,集团之间相互影响和相互作用,从而形成一个完整的政策网络。

2. 中观层面释义

中观层面对政策网络的理解,多将视角集中在政府与各利益集团之间的互动关系上面。学者罗茨将政策网络定义为拥有不同信息、资源、权利的利益集团之间形成的网络关系。其中,政府及其各部门位于网络的中心。史密斯认为政策网络各主体之间有不同的利益关系,并且不断进行信息交流,从而促使网络的形成。范沃登则提出政策网络是一种不断发生变化的长期的结构性模式,主体之间相互依存又相互影响,主要由政府、政府各部门之间、其他各利益集团组成并相互作用。

3. 微观层面释义

基于多元化和利益集团的原则,美国学者一直在微观层面研究政策网络,强调政治主体之间的复杂互动。在微观层面,本森等人认为政策网络本质还是个体之间的互动,核心在于个人。不像宏观层面和中观层面从网络和结构的视角出发,微观政策网络理论的关注点在于政策网络中的个体,正是由于不同个体的行动不同,产生了不同的网络与不同的互动。

基于各类学者关于政策网络的定义可知,政策网络是一种模型关系,其中政策参与者互相交换资源,与其他政策参与者传递信息并根据他们的利益进行协调以执行公共政策。述政策网络理论分别从宏观、中观或微观层面定义并阐述了政策网络的概念,对于全面地把握政策网络理论都具有重要意义。

政策网络强调公共政策主体的多样化,对社会政策来说,政策制定的主要目的就是提高群体性的社会福利,但怎样提高并不是政策单方面的决定,需要政策受益者共同参与。例如,在养老服务政策的制定过程中,政府在颁布政策之前需要进行广泛的调研,并听取社会服务组织对这一政策的评估而做出决定。此外,政策网络要求政策制定者必须要考虑到群体性利益,政策制定的参与者也需要考虑自身的目标,这样会使得政策的制定不断优化。因此,本研究将政策网络作为理论基础,对养老服务效能的构建进行优化分析。在这一视角下,社区居家养老服务相关的政策网络不仅关注服务客体的政策效果反馈,而且关注服务主体多元化对服务效能提升的重要引导作用。在权衡服务主体与服务客体关系的基础上,协调养老服务政策制定的各方利益,建构优化的网络机制。政策网络具有以下特征:首先,相互依赖网络的参与者使用彼此的资源来实现其目标。相互依赖有时被称为"博弈"或"谈判",没有相互依赖关系,就很难理解政策网络的概念。其次,在政策网络中,不同主体最终追求的结果和方向一致。协调就是形成、维护甚至发展政策网络的推动力之一。最后,多参与者政策网络中每个参与者相对而言是平等的。对政府而言,政府作为政策制定和执行的主体,其权力是不言而喻的。只有当政策网络中其他主体具备了相对平等的地位,政策网络才能良性发展,而政策网络的建立通常植根于现有法律和体系中,依旧是由科层制演变而来。

四、研究框架

本研究基于实证分析、文献研究、比较分析等方法,对城市社区居家养老服务效能的指标及提升路径进行研究。通过实证研究、国外经验的本土化吸收等方式,探究社会服务组织介入城市社区居家养老服务的方式和方法。具体来说,本研究的研究框架如下。

(一) 研究方法

城市社区居家养老服务效能优化是一个综合性的研究课题。服务效能优化涉及管理学、政治学、经济学的领域,居家养老服务又涉及社会学、社会工作、公共管理的领域。为综合运用各学科领域的知识,发挥各学科或专业的优势,本研究拟从公共管理的角度出发,综合运用其学科的方法开展研究。具体来说,主要包括以下几种研究方法。

1. 实证研究法

城市社区居家养老服务效能优化的最终目标在于满足老年人需求,这一目标的完成涉及管理主体的意识形态、能动性及沟通能力等方面的完善。为完成以上的目标,需要在我国境内进行大量的实证研究。为此,本研究拟选取若干省市县级相关政府机关、街道、乡镇社区、社会服务组织、老年人及其家庭等部门进行实证田野研究。本研究拟综合采用结构式访谈和半结构式访谈的方法,对所调查区域的老年人及其家庭成员、相关管理部门的工作人员、社会服务组织的工作人员、社区邻里等人员进行访谈。通过滚雪球的调查方式,对民众进行访谈,了解他们对城市社区居家养老服务运行的现状、存在问题及机制优化等的看法。运用头脑风暴法,在对调查问卷数据进行分析的基础上,结合访谈资料、经验总结所得到的结论,对城市居家养老服务效能的优化路径进行精准性、层次性、完整性的分析,得出最为优化的效能提升对策。

2. 实验法

对社会服务组织介入城市社区居家养老服务开展研究,归根到底是为了提养老服务效能。因此,研究的落脚点应在于效能提升的实践,而效能提升的研究离不开实验研究的思路和方法:一方面,严格按照养老服务效能的理论、方法和步骤,基于模型和访谈结论,开发用于提升城市社区居家养老服务效能提升的指标。总的开发思路是"确定目标→需求分析→指标设计→评价修订→效果评估"。另一方面,设计社会服务组织介入社区居家养老服务问卷,并通过随机对照实验程序,检验社会服务组织介入的有效性,即将参与实验的社区居民随机分配到实验组(接受社会服务组织服务)和对照组(不接受社会服务组织服务),社会服务组织介入后,通过统计的方法比较两组差异。

3. 统计分析法

对城市社区居家养老服务制度现状与问题以及制度发展的影响因素分析需要大量的数据作为支撑,因此本研究在数据收集的基础上,对相关的数据进行分析,以提高研究的精准性和科学性。基于此,本研究采取统计分析的方法。首先,对城市社区居家养老效能进行概念化操作。在操作过程中需要注意,在明确效能精准化定义的同时,注重养老服务相关要素的介入。其次,明确社区居家养老服务效能的相关数据。再次,通过对数据进行比较和分析,提出城市社区居家养老服务效能优化的政策建议。

4. 文献分析法

本研究拟对城市社区居家养老服务效能的概念、特点、理论做细致分析,为研究提供理论基础,这需要大量的文献作为辅助。同时,要搜集、整理和分析国内外有关养老服务的文献资料,为本研究提供理论根据。首先,收集相关的研究文献,包括国内学者有关社区居家养老服务的文献、港台学者有关社区居家养老服务社区的资料、欧美学者有关社区养老服务模式创新方面的研究资料等。其次,对相关的文献进行整理归类。从养老服务的类别属性(社区养老和居家养老)、养老服务的研究属性(定性研究抑或定量研究)、区域属性(本土研究还是境外研究)等对相关的资料进行分类整理。最后,通过深入的阅读总结城市社区居家养老服务的经验,为后续研究夯实基础。

5. 比较分析法

一方面,比较、借鉴城市社区居家养老服务政策方面的历史经验与教训,以此来完善现阶段城市社区居家养老服务效能优化方面存在的不足;另一方面,充分比较主体资源、服务过程、评估方式等多样化的优化路径,最大限度地发挥养老服务各要素的实际效能,探讨化城市社区居家养老服务网络建构的切入点。

(二) 研究思路与重点

1. 研究思路

本研究研究思路的确定主要基于以下几方面考虑:第一,基于理论的考虑。养老服务效能优化方面的研究成果繁多,但各学者的角度不同,需要秉持认真、细致的工作态度以及标准化、精准化的工作手段。第二,基于实践的考量。养老服务效能优化的实践性较强,除理论研究之外,还要与实际紧密结合,开展实际调研,只有如此才能真正地把养老服务效能与城市居家养老服务相结合,并提出切实可行的政策建议。第三,基于研究合作的开展。城市社区居家养老服务效能优化需要多部门的通力合作方能完善,不仅需要实际的工作者(如政府部门管理人员、社会服务组织工作人员、基层社区的工作人员等),还关乎理论专家等群体。基于以上分析,本研究的思路要在理论与实际结合、服务经验反馈、实证经验总结的基础上形成。具体来说,研究思路主要集中于以下几点。

第一,理论与实际相结合的思路。本研究是以解决问题为核心内容。要对现实中城市居家养老服务存在的问题提出相应的对策,而理论联系实际是解决对策的重要手段。本研究将采取文献资料分析—实证研究—学术探讨—综合研究的技术路径,坚持实证研究和理论分析相结合、定量分析和定性分析相结合、静态分析和动态分析相结合、个案分析与整体分析相结合的研究思路。通过以上研究思路的铺设,能更为深入地理解城市居家养老服务的问题,并相应提出针对性的政策建议。

第二,境外经验总结的思路。养老服务在理念、形式、内容、机制等方面的优化都与境外相关经验的借鉴有着千丝万缕的联系。可以说,我国养老服务制度尤其是社区居家养老服务制度是在借鉴境外经验的基础上发展起来的。虽然近几年我国社区居家养老服务在发展过程中增加了较多的本土化要素,但从根源上还是要在与境外经验对比的基础上对标找差,真正做到本土化。因此,本研究在借鉴境内外成功经验的同时,结合我国城市社区居家养老服务的实际,提出相应的对策。基于以上分析,本研究坚持经验借鉴—个案及典型分析—总体综合研究的逻辑思路。

第三,实际访谈与信息反馈的思路。本研究在与相关人员访谈的基础上,提出城市社区居家养老服务效能优化的主要路径。因此,要秉持与政府部门、社区、社会服务组织相配合,与老年人及服务人员密切联系的实证思路。本研究具体的研究思路见图1-1。

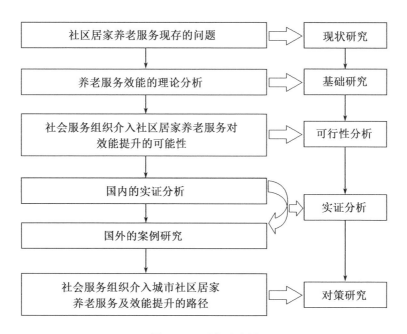

图 1-1　研究思路图

从研究内容上看,本研究首先着手于理论方面的研究,对城市社区居家养老服务效能的阐释及现有的资料进行整合;其次以江苏省、安徽省以及辽宁省为例,结合个案分析以及实证分析的方法,对社会服务组织介入城市社区居家养老服务并优化其效能进行分析;最后以政策网络为视角,对社会服务组织介入城市社区居家养老服务路径以及效能优化机制的形成进行分析。

2. 拟突破的重点和难点

其一,研究方法的综合运用。本研究涉及管理学、社会学、经济学、社会工作、行政管理、社会保障等多种学科专业。如何在理论阐释、模式构建等方面发挥各自学科优势,实现多学科有机组合,共同达成研究目标是本研究之难点。同时,本人拟将对管理部门、社会服务组织、老年人及家庭进行大量的实际调研与考察,如何在资源的协调与利用等方面进一步发挥优势,是本研究的重点。

其二,老年人需求的分类及实证研究。一方面,老年人需求具有特殊性。除一般性需求之外,老年人还因生理机能的变化而有特殊性需求;另一方面,随着时代的发展,老年人的需求在不断变化。除衣食住行等基本需求外,老年人社会参与、心理提升等方面的需求也在不断地提出。因此,要在原有研究之基础上,进一步丰富老年人需求的内容,为城市社区居家养老服务效能的优化提供现实基础,这是本研究的另一重点。

其三,国外经验的本土化吸收。社会服务组织介入社区居家养老服务的模式在国外已开展多年,且发展出诸多经验。如何在国外经验的基础上,结合我国具体国情,发展与创新符合我国实际的城市社区居家养老服务效能优化的模式,这是本研究需解决的另一难点。

其四,社区居家服务模式的实践。本研究所构思的城市社区居家养老服务效能的优化模式在实施过程中亦有可能遇到困难,如难以应对突发问题、管理权限冲突、资源整合能不足等。以上问题之出现在所难免,但也成为本研究创新机遇,为今后研究提供了参考。

(三) 可能的创新与不足

1. 可能的创新

其一,在研究的内容上,本研究试图在社会服务组织介入城市社区居家养老服务的基础上,以效能优化的视角进一步完善城市社区居家养老服务模式。现有对城市社区居家养老服务效能优化方面的研究主要集中于体系建立的方式、步骤等方面,且多指向模式的优化,这可能会导致理论与实践的脱节。以上问题的出现一方面是由于城市社区居家养老服务效能的优化涉及要素庞杂,难以综合考虑,另一方面是由于我国既有的城市社区居家养老服务模式的研究过多关注居家、社区、机构等养老服务作用的发挥。本研究以社区居家养老的服务主体、服务过程、服务评估为视角,将历史分析的纵向研究与现实政策的横向研究有效结合,拓展了研究视野。

其二,本研究尝试在"协同—生产"理念的基础上完善社会服务组织在城市社区居家养老服务中的有效介入,城市社区居家养老服务制度的完善不仅要看重主体间的协同,而且要关注协同之后的服务生产方式。以往对社会服务组织介入城市社区居家养老服务的研究多集中于方法的创新,但对介入后的联合以及优化服务效能的研究涉及不多。本研究以"协同—生产"方式理念为出发点,将对城市社区居家养老服务主体间组合的可能性做更多探索,力求提高城市社区居家养老服务效能。

其三,自下而上的城市社区居家养老服务模式的建立。从服务效能优化的角度出发,服务主体根据老年人的需求所指而推出相应的养老服务。该模式一方面摈弃了以往服务(自上而下)的短视与不足等弊端,提高了城市社区居家养老服务的效能;另一方面变"被动"接受服务为"主动"索取服务,提高了老年人的积极性。

2. 研究的不足

城市社区居家养老服务效能的优化与实际联系较为紧密,且正处于发展阶段,各地区的经验模式千差万别,难以形成完善的经验,如若对全国的城市社区居家养老服务效能的优化方式进行总结,则较为困难。因此,本研究在实证研究方面所做的研究只是集中于江苏、安徽、辽宁等地。虽然是在综合考虑地区代表性之后做出的决定,但这只是主观的臆测加上先前的经验,所以得出的结论难免会有部分瑕疵,需要在今后的研究过程中进一步改进。

本研究假设的出发点是社会服务组织介入城市社区居家养老服务制度中能进一步提高其效能,但这需要在实际中进一步验证。也就是说,本研究所讨论的内容多集中于理论的解释,在实际运作的过程中还需要社区居家养老服务人员、服务资金、服务政策等方面的合理安排,这一提议(或者称之为政策模式)是否经得住时间的考验,需要在长期的磨合过程中验证。

第二章　养老服务效能的理论基础
及构成要素

　　本研究是以养老服务效能为理论基础,探究城市社区居家养老制度优化的路径和方法。基于此,本研究将养老服务效能的理论阐释及其相关的要素作为研究的前提,以便后续研究工作的展开。前文对养老服务效能的概念进行了分析,指出养老服务效能是指对养老服务评价的理念综合,但没有对其相关理论进行深入分析。养老服务效能理念形成的逻辑是什么。以及其特点和构成要素又是什么。本章将通过辨析养老服务效能的理念,增加对其深入的了解。同时,通过总结养老服务效能的特点来了解其生成脉络,通过明晰养老服务效能的构成要素来构建其理论体系。

一、养老服务效能的理论基础

　　养老服务效能具有一定的特殊性:其一,养老服务涉及的内容较多,除了社区养老、居家养老、机构养老之外,还包括医养结合、互助养老等创新性的服务内容(本研究所针对的城市社区居家养老服务内容包含社区养老和居家养老服务的内容)。不同的服务内容在服务方式、服务目标、服务效果等方面存在诸多差别,养老服务效能也有所区别。其二,养老服务效能评价需要考虑多种因素。养老服务的过程是一个内外环境整合的过程,对内的环境包括对内管理、服务人员安排、服务内容设计等方面内容,对外的环境包括政策环境、经济环境、社会环境以及文化环境等。在内外环境的共同影响下,居家养老服务效能的衡量更为复杂。从现有的情况看,外部环境的设置对养老服务效能的影响更大,这是因为在我国急速发展的社会背景下,养老服务相关的外部环境更加不稳定,因此需要养老服务效能的相关因素以多元化的发展方式来应对以上变化。如以外部政策的变化为例,当我国在提倡"9073"的养老服务体系建设格局时,居家养老被放置于首要地位,全国许多地区纷纷建立了社区居家养老服务中心。随着服务标准化政策的实施,各地根据相关政策的要求又在服务中心增加了诸如助餐、心理慰藉功能,且随着医养结合制度的深入发展,社区养老服务中心的功能会更加丰富。由此可看出,对养老服务效能的理解还需从服务内容以及服务环境角度来进行优化。本研究认为,养老服务内容需要从服务资源整合、服务主体协同的角度进行考量,而养老服务外部的环境还需从府际关系的角度来进行深入研究。由此可看出,服务资源整合理论、服务主体协同理论以及府际关系理论是养老服务效能的理论基础。

(一) 服务资源整合与养老服务效能

借鉴社会资源与公共资源的概念,本研究将服务资源界定为:为了应对服务对象的需要,满足服务对象的需求,所有能提供社会服务并且转化为具体服务项目与内容的客体。而服务资源整合是指在明确服务资源的来源、层次、结构、内容的基础上,通过识别与选择、汲取与配置、激活和融合等方式形成各种服务组合模式,最大化地提高资源的利用率。

资源整合的研究肇始于经济学领域的资源禀赋理论,20 世纪 30 年代,经济学家 Heckcher 与 Ohlin 在比较优势理论(由李嘉图提出)的基础上提出了资源禀赋理论,他们认为产品成本并非是受单一要素(劳动)的影响,而是多种要素(资本、土地、技术)综合的结果,并据此创立了 H-O 模型。其后,诸多学者对这一理论模型进行了拓展,并将其应用于国际贸易、产业结构、产业链、产业聚集等研究领域中,但多集中于宏观研究领域。而将资源整合理论引入中微观研究领域的学者为 Sirmon 等人,他和 Hitt 在 2003 所提出的"资源管理"理论将资源整合作为价值产生的重要前提,认为"资源价值创造过程就是资源整合的过程"[1]。以现有研究成果观之,资源整合的中微观研究朝两个方向发展:一个方向为外部的资源识取,另一个方向为内部的资源调配。其一,在外部资源识取方面,学者的研究内容多集中于资源识取的方式、方法与要素间的关系等方面。Kogut(1992)等人认为应采取"累叠"的方式进行外部资源的整合,即以现存资源为基础,通过开发技术与能力组合获取资源。[2] 吴涛(2008)认为应该采取组织互动的方法获取外部资

---

[1]　Shane. S, Stuart. T, 2002. Organizational endowments and the performance of university start-ups. Management Science 48(1).

[2]　kagut B. and Zmsder U., Knowledge of the firm, combinative capabilities, and the replication of technology[J]. Organiratian Science,1992,3(3):383 - 397.

源,只有通过该方法,才能实现信息对称并调动参与主体的积极性。① 董保宝等人(2011)认为,资源整合的模式受价值观、制度依赖、市场与社会结构等因素的综合影响,因此在进行资源整合前需考量以上因素间的关系②。其二,在内部资源调配方面,学者的研究内容多集中于资源调配的过程与条件等方面。肖谭(2016)认为,资源调配应分为识别、获取、配置与利用等环节,最终实现与原有资源的融合,内部资源调配还需要考量自身的资源禀赋与物质条件,这对经济主体的资源整合显得尤为重要。③

随着社会治理多元化的深入发展,社会服务资源介入社会治理日益成为重要的研究领域。学者们主要围绕以下方面对服务资源的整合进行研究。其一,服务资源整合的类型。将服务资源整合分为传统型、交换协调型与行政主导型三种类型④,从目前来看,行政主导型是服务资源整合的主要类型。其二,服务资源整合的模式。将服务资源整合分为市场介入、内部需求、行政配置与社会赞助四种模式⑤。其三,服务资源整合的过程。认为服务资源整合需要经历资源动员—资源开发(资源吸收)—资源管理与维系—资源共享等过程。⑥ 除理论支持外,服务资源整合的实践理念也在被应用并取得了积极的效果,如英国的社区睦邻运动所倡导的资源整合对提升社区合作能力以及培养互助精神的积极作用;社区老年服务强调社工在老年人及其家属间扮演资源整合者的角色⑦;通过资源整合的方法在老年人与专业服务机构间建立信任关系⑧,等等。

养老服务是社会服务的重要组成部分,服务资源整合理论的学理指导及实践效果对其服务效能的提升也依然适用。具体来说,服务资源整合理论与养老服务效能提升间的关系表现在以下几方面。

1. 通过减少资源浪费提升服务效能

由服务资源整合的概念可知,服务资源整合的目的在于提高服务资源

---

① 吴涛、陈正芹:《资源整合与功能超越——论社会服务组织在公共管理改革中的重要作用》,《中国行政管理》,2008 年第 6 期。

② 董保宝、葛宝山、王侃:《资源整合过程、动态能力与竞争优势:机理与路径》,《管理世界》,2011 年第 3 期。

③ 肖谭:《社区资源整合"三部曲"》,《中国社会工作》,2016 年第 4 期。

④ 邱柏生:《论社区资源类型及其整合方式》,《探索与争鸣》,2006 年第 6 期。

⑤ 吴新叶、吴洪法:《配置与调适——现阶段社区资源分析》,《学术专论》,2002 年第 5 期。

⑥ 李伟梁:《社区资源整合略论》,《重庆邮电大学学报(社会科学版)》,2010 年第 7 期。

⑦ Rowan Noell L, Faul Anna C, Birkenmaier Julie, Damron-Rodriguez Joann. Social Work Knowledge of Community-Based Service for Older Adults: An Educational Model for Social Work Student[J]. Journal of Gerontological Social Work. 2011.

⑧ Mao Weiyu Wu Bei, Chi Iris. Oral Health Among Older Chinese Immigrants and Implications Social Work Practice[J]. Health & Social Work. 2015.

的利用率,而利用率的提升需要通过服务供给侧与服务需求侧的共同合作才能达到。在服务资源整合的视角下,养老服务模式的设计会更加关注服务对象(老年人)的实际需求,并从需求出发整合服务资源,形成新的服务模式。也就是说,服务资源整合使得养老服务的需求与供给更加平衡。此外,在服务资源整合的视角下,家养老服务的方式会更加丰富,由原有的"老年人需求—服务供给"方式转变为"老年人需求—资源整合—模式创新—服务供给"。在此基础上,养老服务资源能更加精准地、有效地传递到老年人群体中,对解决原有分散、被动的资源在服务过程中造成资源浪费的问题具有一定的推动作用,促进服务效能的有效提升。

2. 通过提高服务质量优化服务效能

服务资源整合会减少养老服务资源分布不均衡带来的弊端,进而会有效解决老年人服务没有得到满足和过分满足的问题。举例来说,在服务资源较匮乏的城市边缘地区,以开发、配置、激活等方式丰富服务资源,最大化地满足当地老年人的服务需求。同样,在服务资源相对丰富的城市地区,通过有效疏导、优化配置、项目融合等资源整合方式,转移服务资源,平衡城市社区居家养老服务的布局。总之,通过服务资源的整合能进一步促进城市社区居家养老服务资源的优化配置,进而解决城市老年人服务间的不公平问题,提高整体服务质量,提升服务效能。

3. 通过强化服务关系提升服务效能

服务资源整合的目的在于形成固定的服务模式,该模式会因服务要素、服务区域、服务内容的不同而不同,没有固定统一之处,但至少都应包括以下几方面内容:第一,服务主体。主体的种类、数量、组合方式可能不尽一致,但服务主体的组合一旦形成,便逐渐形成固定的服务方式,共同提供养老服务。第二,服务方式。虽然服务的提供可以是直接或间接的、外部或内部的、集中或逐步的,但是服务方式一旦确定,并会形成固定的服务关系。第三,服务传递过程。不同的服务模式,其服务传递过程亦有所区别,但每一种传递过程都是在实践中总结出来的、适合该模式特点的并逐步固定的传递过程。由以上分析可知,城市社区居家养老服务资源的整合促进了服务模式的固定,而服务模式的固定又强化了服务主体、服务方式以及服务传递过程等与服务关系相关的内容,因此在服务资源整合的视角下,城市社区居家养老服务的关系会更加固定,服务效果会进一步改善。

(二)服务主体协同与养老服务效能

养老服务体系主体协同是指养老服务主体通过伙伴式、协作式、合作式以及联合式等工作关系,共同提供养老服务质量的一种模式。养老服务体系主体协同对养老服务效能提升具有重要的推动作用,具体表现为台下几点。

1. 服务主体能动性发挥有利于服务主体整合效果的提升

养老服务主体能动性的提升主要基于以下原因:一方面,主观意愿的推动。在诸如扩大规模经营、拓展市场范围、获取经营利益等因素的影响下,部分养老服务主体会通过提高积极主动性来获取更多的养老服务资源。如部分养老服务机构为争取更多的补助而增加床位的数量,社会服务组织为获取发展资金而承接跨地区的服务项目等。另一方面,客观条件的影响。客观条件(如购买服务政策的实施情况、服务对象的整体素质以及配合程度、服务区域的配套硬件等)也会影响养老服务主体的积极性。如经济条件较好的地区具备更好的养老服务硬件,便于开展服务,提高主体的积极性。由以上分析可知,在主观意愿和客观条件的共同作用下,养老服务主体主观能动性提升后会更加倾向于获取更多的养老服务资源,进而提升养老服务效能。

2. 服务主体协同性加强有利于减少服务成本

养老服务资源整合需要一定的成本,这些成本会因资源种类、服务主体、整合方式的不同而不同。例如,康复资源和医疗资源有诸多相似之处,整合起来就相对容易,成本消耗较少,而心理慰藉和机构养老资源却存在诸多差别,整合成本就较高。对整合成本较高的养老服务资源来说,其服务效果亦会受到一定的负面影响。协同性强的养老服务主体组合有着相对较强的合作愿景,能有效缓解以上负面影响。例如,在社会服务组织和养老机构充分合作的前提下,社会服务组织较擅长的心理慰藉服务能在养老机构内有效开展,并逐渐形成固定的服务模式。在这种服务模式下,养老服务效能相关要素的合作更为顺畅,服务效能提升的效果更为明显。

3. 服务主体协同机制健全有利于形成多元化服务模式

养老服务主体的有效协同能形成多种合作方式,如社会服务组织和市场部门的合作、家庭与社会服务组织的合作、养老机构与社区的合作等。养老服务主体的多元合作能形成并固定多样化的资源整合模式,进而提高养老服务效能。如笔者在调研时发现,某社区在辖区内提供固定场所,并引入社会服务组织和养老机构的相关资源为辖区内的老年人提供精准化、直线式、便利性的养老服务,以此提高养老服务整体的效能。

(三) 府际关系理论与养老服务效能

府际关系(Intergovernmental Relations)就是政府之间的关系,是指政府之间在垂直和水平上的纵横交错的关系,以及不同地区政府之间的关系。府际关系的研究肇始于 20 世纪 30 年代的经济危机,当时西方国家为应对该危机而采取中央与地方政府合作的策略,并由此产生了府际关系的雏形。20 世纪 70 年代,西方国家层级政府间的关系愈加复杂,学者对府际关系的研究视角也由原有的自上而下纵向关系转向同级水平的横向关系,研究内容集中于府际关系的种类、形式、表现等方面。20 世纪 80 年代,受"风险社会"的影响,西方社会治理的复杂性越来越高,以斯蒂尔曼为代表的学者对原初的府际关系进行了优化,并提出财政模型、行政模型等拓展性理论。近几年来,西方府际关系的研究在整体上表现出动态化、网络化、宽泛化、互赖性等特征,且愈加倾向于府际关系互动机制构建的研究内容,如杰伊认为,府际关系的互动机制应该注重政策的实施与主体力量的规约,尤其是民众的反馈。[1]

我国的行政管理体制与欧美国家存在一定的差异,国内学者对府际关系的研究成果更体现出本土化的特色。整体上看,我国府际关系主要包括纵向关系与横向关系两种类别,纵向府际关系包括中央与地方以及地方与地方间的层级关系,横向府际关系包括地方政府层级关系、政府部门之间的关系、地区之间的关系。纵向府际关系是在权力设置基础上形成的。在计划经济时代,中央与地方政府的关系遵循"中央强有力的统一领导"和"充分发挥地方积极性"的原则,有学者将之概括为"中央集权与地方分权平衡、地方自主与全国统筹协调"的府际关系,这种"指令性"的纵向府际关系持续到改革开放之前。改革开放后,因经济结构转换、财税关系调整、行政区隔划分等因素的影响,地方政府自主权不断得到加强,纵向府际关系得到调整,由以往"指导""规范"的关系逐渐转向以合作为基础的府际关系。近几年来,在社会治理理念与实践的影响下,治理的责任分担与分工协作关系逐渐成为纵向府际关系的引导。公共行政的府际关系是围绕公共物品(或公共服务)供给所产生的关系,地方政府不仅要遵从中央政府的指令,还需一定的自主性,本研究将之概括为"遵从—自决"的关系。

横向府际关系是在府际合作与府际竞争的基础上形成的。府际合作主要指地方各部门之间、事业单位与行政部门之间的合作,该合作主要包括联

---

[1]　严强:《公共行政的府际关系研究》,《江海学刊》,2008 年第 5 期。

席会议、部门衔接合作治理、府际契约等方式。目前,我国横向府际合作的区域已拓展至长三角、珠三角、京津冀等地,合作机制也在不断创新,如在互利诱因视角下地方政府间合作模式的创新,通过引入社会的治理要素来减少合作治理的成本,最终形成政府、市场、社会等主体共同参与的综合性治理网络。府际竞争主要由公共产品(或服务)配置不均衡导致,学者认为,为减少府际竞争带来的负面影响,需要通过利益引导、利益共享等多种方式,加强竞争区域间政府职能的融合,最终实现府际竞争到府际合作的转化。[①]

府际关系可以影响养老服务效能的各个部分:养老服务准备阶段,府际关系导致的服务资源配置方式的完善能进一步优化服务人员、服务资金、服务技术等的组合效果,进而充分调动相关服务主体的积极性;在养老服务开展阶段,府际关系会随着服务对象的要求(如服务方式、服务时长、服务安排等)而不断发生变化,最终实现服务供给和需求的有效均衡;在养老服务评估阶段,府际关系的效果可作为指标纳入考核评估体系中,同时,根据评估结果的反馈调整资源配置的方式。

二、养老服务效能的特征

内外环境的影响因素不仅促进了养老服务效能评价标准的发展,而且进一步突出养老服务效能的独特性。整体上看,养老服务效能的特点。

(一) 工具性

养老服务政策所涉及的内容、方式、构成要素较多,因此对其优化的标准也各异。举例来说,社区居家养老的优化需要在设施条件、人员管理、专业化服务等方面有所体现,而机构养老的优化则需要在专业人员安排、服务频率、技术设备等方面有所提升。因此,不能简单地从服务表现的视角对养老服务政策优化进行衡量。本研究认为,应将公平等价值性理念作为养老服务政策优化的衡量标准,这是因为:其一,公平是社会政策的最基本价值观[②],这种价值观同样适用于养老服务政策。养老服务优化的公平性不仅体现在优化的过程中,而且体现在优化结果的评判标准上。其二,养老服务

[①] 赵树迪、周显信:《区域环境协同治理中的府际竞合机制研究》,《江苏社会科学》,2017 年第 6 期。

[②] 李鹏:《兜底视域下社会救助瞄准机制审视:问题辨析与改革取向》,《理论导刊》,2020 年第 3 期。

公平理念的模糊化会导致政府失灵,进而影响服务资源配置优化的效果。我国养老服务制度在运行过程中采取的是政府主导、社会参与的方式,由于没有明确政府主导的范围与方式,加之服务过程中服务供给方和服务需求方信息不对称问题的存在很容易出现"政府失灵"的问题。政府失灵会进一步降低政府在服务过程中资源配置的效果,形成"供给总量不足与供给资源闲置的悖论"①,进而导致"有效供给不足、质量效益不高、结构不合理、资源配置不均衡等"等问题。以上问题将直接影响养老服务资源配置的公平性。另外,难以做到资源供给标准的一致性。由于公正性的缺失,信息不对称的问题就会进一步凸显。在此情况下,政府对社会部门开展服务质量的评判就难免会出现认知上的差异,因此难以实现供给标准的统一。由于标准不统一,养老服务资源配置的不公平问题就会随时存在。因此,由前文分析可知,养老服务效能优化的最终目的在于公正的实现,因此它对衡量养老服务政策的优化具有一定的工具性价值。养老服务效能的工具性价值主要体现在以下几方面:

首先,推动人权观念的有效实现。部分学者认为,社会政策学最初就将其理论框架及研究焦点置于公平与人权的理念。② 社会政策关注人们之间的社会网络建构以及与之相关的秩序发展,或者对政策受益群体的活动原则加以管理,以上对人们生活质量具有重要的影响。社会政策的出发点是利他主义理念的实施以及这一理念对人的促进作用。③ 由此可见,养老服务政策将公正理念看作其主要的价值归宿。从这一理念出发,养老服务更加关注服务对象社会福利的提升以及老年人权观念的改善。举例来说,城市社区居家养老服务在发展之初的目标在于为老年人提供舒适的养老服务,但随着服务对象的拓展,服务需求也愈加烦琐和复杂。在这种情况下,社区居家养老服务的目的会转向保障基本服务需求的人权理念上面。

其次,能有效区分养老服务公平与效率之间的关系。公正的价值理念要求社会政策要集公平、正义、效率于一身,不能因效率而损害公平,反之也不宜。对社会政策来说,公正的度量标准较难衡量。以社会福利政策为例,从英国建立福利国家开始,通过对撒切尔夫人与里根总统的社会保障制度改革、工党领袖托尼·布莱尔首相推出的"第三条道路"计划、奥巴马的医疗

---

① 贾玉娇:《中国养老服务体系建设中的突出问题与解决思路》,《求索》,2017年第10期。

② 唐钧:《社会政策评估:中国的经验》,三亿文库网,2014年1月12日。

③ [英]理查德·蒂特马斯:《社会政策十讲》,江绍康译,吉林出版集团有限责任公司,2011年版,第5-12页。

保险制度改革、瑞典与丹麦等北欧国家的社会福利制度减负计划的研究发现①,社会福利政策始终被"效率"与"公平"左右,顾此失彼,很难达到均衡的态势。因此,我们要以公正的视角衡量养老服务政策的实施,采取有效的措施杜绝不利于其发展的要素,方能使其朝更好的方向发展,而养老服务效能优化所包含的价值与公正的视角不谋而合。

(二) 过程性

所谓过程性,是指养老服务效能的产生及优化并非是静态,而是贯穿于服务的始终。过去对养老服务效能的评判大多集中于静态的影响,即将养老服务效能的提升等同于静态的指标,如以服务次数、服务人数等客观指标来反映养老服务质量,又如将养老服务过程明确分为服务前、服务中、服务后等静态的阶段,并以之为基础开展评估。这种传统的静态分析较多关注行政政策发生后的情况,对经济要素的变化趋势,包括资本的形成、生活水平、增长程度等关注度较少,这使得经济要素的变化与整体社会福利的变化不尽一致②。养老服务效能的优化集中于服务供给的某一阶段,就有可能造成诸多问题:其一,会造成片面性的问题。以某一阶段或者短暂性的服务效果作为评估指标并没有考量服务全过程的质量,导致片面性的评估效果。在养老服务过程中,不同服务主体服务特点的呈现方式是不一样的,如康复机构所提供的护理、康复等服务是渐进性的,不能在短期内看出服务效果,如若以某一时期的效果评价整个康复服务的效果,难免会有失偏颇。其二,会造成单一性的弊端。如若过多关注某一阶段的服务效果,势必会忽略服务的全过程内容,在评估指标设定的过程中也没有考虑全面的服务内容,最后造成单一性的评估指标。

在养老服务效能理念的驱使下,养老服务的评估更加注重全面性。由以上分析可看出,养老服务能直接体现福利效果的政策安排。以往对养老服务效果的评价多集中于主体的多元、协调等方面的客观指标。这就隐含了一种假设,即服务主体如若按照多元化的发展方式,那就一定能提供优秀的服务。虽然诸多理论研究者和实践者也较为注重多元主体对养老服务质量提升的积极作用,在实际的服务过程中却发现,养老服务主体多元化发展对养老服务质量的提升并不是绝对的。例如,社区居家养老所面对的服务

---

① 张红霞:《北欧国家的福利制度改革及其对中国的启示》,《中国石油大学学报(社会科学版)》,2007年第6期。

② 龚六堂:《政府政策评价的改变:从增长极大到社会福利极大》,《经济学动态》,2005年第10期。

对象较多,且服务对象的需求也较为复杂,因此可采取多元主体参与的方式来提高其服务质量,但对机构养老来说,其服务内容较为固定,并不一定需要其他服务主体的参与。此外,从诸多案例中可看出,虽然现有养老服务包括了政府、社会服务组织、市场等主体,但在服务实施的过程中难以统一,有些服务结果也不尽如人意。因此,不仅要用效率来考察服务的过程,还要用效果考虑服务的结果,而包含这些理念的就是效能。效能不仅关注养老服务的主体安排,更加关注养老服务的实施与政策效果的评判,具有过程性的意义。

(三) 全面性

所谓全面性是指养老服务效能的优化集合了效率、能力、效果等多种理念,是一种综合性、全面性、广泛性的评价。正如前文所述,效能是效率、效果、功能的结合,养老服务效能也是以上理念的综合反映。

养老服务效率一般指养老服务在实施过程中的价值判断,涉及服务人员的安排、服务资源的分配、服务政策的普及程度等。养老服务人员安排的效率主要体现在人员配置(如专业人员和非专业人员的比例,医养结合养老服务机构中社会工作者、专业护理人员的数量),管理者与被管理者之间的关系,围绕服务项目配置人员的合理性等内容;资源分配的内容主要涉及如办公设备配置的合理性、资金安排的周密性、服务开展所需硬件资源的完善性、服务项目评估所需硬件条件的达标程度以及服务理念的完善性等;政策普及程度主要涉及政策制定的完善性、政策的连贯性、政策实施效果的反馈等。从目前来看,以上内容如若完全按照"成本与收益"的效率标准进行衡量,那有可能会存在不公平程度的加重。因此需要从效能的角度对以上养老服务内容进行评析,在增加诸多公平因素的同时,促进服务质量的整体提升。如在机构养老服务的人员配置方面,既要考虑专业人员的数量,又要兼顾专业人员(社工人员、护理人员)与非专业人员(志愿者)之间的比例。

养老服务能力意指相关养老服务主体提供服务的能力。养老服务主体包括政府服务机构、社区、社会组织、康复机构等。主体不同,其养老服务能力亦有所差别。养老服务机构和康复机构在服务人员安排、服务管理、服务资源设置等方面具有较多的经验,服务能力较强。社会组织因人员专业性的参差不齐,服务能力会进一步弱化。此外,服务形式不同,其服务能力也不一样。一般来说,在所有的养老服务形式中,社区居家养老的服务能力会因结合了社区养老和居家养老的优势,服务能力相对较高。养老服务能力是养老服务效能理念中较为重要的衡量标准,主要表现在:其一,养老服务能力是服务主体客观的体现,与服务效能评判客观性的理念相一致;其二,养老服务能力的评判既要考虑主观的感受,又要顾及客观的表现,是一种综合、多元的评价,这对丰富养老服务效能的评判标准具有重要的现实意义。由以上分析可知,养老服务能力对养老服务效能理念的完善具有重要的促进作用。

养老服务效果指的是养老服务实施效用的反馈。养老服务的实施主体、实施方式、目标人群(服务对象)等因素都会影响实施的效用。因此,很难用统一的标准来衡量养老服务效果。本研究建议从养老服务受益群体的角度对养老服务效果进行评判,这是因为养老服务的最终目标是受益群体福利水平的提升,因此养老服务可归结到对人的政策。正如蒂特马斯所说:"应该关切社会中的人——尤其是人际关系里非经济性的因子。"[1]但是服务对象对养老服务的评价具有一定的主观性,这种主观性会影响养老服务质量的整体评判,进而会弱化养老服务效能理念的推进。仅以养老服务对象的主观评价探讨养老服务的实施效果,困难且难以操作。因此要以效能中所包含的效果、功能等因素,进一步制定相关的标准,建立科学的评价体系。现有的养老服务标准是以民政部制定的政策[2]为基础,各地根据自身实际出台相关标准。但从现实来看,养老服务涉及主体众多,很难制定一套满足所有主体、涉及所有内容的衡量系统。但应该肯定的是,养老服务效能要关注服务政策实施前后老年人的情况对比,这种对比不仅包括主观性的理解,而且涉及客观性的评价(如社会交往能力、心理素质、与家人的亲密程度等)。

综上所述,养老服务效能涉及养老服务主体、服务内容、服务形式、服务效果等方面的评判,会渗透到养老服务各个环节之中。可以看出,养老服务效能是集服务过程与服务结果的综合体,具有全面性的特征。

三、养老服务效能的构成要素

养老服务效能是一个更为全面、多元、层次化的概念,因此有必要对养老服务的构成要素进行深入研究,以便更好地了解养老服务效能的理论。

---

[1] [英]理查德·蒂特马斯:《社会政策十讲》,江绍康译,吉林出版集团有限责任公司,2011年版,第15-17页。

[2] 中华人民共和国政府:《社会养老服务体系建设规划(2011—2015年)》,中央政府门户网站,2011年12月27日。

养老服务效能是一个重要的评判理念，具有一定的发展性。养老服务效能的优化不仅靠政策的实施，更应涉及评判标准的建设，只有通过一个完美的度量标准，才能对政策有一个客观的评价。因此，要想对养老服务效能的构成要素进行精准性的分析，需要对现有养老服务标准进行探究性的研究。

养老服务包括诸多种类，不同种类的服务形式、内容及方式都存在差别，很难用统一的服务标准对所有的养老服务内容进行衡量。举例来说，社区居家养老服务的服务内容较多，首先是物质生活的需求（如衣食住行、卫生保健、文化娱乐等方面；其次是情感和心理慰藉方面的需求，如情感关照、情感心理慰藉等方面。以上服务效果的体现可以通过服务对象的主观评判进行衡量，也可以通过客观的效果呈现来衡量，具有一定的复杂性，因此很难用较为一致的标准对社区居家养老服务的效果进行衡量。此外，以现实观之，社区居家养老服务的服务内容（主要包括日间照料、生活护理、家政服务和精神慰藉）、服务人员的安排等也具有较大的灵活性，不能用标准化的方式对其服务质量进行衡量。由以上分析可知养老服务内容的繁杂化，服务标准难以统一等问题，现有养老服务标准的研究出现多样化的趋势。从现有的文献来看，诸多学者对养老服务标准的探究多集中于主观评判，对具体标准也很少提及，内容较多涉及服务主体、服务项目的融合。如有学者认为服务主体多元化[1]是养老服务效能优化的必要条件，并主张将服务主体多元化的因素加入养老服务质量评判的体系中；有学者认为专业养老机构、老年社区、居家养老、家庭保障这四种养老模式的相互影响并共同完善是多元化养老系统建设的基础[2]，也是养老服务效能优化的保证，基于此，建议把完善养老服务模式作为养老服务效能优化的主要途径；有学者把与养老服务效能类似的服务标准进行分类，包括全面性的通用标准（如专业服务人员构成的比例、服务资金的数量、服务内容的安排、服务对象满意度等）、机构养老服务标准（如居住环境、人员要求、服务管理、出入院服务、生活照料服务、膳食服务等）、居家养老服务标准（服务质量的测定、服务人员的安排、服务效果的反馈等）、社区养老服务标准和业务支撑标准，等等[3]。虽然以上诸多标准都诠释了养老服务效能优化的要素，但细加分析则会发现：其一，诸多标准难以统一。除了服务人员的安排及专业化要求，很难在所有类

---

[1]　周宁：《构建政府主导下的社会化养老服务体系：以南京市鼓楼区为例》，《中国民政》，2012年第2期。

[2]　吴诺：《构建新型社会养老服务体系的研究》，《天津社会保险》，2011年第6期。

[3]　侯非、秦玉婷、张隋：《养老服务业标准体系构建策略与机制分析》，《中国标准化》，2013年第2期。

别的养老服务标准中找到共同的要素。其二,标准的建立较为独立。各个养老服务类别分别建立自己的服务标准,有的服务标准具有精准化的优势,较好操作(如机构养老服务标准),有的服务标准则较为模糊,难以落到实处。这种标准不仅会影响服务质量的评判,而且会误导相关管理部门的管理目标。其三,缺乏系统性视角。系统性视角意指从系统整体入手,制定解决方案,实现新的系统动态平衡。若只关注养老服务中的某一指标,并针对这一指标制订计划,最后执行的结果便会以偏概全,影响系统建构。因此,现有的养老服务体系标准的设定多集中于某一方面的探究,缺乏整体性和系统性的思考。

按照我国《社会养老服务体系建设规划(2011—2015 年)》(国办发〔2011〕60 号)、《国务院办公厅关于推进养老服务发展的意见》(国办发〔2019〕5 号)、《"十四五"国家老龄事业发展和养老服务体系规划》(国发〔2021〕35 号)等文件的要求,养老服务的实施原则不仅要依靠政府主导,还要引导和支持社会力量兴办各类养老服务设施,鼓励城乡自治组织参与社会养老服务。这说明我国养老服务不仅明确了以政府为主导的发展模式,也对充分发挥专业化社会服务组织的力量,不断提高社会养老服务水平和效率,促进有序竞争机制的形成,实现合作共赢做出了较为明确的规定。在这些规范的要求下,相关部门在"加强政府在制度、规划、筹资、服务、监管等方面的职责,加快社会养老服务设施建设"[1]方面的进度愈加明显,使得我国养老服务制度在服务过程中的优化程度越来越高,这些都为我国养老服务效能的分析奠定了现实基础。因此,当前应未雨绸缪,在原有养老服务标准设定的基础上,进一步探究养老服务效能的要素。本研究认为,养老服务效能要素的设定既要考虑养老服务标准中有关服务效果的因素,又要结合社会政策实施的基本规律。

按照 Gilbert & Terrell 的分析,完整的社会政策应包括社会性分配的基础(basis of social allocations)、社会供给的本质(nature of social provisions)、服务输送系统的结构(the structure of the delivery system)以及服务评估模式(service evaluation model)等内容。[2] 这些内容贯穿于社会政策制定、实施、评估的整合过程,尤其是对衡量社会政策实施的效果具有重要的参考意义。社会性分配的基础是指社会政策在制定之初的主要影

---

① 国务院办公厅:《社会养老服务体系建设规划(2011—2015 年)》,中华人民共和国官方网站,2011 年 12 月 16 日。

② Gilbert, N., Terrell, P., 2005, Dimensions of Social Welfare Policy (Sixth). Allyn and Bacon Inc.

响力量,这些力量包括政府、社会团体、市场部门服务对象及其家庭成员等。这些力量同样适合养老服务政策的制定。从我国的国情来看,政府是社会性分配的基础的主导力量,对养老服务政策的制定具有决定性的影响力,也会间接影响服务效能。诚然,市场和社会部门以及家庭对养老服务政策的制定也具有一定的影响。社会供给的本质和服务输送系统的结构主要指养老服务的输送过程。养老服务在输送过程中需要明确服务供给的内容以及方式,如社区养老服务中社区融入的时间安排及各阶段服务目标的设置,再如在社区居家养老服务中安排康护人员及完善效果评估等内容。此外,养老服务在输送过程中还需注意服务系统的建构,以此才能更好地提高服务质量与服务效能,如在社区养老服务过程中增加居家养老的要素,拓展服务范围,提高服务效果。再如在机构养老服务中加强专业化居家养老服务内容的介入,以此丰富服务的内容,等等。服务评估模式是养老服务效能的最直观体现,主要指对养老服务质量的评析。养老服务质量的评判需要考虑诸多要素,既要考虑服务主体的工作量,又要兼顾服务对象的满意度;既要采取主观的评判方式,又要考虑客观因素对服务质量的影响。因此,养老服务质量的评估存在复杂性、广泛性的特点。由以上分析可知,养老服务效能存在于养老服务从政策安排到政策实施到政策评估的全过程。因此,对养老服务效能所包含要素的分析就要从养老服务的全过程来进行研究。由于社区家养老和机构养老的服务内容不尽一致,服务过程的设置有所差别,因此本研究从养老服务政策实施的角度对服务效能进行观察,以此析出养老服务效能的要素。养老服务政策实施需要考虑包括服务主体的安排、服务过程中相关要素的协调以及服务结果的评判等内容,而养老服务效能的分析会存在于以上所有的政策实施内容中。

(一) 养老服务供给主体

养老服务的供给主体意指养老服务提供的主要单位。在不同时空条件下,养老服务的主体也会发生变化。

首先,从时间的角度来看。在工业社会之前的农业社会,社会风险发生概率小、种类单一(主要集中于自然灾害的风险),而且具有一定的预估性,当个人遭受社会风险时,家庭就能将其化解。因此在农业社会,家庭是社会风险的主要承担者,对因养老问题出现的风险起着重要的保障作用。此时,由于养老服务社会化的推进进度较小,因此家庭取代了国家的保障功能。对于整个社会来说,仅有的社会化养老服务(如孤寡老人)的供给主体也只集中于政府,但由于人数较少,没有得到政府的重视,因此服务水平较低,无法发挥社会化效应。工业社会之后,社会风险在形态、性质、范围、深度等方面发生了巨大变化,愈发朝不确定性、破坏性的方向发展。在这种情况下,家庭抵御风险的能力愈加弱化,养老保障的能力也逐渐降低,因而以政府为实施主体的养老服务制度逐渐被社会接受。① 同时,随着社会、经济、文化的发展,人们对社会保障的理解亦发生变化,单独由政府来推行的养老服务制度已不能完全满足人们的需求。也就是说,国家虽然在社会福利的供给上发挥主要的作用,但这并不代表国家会形成垄断效应,需要与其他的主体合作来共同提高老年人的福利水准。相反,社会福利应该由全社会来提供,放弃由市场和家庭提供的社会福利,完全由国家承担则会增加成本支出。②

其次,从空间的角度来看。我国各地区社会、经济、文化发展水平不尽相同,养老服务采取的方式、服务侧重点、服务方式亦有所差别。例如,我国东南部地区的经济水平相对发达,其养老服务制度发展所需的资金较为充足,能较好地满足当地老年人的需求。再比如,我国部分农村地区的家庭在风险保障方面依然处于较为重要的地位,这与城市的养老服务制度形成鲜明的对比。此外,从国际比较的角度来看,不同的福利体制下,养老服务的发展方向存在诸多差异,以我国为代表的东亚福利体制较注重家庭和社会部门在养老服务体系中的作用;以德国为代表的盎格鲁—撒克逊模式较注重制度性、市场化的保障在养老服务体系中的作用;以北欧四国(瑞典、丹麦、挪威、芬兰)为代表的斯堪的纳维亚模式较注重国家在养老服务体系中的主导作用(以上养老服务模式的特点在后文会有详细的论述)。由以上分析可知,由于时空条件的差异性,养老服务所关注的主体也在发生变化,但基本围绕政府、市场、社会部门和家庭等内容展开。

1. 政府

政府对包括养老服务制度在内的社会福利体系建设具有非常重要的推动作用。"国家或政府是社会福利供给中最为重要的主体,在当今世界,任何一个国家和政府都不能轻视或忽视在社会福利实施中的主导和主体作用。这一方面是因为政府是社会福利制度中的责任主体,另一方面也是因为政府掌管着社会财政,可以用行政的手段调动和运用社会财力进行福利

① 从社会保障的起源来看,英国与德国等国家最初的社会保障保障制度都是在政府主导下完成的。
② 彭华民、黄叶青:《福利多元主义:福利提供从国家到多元部门的转型》,《南开学报》,2006年第6期。

供给。"①政府在养老服务供给中的作用体现在：

首先,政策的制定者。围绕老年人及其家庭成员等群体颁布相关的养老服务政策与法律。我国社会化养老服务是在原有家庭养老的基础上发展起来的,具有一定的特色,这也意味着我国养老服务没有现成的经验模式可借鉴,规范化程度相对较低。因此,需要相关部门颁布大量的政策来维持制度的运行,在短时间内出现大量的养老服务政策亦属正常。如表 2-1 所示,以 2018 年为例,我国的养老服务政策不仅数量多,涉的内容也较广。

表 2-1 我国养老服务政策汇编

时间	政策名称	政策内容	备注
2018 年 1 月 8 日	关于进一步加强和改善老年人残疾人出行服务的实施意见	加强和改善加强和改善老年人、残疾人无障碍出行服务为核心,加快无障碍交通基础设施建设和改造,鼓励推广应用无障碍出行新技术、新设备,提升服务水平	养老服务
2018 年 4 月 25 日	国务院办公厅关于促进"互联网＋医疗健康"发展的意见	推动智慧健康养老产业发展和应用推广,工业和信息化部、民政部、国家卫生健康委员会在第一批智慧健康养老应用试点示范建设工作的基础上,决定组织开展第二批智慧健康养老应用试点示范工作	互联网＋养老
2018 年 5 月 9 日	民政部 财政部 关于确定第三批中央财政支持开展居家和社区养老服务改革试点地区的通知	确定第三批居家养老试点地区,重点打造社区居家养老示范区	社区居家养老
2018 年 5 月 15 日	关于行业标准《居家老年人康复服务规范》《老年人助浴服务规范》公开征求意见的通知	发布居家老年人康复及助浴服务标准两大意见征求稿	养老服务规范
2018 年 6 月 21 日	关于促进护理服务业改革与发展的指导意见	完善护理服务体系,增强服务团队建设,提高服务供给及服务能力	养老护理
2018 年 7 月 25 日	民政部办公厅关于贯彻落实国务院常务 会议精神做好取消养老机构设立许可有关衔接工作的通知	激发养老服务业创新活力,做好正式实施养老机构设立许可前管理工作	养老机构

① 周沛:《福利国家和国家福利——兼论社会福利体系中的政府责任主体》,《社会科学战线》,2008 年第 2 期。

(续表)

时间	政策名称	政策内容	备注
2018 年 7 月 31 日	中国银保监会关于扩大老年人住房反向抵押养老保险开展范围的通知	进一步深化商业养老保险供给侧结构性改革,积极发展老年人住房反向抵押养老保险,对传统养老方式形成有益补充,满足老年人差异化、多样化养老保障需求,我会决定将老年人住房反向抵押养老保险扩大到全国范围开展	养老保险,房产养老
2018 年 8 月 20 日	民政部办公厅关于进一步做好养老服务领域 防范和处置非法集资有关工作的通知	针对老年人的非法集资行为进行规范要求,保障老年人合法权益	养老服务
2018 年 8 月 27 日	民政部办公厅 财政部办公厅 关于开展第二批居家和社区养老服务改革试点 工作绩效考核的通知	针对第二批居家社区养老服务改革点进行全面考核	社区居家养老
2018 年 8 月 27 日	民政部办公厅 财政部办公厅 关于开展居家和社区养老服务改革试点 跟踪评估工作的通知	针对第二批居家社区养老服务改革点进行全面评估	社区居家养老
2018 年 9 月 12 日	关于开展第二批智慧健康养老应用试点示范的通知	推动智慧健康养老产业发展和应用推广,企业申请智慧养老示范点工作通知安排	智慧养老
2019 年 4 月 4 日	民政部办公厅 财政部办公厅关于开展第三批居家和社区养老服务改革试点成果验收与报送居家和社区养老服务改革试点经验的通知	总结前三批 90 个居家和社区养老服务改革试点的经验做法,形成一批可复制、可借鉴、可推广的试点经验成果,为全国居家和社区养老服务发展提供示范	社区居家养老
2019 年 9 月 25 日	人力资源社会保障部办公厅 民政部办公厅关于颁布养老护理员国家职业技能标准的通知	规范养老护理员的工作内容	养老人才
2020 年 1 月 3 日	民政部关于加快建立全国统一养老机构等级评定体系的指导意见	加快建立全国统一养老服务质量标准和评价体系,坚持标准引领,激发市场活力,强化监督管理,健全养老机构质量和安全保障长效机制,加快建设居家社区机构相协调、医养康养相结合的养老服务体系	机构养老

(续表)

时间	政策名称	政策内容	备注
2020 年 7 月 15 日	民政部 国家发展改革委 财政部 住房和城乡建设部 国家卫生健康委 银保监会 国务院扶贫办 中国残联 全国老龄办关于加快实施老年人居家适老化改造工程的指导意见	实施老年人居家适老化改造,应坚持需求导向,政府重点支持保障特殊困难老年人最迫切的居家适老化改造需求;同时,顺应广大老年人居家养老的意愿与趋势,以满足其居家生活照料、起居行走、康复护理等需求为核心,改善居家生活照护条件,增强居家生活设施设备安全性、便利性和舒适性,提升居家养老服务品质	居家养老

其次,资源的供给者与协调者。根据前文的分析可知,养老服务资源涉及的领域较广,包含的内容也较多,供给的主体也多种多样,不同资源供给主体的供给内容及供给方式各有不同,因此会出现重复供给、资源供给过度与不足共存等弊端,进而会导致资源浪费、管控成本过高等问题,需要加强管理。对养老服务资源的管理首先需要明确管理主体,无论从权力的配置角度,还是从管理权属的角度,政府无疑是养老服务资源管理最重要的主体。政府不仅能提供养老服务资源(如政策、资金、管理等资源),还能有效完善资源在各服务主体中的配置(如政府各部门联合开展养老服务)。政府作为养老服务资源的供给者,可将社会财政的一部分作为购买养老服务的资源,通过引入社会服务组织、康复机构、家政公司等为老年人群体提供福利支持,体现社会的公平性。政府作为养老服务资源的协调者,一方面能将养老服务资金在各地方之间进行合理的配置,另一方面能协调各个部门(如民政部、教育部、残联等),共同为老年人提供切实可行的、精准性的养老服务内容。除此之外,政府还是养老服务风险的分担者。全球化的风险使得现代性的社会正经历快速的变革,风险的增加使得人们对未来社会的预知愈加模糊,[①]面对越加不可预料的风险,政府必须作为分担者,有效化解风险对老年人所造成的负面影响。

政府在提供养老服务时也会出现诸如政府失灵的问题,政府失灵在养老服务方面主要表现为决策升本提高、信息不对称等问题。[②]例如,政府无法了解每位老年人的信息,那么在做出决策时就会出现服务内容与服务需

---

① [德]乌尔里希·贝克:《世界风险社会》,吴英姿译,南京大学出版社,2004 年版,第 19 页。

② 雷雨若、王娟:《地方政府购买居家养老服务中的监管失灵及其矫正——基于南京、宁波、广州、合肥和深圳的分析》,《济南大学学报(社会科学版)》,2020 年第 1 期。

求不相对应的情况,这不仅会造成资源的浪费,而且会导致地方政府的决策成本。此外,政府失灵还会导致效率低下的现象,从而影响效能的优化。因此,只由政府来提供养老服务显然不符合养老服务发展的长期趋势,需要加强其他部门的介入力度。

　　2. 市场部门

　　市场的行为与社会福利间的关系就如同公平与效率一样,既彼此矛盾,又互相影响。[①] 市场的行为是逐利的,市场部门始终把效率放在首要的位置,把成本和收益之间关系的衡量作为部门发展的首要目标。由此可以看出,市场部门逐利的私人目标与社会福利供给的公共目标存在一定的矛盾。但从发展的角度看,市场和社会福利之间的矛盾正在悄然改变,市场在注重效率的同时会注意公平的影响,反之养老服务在注重公平时也应加入效率因素。只有两者有效协调,才能使得效能最大化。实际上,市场部门也能提供社会福利,市场的相关部门通过公益慈善、志愿服务等内容为社会民众提供服务。市场部门提供的社会福利具有以下特点:首先,片面性。市场部门提供的社会福利多围绕某一部分群体,并根据他们的需求提供针对性较强的社会福利。其次,非均衡性。市场部门提供的社会福利受市场部门发展水平不同、部门重视程度不同等因素的影响,其提供的福利也并非完全一致,存在非均衡性的特点。正是由于非均衡性的影响,市场部门提供的社会福利愈加多样化和多元化。

　　以机构养老为例,机构养老服务作为养老服务体系重要的组成部分,其供给主体包括市场部门和公共部门,市场部门多指民办养老机构,提供收费性的且服务质量较高的服务。公共部门是指公办的养老机构、社会服务组织等,提供的多为较低收费或者免费的服务。民办与公办的养老机构提供养老服务的方式、目的及内容方面有较大的差距,两者可满足老年人的不同需求,是一种相辅相成的关系。虽然民办养老机构在服务的内容、质量等方面要远高于公立养老机构,但要使民办养老机构追求福利最大化,这既不现实,又难以操作。政府对民办养老机构实施优惠政策[②],其目的就是在保证市场化的同时,促进养老服务效能的优化。

　　完全市场化的养老服务亦不现实,我们需要在养老服务的供给方面分

---

　　① 王亚欣:《区别社会福利和市场经济》,凤凰网,2011 年 4 月 28 日。

　　② 如江苏省泰州市对符合条件的市区民办养老机构,对自有房产的按每张床位 3000 元、租赁房产的按每张床位 2000 元的标准给予一次性床位补贴,分三年资助到位,所需经费市、区财政各承担一半。江苏民政:《江苏泰州民办养老院床位一次性补贴 3000 元》,信息来源江苏民政网,2012 年 9 月 13 日。

清市场化与非市场化、公平与效率之间的关系。现代化市场经济要求政府与市场之间的博弈达到均衡状态,市场能解决的事情应该由市场的调解来完成,而政府职能用于处理市场无法解决的事情。[1] 这样才能赋予市场在养老服务供给中的主动权,扩大其服务范围。诚然,市场在养老服务的供给中过分注重效率,会因过分注重市场而丧失全面性,进而影响养老服务效能的优化。

3. 社会部门

本研究的社会部门主要指各种社会服务组织。社会服务组织对养老服务供给的帮扶较大,其提供服务的方式主要通过组织内的社工人员来完成。我国社工人员的数量呈逐年发展的趋势。民政部《2021 年民政事业发展统计公报》数据显示,截至 2021 年底,全国持证社会工作者共计 73.7 万人,其中助理社会工作师 55.9 万人,社会工作师 17.7 万人。此外,全国共有 5.3 万人通过助理社会工作师考试,1.6 万人通过社会工作师考试。此外,截至 2021 年底,全国共有经常性社会捐赠工作站点和慈善超市 1.4 万个(其中:慈善超市 4 034 个)。全年共有 2 227.4 万人次在民政领域提供了 6 507.4 万小时志愿服务。全国社会组织捐赠收入 1 192.5 亿元,比上年增长 12.6%。[2]庞大的社会服务组织和社工人员逐渐成为包括社区居家养老服务在内的公益服务的主要力量。社会服务组织所提供的养老服务内容主要涉及心理提升、社会参与能力提升、卫生保健、知识能力等方面。在以上服务中,心理慰藉是社会服务组织开展的主要业务,社工可以通过专业的服务项目(如个案、小组和社区社会工作),为老年人开展个人心理健康、家庭关系咨询、社会关系维护等心理慰藉项目。此外,社会服务组织的社工还可以通过链接资源的方式,为老年人提供上门家政服务、康复护理、身体保健等服务,综合全面地提高养老服务水平。可以说,社会服务组织提供的服务有效借鉴了各服务主体的优势。

社会服务组织所提供的养老服务能有效弥补政府与市场部门在服务供给方面的不足。首先,社会服务组织产生的前提就是为了弥补市场失灵的弊端。社会组织可以介入市场部门不能涉足的领域,并通过专业化的服务来改善相关领域服务人员的福利水平。其次,社会服务组织可以有效衔接政府和服务对象之间的关系。社会服务组织能有效解决政府在基层力量薄弱的弊端,并开展针对性的社区服务,能有效搭建服务对象(老年人及其家

---

① 俞宪忠:《市场失灵与政府失灵》,《学术论坛》,2004 年第 6 期。
② 民政部官方网站:《2021 年民政事业发展统计公报》,2022 年 3 月 19 日。

庭成员)与政府之间信息沟通的桥梁。因此,对社会服务组织的扶持有利于优化政府的职能,并且对社会管理方式的创新具有重要的意义。①

不可否认的是,社会服务组织提供的社工服务在我国处于中等发展的阶段,在服务购买方式、政府资源的分配、组织的持续性发展等方面面临诸多问题,导致许多组织的发展举步维艰,亟须改革。以上问题之出现不仅是受我国社会环境所限,而且与社会服务组织自身定位有关。此外,针对社会服务组织的服务评估还没有建立起完善的标准。以上诸多因素直接影响其提供养老服务效能的优化。

4. 家庭

家庭是老年人最基本的生活场所。对于在城市居住的老年人来说,家庭的功能更值得重视,这是因为:其一,城市家庭的功能较为健全。与农村分散式的居住方式不同,城市的集中式居住的特点使得居民更加注重家庭的功能,以减少居住环境带来的风险(如面临困难时缺乏邻居的有效帮助)。在这种背景下,城市家庭的养老功能也会逐步健全,老年人对家庭的依赖程度会越来越高。其二,城市家庭的功能无法替代。家庭养老是基于亲情而建立起来的养老服务形式,家庭成员的呵护及心理慰藉是其他养老服务主体无法替代的。从世界范围来看,老年人的生活服务、生活设施提供等仍然由家庭来完成。虽然许多社会成员没有完善的社会保障,但家庭保障所发挥的作用愈加重要。② 此外,从中国传统的文化理念来看,相对于其他国家,老年人及其家庭成员更加注重家庭成员之间的联系。随着社会的发展,虽然家庭的核心功能正在逐步弱化,但其所具有的养老服务优势不可替代。

家庭所提供的养老服务主要包括生活支持、服务照料和心理慰藉等内容,对家庭养老来说,服务主体主要包括家庭成员,通过家庭成员的努力,形成稳固的帮扶模式。③ 家庭提供养老服务的优势在于直接性。家庭所提供的养老服务可在福利提供者和接受者之间直接传递,不需要过多繁杂的程序,这会减少传递过程中的福利损失。同时,家庭所提供的养老服务涉及日常生活、心理慰藉、社会参与等多方面,也能根据老年人的需求而改变服务供给的方式,具有多样性。家庭所具备的特点(或者说优势)亦阻碍了其养

---

① 卢磊:《民办社会工作机构的发展与反思——基于北京市民办社会工作机构发展现状与发展障碍的调查研究》,中国社会科学网,2014年2月13日。
② 刘振杰:《家庭保障在现代社会保障体系中的功能及地位浅析》,《经济问题探索》,2005年第7期。
③ 郑功成:《社会保障学》,商务印书馆,2000年版,第67页。

老服务供给的效果,如多样化的养老服务供给方式很难形成制度化,且不具备长期性,这一弊端阻碍了养老服务效能的优化。因此,家庭养老需要其他服务主体的介入,在服务内容和服务方式上有所创新,以此才能稳固现有的服务模式,如社会服务组组织通过购买服务项目介入家庭养老服务中,为老年人家庭成员提供专业化养老业务培训,或者链接相关的资源介入老年人家庭,丰富其养老服务内容。

(二) 养老服务传递过程

养老服务的推出要经过制度化的转换过程,之后才能传递给老年人,因此需要完善养老服务传递过程。养老服务的传递过程是指养老服务由初期到服务结束后的过程。整体上看,养老服务的传递过程具有一定的复杂性,从政策的制定到执行等都需要进行精心的策划,由此才能形成完善的服务模式,提高养老服务的水平。

养老服务传递过程始终体现着服务效能的要素。首先,从政策制定的角度来看,养老服务政策的制定是一个复杂的过程,不仅需要进行广泛的调研,还需要不同阶层、人群对服务进行评价,在经过一系列讨论、优化之后,才有可能付诸实践,对养老服务政策制定效能影响较大的因素集中于服务主体的配置效果。养老服务主体在实施养老服务时是相互作用、相互影响的,而正是由于这些主体间的相互作用,养老服务制度才能健全并能有效促进社会稳定。养老服务政策制定涉及的主体包括市场部门、政府、社会服务组织等。西方市场经济的发展依赖于资本主义的生产方式和理念,市场发展不均衡会直接导致人发展的差异化,并有可能演变成社会问题,进而影响社会发展。因此,国家层面需要完善福利制度来缓解社会压力,并通过社会政策的公平理念进一步调解社会资源的分配,防止两极分化的形成,这一资源调配的过程同样适用于养老服务。在国家和市场层面的相互影响下,养老服务政策的制定会更加完善。其次,从政策执行的角度看,养老服务从服务主体传递到服务客体的过程中,养老服务效能在服务的传递过程中发挥重要的作用。采取不同的传递方式、方法、内容,其最终的服务效能亦会发生变化,甚至出现负面影响。举例来说,养老服务如完全由政府提供,传递过程就会按照行政管理的方式,经过上级部门制定目标,地方政府根据自身发展程度颁布相关政策并执行,而服务效果的评价机制则难以介入。如若由市场完全提供,虽然传递过程因市场机制的灵活性而便捷,但是会因营利性而把一部分有特殊服务需求的老年人拒之门外。因此,养老服务的传递既要注重数量,又要注重效能,在均衡发展中拟合出完善的、优化的、效率高的机制。

养老服务的传递机制具有重要的影响意义,完善的服务传递机制在防范突发性的社会问题、解决群体性矛盾、减少社会压力等方面发挥极为重要的作用。"社会福利传递机制表现为社会福利政策与社会福利服务之间的相互作用,有效的福利传递机制保证了西方社会的稳定与发展。"①此外,养老服务一则可满足老年人的基本生活需求,二则可通过服务的实施建立完善的服务体系。那么,何为有效的养老服务传递机制,以笔者之见,除注重质与量等要素外,养老服务传递机制还要考虑效能因素,从服务内容和环境、资源安排、进程管理等要素切入,切实提高服务传递的效能。

1. 养老服务传递过程服务内容和服务环境的优化

养老服务内容主要包括日常服务、心理慰藉、关怀服务、生活服务等。服务环境包括家庭环境、社区环境、人文环境等。运行制度如养老服务政策、养老服务模式、养老服务传递机制等。养老服务传递过程中的要素组合方式的不同,对服务效能的影响也会千差万别:其一,服务内容丰富、服务环境优的要素组合。这种组合的养老服务效能较高,能提供更为优质的养老服务。一般来说,这种组合的产生与地区的经济水平有直接的关系,经济水平较高,就能提供更为丰富的养老服务内容与优越的养老服务环境。其二,服务内容丰富、服务环境差的要素组合。这种组合的养老服务效能一般。由于缺乏较为优越的制度和环境条件,会使得很多养老服务的硬件设备处于闲置的状态,不仅浪费了资源,而且会造成管理成本的上升。其三,服务内容较少、服务环境优的要素组合。这种组合的养老服务效能一般。我国部分经济发展水平一般的地区,其养老服务多采取这种要素的组合。在政策与环境方面给予养老服务主体较多的便利,但是缺乏资金以及硬件条件的供给。在这种情况下,由于社会服务组织能以较低的成本开展养老服务,因此在实施这种组合的地区较受欢迎。其四,服务内容少、服务环境差的要素组合。这种组合的养老服务效能最差。一般发生在经济水平较低且没有提供较好政策和制度环境的地区。

整体上看,只有使服务内容和服务环境等因素有效结合,才能发挥较好的作用。如对养老服务类的社会服务组织来说,虽然组织内部的管理较好,但没有与外部建立较好的合作关系,就很难生存下去。如若协作不利,则会阻碍服务的传递过程,进而对效能的优化产生负面影响。因此,要努力改善

---

① 周昌祥:《和谐社会前景下社会福利有效传递与社会工作发展》,《广州大学学报(社会科学版)》,2007年第3期。

地区的养老服务硬件环境和软件环境,丰富服务内容、优化服务环境,使其更好地为老年人提供全方位、多元化、多样化的养老服务。

2. 养老服务传递过程的资源安排

正如前文所述,养老服务涉及的主体资源众多,而单一的主体并不能实现服务有效的传递,需要安排多主体来共同发挥作用。对养老服务来说,我国养老服务虽提倡多主体共同参与,但政府在整合资源、优化管理、任务分摊等方面,以及在直接供给或间接购买方式方面依然发挥主导作用,其服务内容多集中于政策的制定、法律的宣传、资金的调节等,较少涉及心理安抚、环境融入、社会参与、能力提升等。长此以往,不仅会形成政策客体的"福利依赖",也会因政府的"短视效应"而影响服务传输的效果。养老服务资源的有效协作不仅能在各主体间取长补短,有效化解功能不足等问题,而且能形成优势合力,达到良好的服务传递效果。

人力资源的安排亦对养老服务传递过程的优化起到重要的作用。养老服务的传递过程中不仅需要社区、街道的管理人员,更需要其他的专业人才参与其中,尤其是在我国大力提倡公共服务的背景之下,相关人力资源更加需要介入有关的服务中。"通过专业性的社会福利人才,根据社会成员不同需要提供专业性的、有品质的社会福利服务,达到促进社会成员社会功能的恢复,为社会成员提供个人资源和社会福利资源,使之获得更佳的社会功能。"[1]对养老服务来说,社会工作者以"助人自助"的服务理念,能有效减轻老年人的个人烦恼,化解老年人面对的人际冲突,缓解部分老年人的贫困状况。因此,要使行政人员、社会服务人员、市场中的人员在服务传递过程中达到有效地组合,优化养老服务效能。

物资资源的安排对养老服务传递效果的提升也非常重要。首先,物资资源是养老服务传递下去的重要前提。"巧妇难为无米之炊"同样适用于养老服务,如果没有诸如养老床位、养老资金等条件的支持,养老服务的有效进行只能说是空中楼阁。其次,物质资源是养老服务传递效果的保障。丰富的物资资源能更为有效地发挥养老服务主体的能动性,并提供更高质量的养老服务。例如,在充足的购买服务资金面前,社会服务组织能提供更为全面和完善的养老服务内容,并精准定位老年人开展专项服务。同样,硬件设备愈加先进,社区居家养老服务就愈加完善。

3. 养老服务传递过程的进程管理

养老服务传递需要在进程管理的框架内来进行,否则服务内容、服务环

---

① ［美］威廉姆·法利:《社会工作概论》,隋玉杰译,中国人民大学出版社,2004 年版,第 87 - 90 页。

境与资源安排就会变成无源之水。养老服务传递过程的进程管理对服务效能的重要性主要体现在以下几方面：其一，服务传输效果的保障。养老服务由主体传递到客体是在一定的时限范围内完成的，而在养老服务效能优化的视角下，要尽量缩短这一传递进程，减少中间不必要的环节所造成的福利损失，这就需要我们对社区养老服务的传递过程进行进程管理，优化传输效果。其二，服务传输规范化的前提。有效的管理不仅能有效调动养老服务的主体，使其朝更为明确的目标发展，而且能整合服务过程中的各种资源，最大化地规范资源的使用方向。其三，服务传输效率的保证。如果缺乏有效的进程管理，那么养老服务在传递过程中就有极大的可能性造成质量"耗散"的弊端，如服务人员人浮于事对服务质量的负面影响，又如服务资源使用错位对服务精准性的影响。以上影响都会造成服务效率的低下。因此，有效规划服务进程管理是服务效率的重要保证，也是养老服务效能的有效体现。

为进一步提高养老服务进程管理的效果，一方面，我们需要简化中间的管理环节，要改变以往"政府→社会→老年人"的服务传输方式，直接形成"政府＋社会→老年人的服务"的方式，后者主要采取政府与社会服务组织合作推出服务产品的方式，或者由社会服务组织购买政府推出的养老项目直接为老年人进行服务。另一方面，在保证质量的前提下，有效利用时间。养老服务传递效率的提高能有效缩短时间，但亦可能损害公平，因此要在保证服务质量的前提下，尽量实行高效的运作机制。养老服务要尽量利用市场和社会服务组织等服务主体来完成，这是因为两者能在各自的环境中形成服务竞争机制，提高服务效率，对效能的优化也起到帮扶作用。

（三）养老服务效果评估

完善服务主体构建与优化服务传递过程是促进养老服务效能提升的重要手段，而以上手段则需要通过评估才能体现出来。只有通过养老服务效果评估，才能有效体现养老服务效能的高低。养老服务的效果主要指养老服务对受益群体（主要指老年人）福利提升的作用。角度不同与方式不一，对养老服务效果的评判亦有所差别。例如，如若从受益对象的角度对养老服务效果进行评估，评估内容则倾向于服务对象的评判，具有一定的主观性；若从服务项目的角度对养老服务效果进行评估，评估内容则倾向于服务内容的客观考察，具有一定的复杂性。又如，完全采取量表的方式对服务效果进行评估，虽然客观程度较高，但缺乏灵活性，弱化了整体性的评估效果。本研究认为应从服务评估要素构成的角度入手，采取主客分明、层次有别、重点突出的评估方式。以之为基础,对养老服务效果评估的内容应包括:政策投入,在政策执行过程中所投入的各种资源的质与量以及分配状况;政策绩效,依据具体明确的目标,分析政策对客观事物与政策环境所造成的实际影响;充分性,满足人们需求、价值或机会的有效程度;公平性,政策所投入的工作量,产生的绩效在社会不同群体间公平分配的程度;适当性,政策目标和所表现出的价值偏好,以及所依据的假设是否合适。

养老服务效果评估的最终指向的是老年人福利接受的程度,但"福利是一个动态过程,它必须具备使能条件(enabling conditions,社会使个人具备了提升和发挥能力的条件),心理健康的资源(psychological resources,通过社会功能正常发挥和满足人类需要),从而实现幸福的目标"[①]。这也意味着养老服务效果评估具有一定的复杂性。此外,服务水平的提升会因服务内容的不同而有所区别。对养老服务来说,市场部门提供的机构性养老服务的福利提升水平要高于公立部门提供的养老服务,这是由于市场部门的服务对象大多集中于高退休金的精英群体,在资金来源充足的前提下,能有效开展养老服务。以笔者所调研情况来看,公办机构养老作为补充,只能服务生活不能自理的老年人,且服务水平不高,这与商业部门机构养老的服务水平有一定差距。从以上分析可知,养老服务效果评估的标准并不是固定的,而是因外在的条件而发生变化的,因此,对养老服务效果的分析应注意以下问题。

1. 养老服务效果评估的公正性

养老服务效果评估的公正性是指评估需要在综合考虑多重要素的基础上得出公平的结论。养老服务效果评估的公正性提出的原因在于:首先,公正性是社会政策评估的重要理念。"社会政策实施评估的主要内容包括已经取得的阶段性成果数量、质量和价值,社会政策成果的政治、经济和社会意义分析,以及社会政策实施行动效果方面的成本与收益分析。"[②]同时,"社会政策一般具有公平正义的显著特点,它所要解决的主要是一系列与国家和社会相关的个人福利问题。依据公正理念设计社会政策,对构建和谐社会具有重要意义:可以使全体社会成员共享经济社会发展成果;可以使全体社会成员享有相同的基本权利和尊严"[③]。养老服务政策作为社会政策的组成部分之一,理应公正地对自身的服务效果进行评估。其次,公正性是

---

① 彭华民:《中国组合式普惠型社会福利制度的构建》,《学术月刊》,2011 第 10 期。
② 王思斌:《社会政策》,中央广播电视大学出版社,2010 年版,第 165－166 页。
③ 朱文兴:《社会政策的公正性:构建和谐社会的基石》,《国家行政学院学报》,2006 年第 4期。

养老服务政策的重要前提。养老服务效果评估若缺乏公正性,不仅无法做到公平对待所有的养老服务主体,也会忽视服务质量与服务内容的关系,久而久之会对服务主体的积极性、服务对象福利的提升、服务进程的有效化管理等方面产生负面影响,最终会阻碍养老服务的发展。因此,公正性是养老服务政策有效发展的重要前提。

由此看来,养老服务要在效率的基础上,最大化地满足老年人的需求,这也是养老服务结果的公正性视角。从现实来看,社会福利关注人们生活水平的提高,但是不同国家或地区、不同阶级以及群体甚至个人对此评价不一致,这主要是由制度惯性、经济与社会的因素、社会结构等方面的影响所致[①]。因此,养老服务的结果要想做到全面公平异常困难,但我们可以做到使一部分老年人的福利水平提升,而其他人的福利水平不变的"帕累托最优"效果,这也是效能的基本出发点。从养老服务角度出发,我们要在"底线公平"[②]的理念下,以特殊老年人[③]为切入点,制定全面的养老服务政策。

2. 养老服务效果评估的全面性

养老服务效果评估的全面性是指养老服务效果的分析要顾及"三效"标准,即效果、效应、效益,这与效能的原则不谋而合。效果是指政策与所要达到目标的符合程度;效应是指如何有效地执行最初的服务计划;效益是指产生的经济、社会利益。三者缺一不可,且全面地反映了养老服务评价的准则及构建原则。

目前,养老服务效果评估全面性较难实现,原因在于:其一,难以建立全面性的评估标准。目前,养老服务还没有成型的评判标准,这一来是由于养老服务涉及主体众多,既有政府,又有市场和社会,不同主体推出的养老服务内容不尽一致,难以做到统一标准;二来是因为老年人的服务内容多样,既涉及医学,又涉及社会学、心理学等,难以对服务进行统一判断。其二,全面性的评估需要较高的成本。正如前文所述,全面性的评估涉及养老服务过程的方方面面,且每一方面都需要自身的评估标准,如若把这些繁杂的评估内容结合在一起,不仅难以实现,而且会消耗较多的人力与物力来解决评估内容融合的问题。因此,当前应采取迂回的方式,对养老服务效果进行全

---

① 钟海燕:《"正义论"对我国社会福利制度的启示》,《西南民族大学学报(人文社科版)》,2005年第1期。

② 景天魁:《景天魁:底线公平概念和指标体系——关于社会保障基础理论的探讨》,《哈尔滨工业大学学报(社会科学版)》,2013年第1期。

③ 主要包括失独老年人、贫困老年人、残疾人老年人、留守老年人等。

面性的思考。建议从效能的角度出发,先制定养老服务标准,在此基础上进一步完善其他标准的制定。此外,还可以从层次性的角度(如需求层次、失能为条件的分类)对社区居家养老服务的评估内容进行设计。

第三章　城市社区居家养老服务的
发展历程及效能评析

养老服务效能的理念及其理论是养老服务发展质量的重要评判标准。实际上,养老服务效能的理念贯穿于社区居家养老服务发展的历程。社区居家养老服务发展的目标与服务效能的目标(主体多元化、服务过程优化、服务评估完善)具有耦合性,主要表现在以下几个方面。

其一,服务主体的完善是社区居家养老服务发展的重要目标。一方面,现代化养老服务体系建设需要把服务主体多元化作为重要的支撑。从发展历程来看,我国养老服务主体的发展表现出单一到多元、简单到复杂的发展范式。这种发展范式的转变与社会风险的深化有着紧密的关系。在传统的农业社会,风险的范围和破坏程度比较小,家庭能有效抵御这些风险,因此家庭养老是当时的主要保障方式。随着工业社会的发展,社会的不确定性越来越高,传统的家庭养老已经不能满足老年人的所有需求,如城市化进程导致子女与父母在上的分离,这会间接扩大家庭养老风险,进而降低子女养老的效果。社会化养老服务因服务方式灵活、服务模式多样而备受政策制定者的青睐,逐渐成为社区居家养老服务发展的主攻方向。在此背景下,社会服务组织就有了介入空间。另一方面,社区居家养老服务也需要把服务主体多元化作为重要的发展手段。社区居家养老服务包括社区养老和居家养老两种服务形式,社区养老和居家养老的服务主体各不相同,社区养老的内容集中于社会服务组织、街道(社区)等服务主体开展的服务,居家养老的内容集中于康复机构、社会服务组织等。由此可知,社区居家养老服务在发展过程中,始终把主体多元化作为其发展的重要目标。

其二,服务传递的优化是社区居家养老服务努力的方向。社区居家养老服务在发展过程中亦较重视服务创新过程的优化,表现在:首先,通过不断地丰富服务资源来优化服务过程。由前文分析可知,社区居家养老服务的主体呈现多元化的发展趋势,服务资源的获取方式也会愈加多样。例如,在社会服务组织介入的前提下,其他服务主体的积极性有可能被更大地调动,并产生各种组合(社会服务组织与家庭的组织、社会服务组织与康复机构的组合,或者在社会服务组织的影响下,产生康复机构与养老机构和家庭的多种组合),并且这种组合是不断发展和创新的。可以说,社区居家养老服务的发展过程就是服务资源不断整合和优化的过程。其次,通过不断地完善程序来优化服务过程。社区居家养老服务的发展过程也是服务程序不断优化的过程。受服务模式整合(社区养老与居家养老模式的整合)、服务资源调整(专业人员的安排)等因素的影响,社区居家养老服务在发展过程中要不断处理各服务主体的利益,以此维持服务的正常运行。在这一过程中,社区居家养老服务的管理水平不断提高,服务程序也会愈加优化。

其三,服务评估效果的提升是社区养老服务发展的指引。社区居家养老服务是一个综合性的养老服务,需要采取更为综合、复杂的评估方式对其服务效果进行评判。因此,社区居家养老服务自开展之初,就把服务效果的评估作为重要的内容。随着社区居家养老服务主体融合程度的提升,服务方式磨合的程度愈加完善,服务评估的内容也越来越多,对评估的要求也会逐渐提高。以笔者在我国部分地区调研总结的经验来看,许多地区最初对社区居家养老服务的评估有统一的标准,但内容较为统一,随着社区居家养老服务复杂程度的提高,评估的内容也愈加复杂。由以上分析可知,服务效果评估的优化始终伴随着社区居家养老服务制度的完善与发展。

综上所述,社区居家养老服务制度在发展过程中,始终关注服务主体的优化、服务传递过程的完善以及服务效果评估的提升等养老服务效能的内容。因此可以说,养老服务效能的评判始终贯穿于社区居家养老服务发展过程之中。

本研究旨在以养老服务效能为衡量标准,对城市社区居家养老服务的发展历程及阶段性效能进行评析。

一、城市社区居家养老服务提出阶段及效能分析

养老服务制度的产生与老龄和少子化的发展密切相关,社区居家养老服务制度亦是如此。部分西方国家在面对老龄化与少子化同步发展状态的问题时,基本上采取了针对性强、精准性高的社会政策。可以说,西方国家经济、社会发展与老龄化是密切相关的。我国城市社区居家养老服务制度是在老年人口绝对数量不断增加、高龄老年人的比例逐步扩大的"快速"老

龄化①背景下提出来的,并呈现出"未备先老"②的状态。从这一角度来看,我国老龄化的发展并非与经济发展同步,这不仅会给家庭带来养老的压力,而且会对社会的养老造成一定影响。从宏观角度来看,老龄化使得社会的人口结构发生转移,劳动力整体素质降低,这对整个国家的产业发展带来较大反面影响。因此,老龄化问题的解决已成为当前社会建设与发展的重大任务。基于此,我国适时地提出了社区居家养老服务政策。虽然家庭养老一直是我国社区居家养老保障的基础,但不可否认的是,家庭养老已然不符合社会的发展,逐渐变成社会养老方式的补充。老龄化使得家庭养老负担沉重,尤其"4-2-1"家庭模式的普遍出现,家庭抚养比逐年提高,增加了中青年夫妇的支出压力。之所以提及家庭养老保障,是因为家庭对老年人来说只是发挥基本的保障功能。如若对家庭养老做制度化的处理方式,家庭成员和老年人实际上是合而为之的,内部的服务不可能称之为保障。此外,相关服务多集中于外部成员(或单位)对主体(老年人)所开展的促进性计划,这一服务方式使得城市社区居家养老服务的主体单一,难以形成服务效能优化的模式。

因此,在 2000 年 2 月由国务院办公厅颁布的《关于加快实现社会福利社会化意见的通知》(国办发〔2000〕19 号)中明确提出城市社区居家养老服务的相关内容,要求养老服务的实施方式要结合居家、社区、社会福利机构等主体,实行系统化的养老服务。③ 这一文件把居家养老服务放在显著的位置的原因在于:其一,居家养老服务延续家庭养老的部分内容,开展起来更为便利。其二,居家养老的对象(多为失能、半失能的老年人)更加需要相关的服务。此外,该文件把社区养老放置于养老服务体系中的重要位置,认为社区养老不仅是灵活化的养老方式,而且是居家养老的重要补充。

(一) 城市社区居家养老服务的提出阶段

我国城市社区居家养老服务的提出除受老龄化的影响之外,还与社会化养老方式的更新密切相关。2006 年,国务院转发全国老龄委办公室、发展改革委等部门联合颁布的《关于加快发展养老服务业的意见》(国办发〔2006〕6 号,以下简称《意见》),《意见》中对包括社区居家养老服务在内的

---

① 刘晓梅:《我国社会养老服务面临的形势及路径选择》,《人口研究》,2012 年第 5 期。

② 唐钧、刘蔚玮:《中国老龄化发展的进程和认识误区》,《北京工业大学学报(社会科学版)》,2018 年第 6 期。

③ 国务院办公厅:《关于转发加快实现社会福利社会化意见的通知》,中华人民共和国中央人民政府网站,2000 年 2 月 27 日。

养老服务体系进行了阐释,这也标志着养老服务多元化制度的实施。《意见》规定:"发展养老服务业要按照政策引导、政府扶持、社会兴办、市场推动的原则,逐步建立和完善以居家养老为基础、社区服务为依托、机构养老为补充的服务体系。"①这表明以老年人家庭为中心、多重要素叠加、多种方式参与、多种模式规划的城市社区居家养老服务多元化制度正初步形成。

受人力、物力、财政等基础条件的限制,该文件提出的城市社区居家养老服务政策有诸多商榷之处,如在服务对象的保障方面,政策规定服务对象多集中于城乡中失去劳动能力的劳动者、没有收入来源、没有法定赡养人的老年群体或者生活困难的老年群体②,向其提供免费或较低收费的服务项目,目的在于保障其基本生活水平③。这种"补缺型"(或曰"补救型"④)的社会福利⑤制度虽然在短时间内提升了部分老年人的福利水准,但以长期角度来看,其效果并不明显,也难以达到"帕累托最优"的效果。即使如此,该文件亦提出了诸多创新性政策设想,如大力支持发展各类养老服务机构,为今后我国城市社区居家养老服务制度建设提供了诸多政策保障。

毋庸置疑,作为纲领性文件,《意见》的颁布使得原有服务单一性的弊端有所缓解,各地也根据《意见》精神,结合本地区发展实际,制定了相应的城市社区居家养老服务政策。例如,广东、江西、浙江等省份把城市社区居家养老服务作为社会发展的重要内容,从2010年之后,广东省每年安排3 000万元(主要从福利彩票公益金中支出)用于居家养老服务工作的开展⑥,江西省的民政部门决定从2009年开始,在区域范围内实施城市社区居家养老服务的试点工作,同时要求市级部门设立城市社区居家养老服务中心⑦。虽然以上省市只是提出总体性的、指导性的规划内容,但也为城市社区居家养老服务制度的深入发展夯实了现实基础。

我国养老服务制度建设在提出阶段多集中于社区居家养老,这可从

---

① 全国老龄委办公室、发展改革委、教育部等:《关于加快发展养老服务业的意见》,民政部官方网站,2006年3月23日。

② 全国老龄委办公室、发展改革委、教育部等:《关于加快发展养老服务业的意见》,民政部官方网站,2006年3月23日。

③ 全国老龄委办公室、发展改革委、教育部等:《关于加快发展养老服务业的意见》,民政部官方网站,2006年3月23日。

④ [英]理查德·蒂特马斯:《社会政策十讲》,吉林出版集团,2011年版,第78-86页。

⑤ 彭华民:《中国组合式普惠型社会福利制度的构建(上)》,《社会保障制度》,2012年第1期。

⑥ 社会福利和慈善事业促进司:《广东省加快发展养老服务业工作情况》,中国老龄门户网站,2013年12月23日。

⑦ 《江西积极推进社区居家养老服务4大难题待解》,网易新闻,2010年6月4日。

2006—2008 年的政策文件中看出端倪。如民政部在 2006 年 9 月 20 日颁布的《关于开展"全国养老服务社会化示范单位"创建活动的通知》(民函〔2006〕292 号)中提出"社会力量积极参与养老服务事业,举办了民营、民办公助等形式多样的养老机构和养老服务中介组织,能有效推动养老服务社会化"[①];又如 2008 年 1 月 29 日,在由全国老龄委办公室等多部门联合颁布的《关于全面推进居家养老服务工作的意见》(全国老龄办发〔2008〕2 号)中指出,促进居家养老服务的发展,不仅能有效缓解老龄化所带来的附属危机,更能促进老年人、家庭乃至社会之发展,并为扩大相关就业路径提供现实指导方向[②]。这一文件把居家养老服务解释为在家庭养老基础上的更新与创新,并融合进社区养老服务,实际上是倡导了一种新的服务模式。基于此,我国城市社区居家养老服务多元化开展的基础已然形成。

(二) 城市社区居家养老服务提出阶段的效能

在城市社区居家养老服务的提出阶段,养老服务效能的优化效果并不明显。主要表现在:其一,服务对象的定位不够明确。由于最初对社区居家养老服务的范围和内容等方面没有进行明确的界定,加之受传统服务内容的影响,社区居家养老服务的对象较为模糊。以《关于全面推进居家养老服务工作的意见》为例,该文件坚持以人为本的原则,所讨论的服务内容集中于老年医疗、卫生、康复、文娱、教育等服务项目,这些内容多与老年人自身相关,且把老年人放于首要位置。但在政策执行时发现,地方性的文件又把城市社区居家养老服务当作传统家庭养老的补充,使各地在实施政策时把家庭成员作为城市社区居家养老服务的主体。这种政策执行的矛盾实际上使得"政策—家庭—老年人"的福利输送过程更为复杂,进而弱化了养老服务效能。其二,服务主体的选择有些模糊。以目前观之,社区居家养老服务的主体呈现多元性、多样化的特征,这在政策制定之初也进行了相应的规定,如《关于全面推进居家养老服务工作的意见》要求城市社区居家养老服务坚持社会化原则,一方面对社区居家养老机构实行税收优惠政策,另一方面要整合社会资源,强调在专业化的基础上,志愿者参与城市社区居家养老服务队伍发展[③](以社区为主体)。虽说如此,相关制度在执行时仍难以将社会化因素融合进社区居家养老服务中,表现在机构养老与社区养老两大

---

① 民政部社会福利和社会事务司:《民政部关于开展"全国养老服务社会化示范单位"创建活动的通知》,民政部官方网站,2007 年 12 月 21 日。

② 民政部:《关于全面推进居家养老服务工作的意见》,民政部官方网站,2008 年 2 月 22 日。

③ 民政部:《关于全面推进居家养老服务工作的意见》,民政部官方网站,2008 年 2 月 22 日。

主体一直处于两条线分掌其舵,难以形成资源融合的状态。这一问题不仅弱化了城市社区居家养老服务主体整合的力度,也阻碍了城市社区居家养老服务效果的发挥。从随后几年的发展情况来看,相关服务模式的创新能有效解决以上问题,如"医养结合"模式对原有弊端的弥补具有一定的促进作用。[①]

由以上分析可知,我国城市社区居家养老服务在提出阶段仍然面临许多问题,效能优化的效果并不明显。诸多问题产生的原因受城市社区居家养老服务原初定性、定位、定纲失衡的影响。城市社区居家养老服务的首要在于经济的调节,因此在初探阶段,各省养老服务模式的发展亦有所差别,这种差别主要是由经济实力所映射的城市社区居家养老服务硬件差距所致。城市社区居家养老服务硬件的完善不仅能丰富供给主体,提高服务供给的效能,而且能进一步优化服务的传送机制,减少福利损失。东部沿海各省份的经济发展基础较好,城市社区居家养老服务效能的优化较为明显。以江苏省为例,该地区自 2009 年以来就大力发展城市社区居家养老服务业,投入 5 亿多元专项资金用于发展社区居家养老服务,同时带动相关产业发展。除此之外,通过"关爱工程"项目,开展老年人教育、精神慰藉等服务,使得江苏省的社区居家养老服务走在全国前列[②];相对于东部地区,西部地区的城市社区居家养老服务效能优化则略显滞后,以贵州省为例,其计划到 2015 年"全省社会养老床位达到每千名老年人 30 张;到 2020 年,全省社会养老床位才达到每千名老年人 35 至 40 张,与东部地区的差距较为明显。此外,符合标准的日间照料中心、老年人活动中心等服务设施覆盖所有城市社区,90% 以上的乡(镇)和 60% 以上的农村社区建立包括养老服务在内的社区综合服务设施和站点"[③]。这一目标在东部地区早已完成,并在此基础上朝着更加多元化的方向发展。不均衡并非我国养老服务发展的目标,也不利于社区居家服务效能的整体优化。

二、城市社区居家养老服务发展阶段及效能分析

虽然我国城市社区居家养老服务在提出阶段面临诸多问题,但在服务

①　吴宏洛:《论医疗保险制度设计对失能老人的救助功能——基于医养结合长期照护模式的考察》,《福建师范大学学报(哲学社会科学版)》,2014 年第 2 期。

②　新华网江苏频道:《江苏省社会养老服务体系已经初步建成》,新华网,2010 年 6 月 7 日。

③　李最:《贵州 2020 年将实现养老服务体系覆盖城乡》,大河网,2014 年 6 月 4 日。

目标的定位、服务资源的安排、服务项目的创新等方面已然取得较大成就，为效能的优化提供了基础。在目标定位方面，各地区按照《关于加快发展养老服务业的意见》(国发〔2010〕35号)中的相关要求，努力完善城市社区居家养老服务制度的建设，服务模式不断优化，服务效能逐渐提升；在资源安排方面，部分地区放宽社会服务组织的审核制度，通过购买服务的方式完善社会服务组织在城市社区居家养老服务中的介入，社会服务组织的介入丰富了城市社区居家养老服务的主体内容，为效能的优化夯实了基础；在项目创新方面，东部地区在原有硬件设施的基础上，进一步丰富与创新服务项目，提高服务效能。通过各地区前期的准备，城市社区居家养老服务的完善已经具备了一定的拓展空间。至此，我国城市社区居家养老服务进入发展阶段。

(一) 城市社区居家养老服务的发展阶段

相关地区和部门通过不断地推出与社区居家养老服务相关的社会政策，改进服务内容、创新服务方法、优化服务方式，并形成诸多创新性的服务模式。以上变化意味着我国城市社区居家养老服务由即时性、随意性、临时性的政策供给向制度性、长期性、稳固性的制度转变，城市社区居家养老服务政策进入发展阶段。在发展阶段，我国城市社区居家养老服务政策的完善试图从主体的权责关系、市场化的度量问题、服务要素的优化以及标准化建设等方面入手，提出诸多创新性意见，主要表现在以下几个方面。

其一，从主体的权责关系角度，进一步理顺了政府与社会主体间的博弈关系。在城市社区居家养老服务多元化发展之初，政府是制度运行的重要组织者，即使养老方式以家庭养老为主，政府仍然在政策实施、资金安排、人员配置等方面占据绝对主导地位。但城市社区居家养老服务制度多元化的发展要求政府要摒弃以往"家长式"的管理方式，不需要做到"面面俱到"，且要在执行方式与方法方面进行创新。在实际运行过程中，只要政府在社区居家养老服务事业的发展规划、资源投入、服务监管等方面强化责任①，其他方面需要引入社会的要素。因此，《民政部办公厅关于申报第三批全国养老服务示范活动示范单位的通知》(民办函〔2010〕21号)对企事业单位、民间组织、个人等社会资源介入城市社区居家养老服务制度给予肯定，并要求城市辖区内的社区居家老年服务应实施对外拓展服务。同时，对社会服务

---

① 民政部:《民政部副部长窦玉沛在全国养老服务社会化经验交流会议上的讲话》,民政部官方网站,2006年7月14日。

团体和社会性中介组织实施优惠政策,使其在城市社区居家养老服务方面发挥应有的作用。①

其二,从市场化的角度,对开放城市社区居家养老服务市场空间进行了有益的尝试。我国对开放城市社区居家养老服务市场空间的要求可归结为"公建民营、民办公助、政府购买服务等多种模式,鼓励社会力量兴办养老机构"②等行为。同时,要求"充分发挥专业化社会服务组织的力量,不断提高社会养老服务水平和效率,促进有序竞争机制的形成,实现合作共赢"③。以笔者来看,我国城市社区居家养老服务市场主要包括两部分内容:第一部分是完全市场化的养老服务,诸如养老地产等有偿的养老服务;第二部分是半市场化、半公益性的养老服务,集中于社会服务组织所提供的城市社区居家养老服务,主要采取政府购买的形式。社会服务组织间的竞争日趋激烈,其提供的养老服务也参差不齐,需要进一步整顿与完善。在城市社区居家养老服务的发展阶段,我国部分地区尝试探索收费性的社区居家养老服务项目,如江苏省南京市部分社区根据老年人的要求,对修脚、按摩、康复等服务尝试进行收费,并且得到了部分老年人的支持。目前来看,这些项目已经形成了固定化的品牌,且在群众中产生一定的影响力。

其三,从服务要素的优化角度,政策创新与资金供给等方面不断进步。在政策供给方面,依据《社会福利机构管理暂行办法》(1999 年 12 月 30 日民政部令第 19 号发布)、《关于加快发展养老服务业的意见》(国发〔2010〕35号)等文件,先后颁布了《关于支持社会力量兴办社会福利机构的意见》(民发〔2008〕170 号)、《关于全面推进居家养老服务工作的意见》(全国老龄办发〔2008〕2 号)等一系列政策法规。这些政策法规对社区居家养老服务的社会参与形式、发展的模式以及相关服务主体的职责进行了规定,使城市社区居家养老服务多元化构建逐渐走上了制度化的轨道。④ 在资金供给方面,这一期间社区居家养老服务相关管理部门通过努力,不仅扩大了原有资金筹集的渠道,增加了福利彩票的资金投入比例,还鼓励社会、企业、个人等主体参与服务,形成了多元化的供给模式。此外,在救助制度方面,该阶段相关政策的实施加大了对高龄等低收入老年群体的财政补贴。如江苏省从

---

① 社会福利和慈善事业促进司:《民政部办公厅关于申报第三批全国养老服务示范活动示范单位的通知》,民政部官方网站,2010 年 2 月 10 日。

② 民政部:《社会养老服务体系建设"十二五"规划(征求意见稿)全文》,中国网,2011 年 2 月 12 日。

③ 民政部:《社会养老服务体系建设"十二五"规划(征求意见稿)全文》,中国网,2011 年 2 月 12 日。

④ 陕西民政:《我国社会养老服务体系建设情况汇总》,民政部官方网站,2011 年 6 月 22 日。

2010 年开始将年龄在 80 岁以上的老年人纳入福利制度范围,并对其发放高龄补贴①,以上相关救助政策有力地促进了服务的公平。

其四,从标准化建设方面,服务模式的标准化建设取得了一定的进步。如颁布了针对城市社区居家养老服务机构的《老年人居住建筑设计标准》(编号为 GB/T 50340 - 2003,自 2009 年 9 月 1 日起实施)、《养老机构安全管理》(编号为 MZ/T 032 - 2012,自 2010 年 3 月 26 日起实施);针对服务人员的《养老护理员国家职业标准》(编号为 4-10-01-05,自 2009 年 7 月 1 日起实施),等等。在专业化建设方面,人员和制度管理的专业化不断提升。如对城市社区居家养老服务工作人员进行专业化培训及管理,对养老护理员开展大规模的专业技能培训、岗位培训,针对服务资格的登记制度进行有效认定等。此外,在城市社区居家养老服务政策的发展阶段,我国许多地区根据国家标准,加大力度完善服务的标准化建设,努力为服务的长远发展奠定基础。如江苏省无锡市于 2010 年颁布了《家养老服务机构规范化建设基本标准(试行)》,并规定诸如"社区(村)级居家养老服务机构使用面积一般在 150 平方米以上,街道(镇)级居家养老服务机构使用面积一般在 250 平方米以上"②"居家养老服务协议书内容应载明服务机构名称和负责人姓名、服务对象姓名和地址、服务内容和方式、收费标准、费用支付方式、双方权利和义务、服务期限、协议变更、解除与终止的条件、违约责任、双方约定的其他事项"③等细节性内容。总之,在发展阶段,我国城市社区居家养老服务的发展更加标准化、明晰化,这为社区居家养老服务效能的进一步优化提供了发展基础。

(二) 城市社区居家养老服务发展阶段的效能

在城市社区居家养老服务发展阶段,相关的优惠政策不仅推动了政策的优化以及制度的完善程度,而且也为城市社区居家养老服务效能的优化提供了良好的环境,主要表现在以下几方面。

其一,服务资源的不断完善。由前述可知,服务资源的完善是社区居家养老服务效能的重要参考。社区居家养老服务资源主要包括财政、物力、人

---

① 项凤华:《江苏 80 岁以上老人有望享受高龄津贴》,新浪新闻中心,2010 年 9 月 28 日。
② 无锡市民政局:《无锡市居家养老服务机构规范化建设基本标准(试行)》,无锡市民政局官方网站,2012 年 6 月 30 日。
③ 无锡市民政局:《无锡市居家养老服务机构规范化建设基本标准(试行)》,无锡市民政局官方网站,2012 年 6 月 30 日。

力和组织等资源。① 在提出阶段,我国城市社区居家养老服务支出不断增加,如 2010 年国务院颁布的《关于加快发展养老服务业的若干意见》(国发〔2010〕35 号)中规定地方政府需要加大城市社区居家养老服务支出和养老服务制度方面的资金投入,并形成规范的资金管理方式②,这预示着今后会进一步加大对城市社区居家养老服务财力、物力的支持。同时,城市社区居家养老服务组织获取资源的能力不断提高,完善的养老服务资源为城市社区居家养老服务效能的提升夯实了物质基础。

其二,参与机制的不断改进。在城市社区居家养老服务发展阶段,公共服务多元化的理念也随之拓展。公共服务多元化理念强调参与主体、参与方式与评估手段的多元化发展。这与城市社区居家养老服务的发展理念不谋而合。随着公共服务多元化理念的实施,我国城市社区居家养老服务的参与主体、参与形式及评估方式会愈加丰富。在参与主体方面,除政府外,家庭、社区、机构、社会服务组织等也将不断地介入城市社区居家养老服务制度中。这些服务主体对丰富社区居家养老服务的内容具有较大的帮助,在客观上提高了服务效能;在参与形式方面,除资金、物资帮扶外,非物资帮助的形式亦不断出现,诸如社会服务组织的介入、老年人心理慰藉、法律援助等方面的帮扶,这些帮扶形式能有效提高服务效果;在评估方式方面,多主体参与的评估机制会打破原有"自上而下"的评估方式(以政府单方面的评估为主),有利于城市社区居家养老服务的传输,服务效果更为明显。因此,多元化的参与机制为城市社区居家养老服务效能的优化奠定了现实基础。

其三,专业程度的不断提高。专业化是城市社区居家养老服务未来发展的主要趋势,也是城市社区居家养老服务效能优化的基础和保证。社区居家养老服务的专业化主要体现在人员专业化和服务专业化两方面。从发展阶段的情况看,我国城市社区居家养老服务中专业化因素不断丰富,影响在不断扩大。在居家养老方面,许多地方建立了"社工＋义工＋护工"的专业化养老服务团队,该团队不仅利用专业知识对老人开展心理慰藉、情绪疏导和临终关怀等服务,提升了养老服务效能,还形成固定的服务模式,有利于养老服务效能提升的常态化;在社区养老方面,国内很多地方都建立了老年活动中心,该中心除了为老年人提供日常生活照料外,还组织专业人员为

---

① 韦宇红:《我国城市社区养老服务资源有效供给问题研究》,《理论导刊》,2012 年第 6 期。
② 国务院:《国务院关于加快发展养老服务业的若干意见》,中华人民共和国中央人民政府官方网站,2013 年 9 月 6 日。

老年人开展服务活动,既丰富了老年人的晚年生活,又为其融入社区创造了有利的条件。社会力量的介入使得养老服务制度的运行过程更加明晰,丰富了效能优化中的服务传递要素。此外,以上服务不仅提高了养老机构的专业化程度,也完善了社区居家服务效果评估的透明度,养老服务的专业化为城市社区居家养老服务的有效展开奠定了资源基础。

三、城市社区居家养老服务繁荣阶段及效能分析

城市社区居家养老服务在经历了建立阶段的理念完善和发展阶段的实施过程之后,其发展条件已经成熟。至此,我国城市社区居家养老服务进入繁荣阶段。2011年12月16日,国务院办公厅颁布了《社会养老服务体系建设规划(2011—2015年)》(国办发〔2011〕60号),这标志着我国社区居家养老服务发生了较大的改变,体系化建设的意味更加明显,同时也表明社区居家养老进入由单一走向多元、由临时走向制度、由计划走向具体的繁荣阶段。在这一阶段中,城市社区居家养老服务效能的优化较为明显。

(一) 城市社区居家养老服务的繁荣阶段

《社会养老服务体系建设规划(2011—2015年)》(国办发〔2011〕60号,以下简称《规划》)①从背景、内涵、定位、原则、目标、任务、保障等多方面诠释了我国养老服务发展的未来愿景,是今后社区居家养老服务工作开展的纲领性文件,该文件的主要内容包括:其一,加强与完善社会养老服务制度建设,是改善民生、改变传统养老服务模式、促进社会和谐、扩大内需、完善结业机构之必要;其二,养老服务应以"居家为基础、社区为依托、机构为支撑",尽力保障特殊老年群体之需求;其三,居家养老服务之内容主要包括家政服务、老年食堂、法律服务等,社区养老服务之内容主要囊括平台建设及互邻互服②;其四,采取政府主导、因地制宜、系统性发展的原则;其五,从组织、资金、制度、政策、人才、管理等多方面提供保障措施,使得城市社区居家养老服务的效果(效能涉及的影响因素)深入人心,最大限度提升老年人社会福利水准。该《规划》不仅是未来社区居家养老服务的纲领性文件,而且

---

① 国务院办公厅:《社会养老服务体系建设规划(2011—2015年)》,中华人民共和国官方网站,2011年12月16日。

② 文件原有概念为互邻服务,本研究认为应该在互邻服务的基础上,增加互相帮扶的内容,这样才能有效凝结为优良的互助关系,因此简称为互邻互服。

有诸多创新性理念,比如服务平台建设、互助服务、整合型服务模式等,这些理念为养老服务效能的提升提供了指引和方向。

在《规划》的基础上,民政部又联合其他部门颁布了诸多与城市社区居家养老服务相关的配套文件,稳固了制度实施的基础,提供了发展的条件,明确了未来的方向。如《民政部关于鼓励和引导民间资本进入养老服务领域的实施意见》(民发〔2012〕129号)中对民间资本在养老服务领域中的介入进行了说明,并从投资多元化的角度提出了减缓社区居家养老成本和效益间矛盾的方法。[1] 同时,该文件明确了政府购买的方向,并为民间资本介入城市社区居家养老服务设立专项资金。这些举措有效地促进了社会服务组织的繁荣与发展。如若说《民政部关于鼓励和引导民间资本进入养老服务领域的实施意见》是从社会的角度促进养老服务制度的发展,那么《民政部、国家开发银行关于贯彻落实〈支持社会养老服务体系建设规划合作协议〉共同推进社会养老服务体系建设的意见》(民发〔2012〕209号)则是从国家财政的角度支持城市社区居家养老服务的发展。该文件从金融的视角出发,对城市社区居家养老服务实施政府与市场相结合的管理原则进行了规定,并在此基础上实现试点到推进的政策发展模式。文件还结合各地金融实际状况,通过金融支持的方式,鼓励地区发展多样化的城市社区居家养老服务模式。[2]

此外,按照《国务院关于加快发展养老服务业的若干意见》(国发〔2013〕35号)中对"投融资、土地供应、税费优惠、补贴支持、人才培养、就业、公益慈善组织支持养老服务"等促进政策的要求[3],住房和城乡建设部、国家标准化管理委员会等部门[4]对城市社区居家养老服务的设施规划、标准化、用地建设、硬件建设、人才培养等方面进行了多维管理与规划,并在此基础上形成了多元共举、多方治理的局面,分别颁布了《住房城乡建设部等部门关于加强养老服务设施规划建设工作的通知》(建标〔2014〕23号)、《民政部、国家标准化管理委员会、商务部、国家质量监督检验检疫总局、全国老龄工

---

　　[1]　社会福利和慈善事业促进司:《民政部关于鼓励和引导民间资本进入养老服务领域的实施意见》,民政部官方网站,2012年7月24日

　　[2]　社会福利和慈善事业促进司:《民政部、国家开发银行关于贯彻落实〈支持社会养老服务体系建设规划合作协议〉共同推进社会养老服务体系建设的意见》,民政部官方网站,2012年12月10日。

　　[3]　全国老龄委办公室、发展改革委、教育部等:《关于加快发展养老服务业的意见》,民政部官方网站,2006年3月23日。

　　[4]　还包括商务部、国家质量监督检验检疫总局、全国老龄工作委员会办公室、国土资源部、财政部、教育部、发展改革委办公厅。

作委员会办公室关于加强养老服务标准化工作的指导意见》（民发〔2014〕17号）、《国土资源部办公厅关于印发〈养老服务设施用地指导意见〉的通知》（国土资厅发〔2014〕11号）、《民政部、国土资源部、财政部、住房城乡建设部关于推进城镇养老服务设施建设工作的通知》（民发〔2014〕116号）、《教育部等九部门关于加快推进养老服务业人才培养的意见》（教职成〔2014〕5号）、《民政部关于建立养老服务协作与对口支援机制的意见》（民发〔2013〕207号）、《民政部办公厅、发展改革委办公厅关于开展养老服务业综合改革试点工作的通知》（民办发〔2013〕23号）等文件。这些文件共同促进了我国社区居家养老服务体系的完善。

同时，在《社会养老服务体系建设规划（2011—2015年）》和《中国老龄事业发展"十二五"规划》之基础上，民政部于2013年5月20日推出了开展"社会养老服务体系建设推进年"暨"敬老爱老助老工程"活动。拟从政策法规体系的完善程度、养老床位的数量、居家养老服务的网络、信息支持、服务人才体系建设等多方面完善城市社区居家养老服务制度建设。并在原有基础上，进一步衔接居家、社区与机构养老服务，"实现社会养老服务政事分开、政社分开，逐步建立起政府依法管理、行业组织规范自律、服务实体自主运营的管理新格局"①。这一活动推动了城市社区居家养老服务"上下联动""左右配合"机制的进一步完善，对养老服务效能的提升也起到了一定的促进作用。

（二）城市社区居家养老服务繁荣阶段的效能

我国社区居家养老服务在繁荣阶段之所以发展迅速，一方面得益于社会化养老服务理念的提出及完善，另一方面与我国家庭养老能力不足息息相关。

首先，从社会化养老方式的发展进程来看，多元化是社区居家养老服务发展的重要条件。从解决老龄化问题的视域出发，许多国家或地区都采用了制度化的处理方式，即以养老保险、老年保障金②、商业养老保险③等为主，但以上方式会增加政府的财政负担，弱化养老功能的发挥。因此，许多国家采用了更为多元化的服务方式。多元化的社区居家养老服务方式并非社会发展的惯性使然，而是在面对养老压力下的不得已而为之。西方国家

---

① 社会福利和慈善事业促进司：《民政部关于开展"社会养老服务体系建设推进年"活动暨启动"敬老爱老助老工程"的意见》，民政部官方网站，2013年5月20日。

② 这一制度的代表是我国的香港地区，香港针对老年人发放老年抚恤金（俗称水果金）。这是一种普惠制的社会福利制度，只要年龄达到条件均可申领。

③ 以美国为代表，政府与保险公司合作推出商业化的养老保险。

的多元化养老有其深厚的理念基础，相对容易实施。但对我国来说，多元化的城市社区居家养老服务需要考虑文化、经济、社会等多重因素。在此种情况下，城市社区居家养老服务政策的制定要更加注重渐进式方式，在原有制度、理念的基础上逐步实现。我国现有之老龄问题较为突出，因此，需要在全盘考虑老龄化现状的基础上，进一步完善原有的制度，这样才能形成健全的制度。从我国城市社区居家养老服务发展的历史来看，相关部门（政策制定部门或执行部门）采取的服务方式、制度范式对养老服务效能的优化有一定的促进作用。整体上看，我国城市社区居家养老服务模式构建的时序脉络接近于"家庭—政府—社会"的演进过程①，其服务效能也经历了从弱到强的过程。

其次，从家庭养老能力的角度来看，内外部环境的变化使得家庭养老逐渐朝社区居家养老服务的方向发展。第一，家庭结构逐渐发生变化。诚然，家庭养老在很长时间以来一直是我国主要的养老方式，但受养老理念的改变、家庭结构的变化、社会环境的压力以及财政支持范围的转移等主客观因素影响，家庭的主体地位逐渐被政府、社会服务组织、市场部门代替。此外，现代生活节奏的加快使得年轻群体没有多少时间陪同老年人，许多家庭养老的功能不能有效发挥出来。第二，养老观念存在隔代差异。老年人群体所处的社会与经济环境、教育方式和内容以及生活方式等方面与子女迥然有异，这种差异会导致其在思想、观念以及生活方式上与年轻群体有较大差异②，以上矛盾会进一步降低家庭养老保障的功能；从家庭结构的角度来看，计划生育政策对传统生育观念产生冲击的同时，亦改变着家庭的人口结构，少子化家庭会进一步弱化家庭的保障能力；从社会环境的角度来看，社会环境的优化使得更多的人走出家庭，融入社会，这对传统血缘关系的维系力造成一定负面影响，以家庭保障为主的养老服务受到的挑战越来越大。

在繁荣阶段，我国城市社区居家养老服务有序开展，服务水平不断上升，服务效能不断优化，这在客观上促进了服务配套设施的改善。表3-1反映了我国城市社区居家养老服务效能的社区硬件条件建设情况，从中可看出，我国社区服务中心的发展数量较快，2020年有显著的增长，这说明社区

---

① 我国养老服务的理念与范式不仅在主体方面发生变化，亦在内容与方式方面悄然改变。从家庭养老到居家养老、从社区养老到社会养老等概念的变迁表明，家庭一直处于主体地位，只不过在发展过程中加入了政府、社会等要素。由此可见，家庭依然在养老服务中发挥基础作用，而政府发挥主体作用，社会发挥辅助作用。以上的要素正是养老服务发展的趋势脉络，这一论断在后文还要详细阐释。

② 刘振杰：《家庭保障在现代社会保障体系中的功能及地位浅析》，《经济问题探索》，2005年第7期。

参与养老的效果正在逐步体现,客观上加快了城市社区居家养老服务效能的优化进度。2002 年仅有 7 898 个社区服务中心,而 2013 年,社区服务中心的数量达到了 17 218 个,是先前的 2 倍之多,2020 年更是达到了 28 000 个。尤其是在 2007 年突破 9 000 个后数量猛增,这说明我国自 2006 年开始的以社区养老服务为中心的发展夯实了服务基础,而社区服务中心的发展又反过来优化了养老服务体的效能。此外,相比于社区服务中心,便民、利民网点数量变动起伏却较大,2002 年至 2007 年是数量上升阶段,达到峰值后逐渐下降,而便民网点下降的时间正好与社区服务中心数量提升的时间相吻合,这说明社区服务中心代替了以往社区便民网点的服务功能,服务效能优化将会更加多样。

表 3-1 我国城市社区居家养老服务硬件建设情况①

指标	2002	2004	2006	2007	2009	2013	2020
社区服务设施(万个)	19.9	19.8	16.0	17.2	17.5	22.081 8	29.1
社区服务中心(个)	7 898	7 804	8 565	9 319	10 003	17 218	28 000
社区服务站(个)	—	—	—	50 116	53 170	95 022	421 000
便民、利民网点(万个)	62.3	70.4	45.8	89.3	69.3	—	

受主、客观要素(主观因素主要表现为主体的多元性,虽说养老服务强调主体多元,但亦会出现多头管理的弊端,如社会服务组织到底是否具有独立性质等问题;客观因素表现为激烈的市场竞争环境,虽说养老服务类社会服务组织是非营利组织,但在政府项目招标、方案设计、资源安排等方面还存在竞争,这些因素阻碍了部分社会服务组织的发展)的影响,各地区会根据自身的经济、社会、文化等现实条件,推出不同的社区居家养老服务模式,这就使得服务因没有统一的标准而难以评估。评估制度跟进力度的不够会进一步弱化服务效果衡量的水平,进而造成尴尬的局面。在此情况下,那些服务效果好、威望高的社会服务组织难以得到公正的审视,甚至部分社会服务组织会出现工作人员人浮于事、项目效果逐渐低下的弊端。因此,民政部于 2013 年 7 月 30 日推出《民政部关于推进养老服务评估工作的指导意见》(民发〔2013〕127 号,以下简称《指导意见》),该《指导意见》从意义、要求、任务、措施等方面进一步巩固了城市社区居家养老服务的评估工作,并对社区居家服务效能评估的相关要求进行了规范。《指导意见》的意义在于:其一,丰富了养老服务效能的要素。城市社区居家养老服务评估是对养老服务资

---

① 民政部:《民政部各年度社会服务发展统计报告》,民政部官方网站,2011 年 6 月 16 日。

源的有效配置,同时能发挥社会的力量参与其中,通过对社区居家养老机构服务质量和相关要素的全面评判,进一步提升其服务水准,对社区居家服务效能优化具有非常重要的影响。其二,完善了养老服务评估的手段。城市社区居家养老服务评估要在试点的基础上,制定科学、规范的标准,并鼓励社会力量的积极参与,这明确了城市社区居家养老服务评估的多元化形式。其三,夯实了养老服务评估指标体系建设。城市社区居家养老服务评估注重指标的建设,要兼顾组织的模式与评估的流程,同时要探索与完善后期的监督评判机制。

四、城市社区居家养老服务各发展阶段效能的比较分析

我国城市社区居家养老服务制度在发展过程中不断完善与养老服务效能相关的内容。目前来看,城市社区居家养老服务效能还存在诸多问题(在第四章中会有所阐释),这些问题的产生既有制度本身的原因,又有制度发展过程中的不确定性导致的原因。因此,当前应进一步对城市社区居家养老服务发展阶段效能进行比较,以此明晰社区居家养老服务发展至今的动力因素,这对研究城市社区居家养老服务效能的现状及问题具有一定的帮扶作用。

(一)养老服务效能的评判要素不断丰富

养老服务效能评判要素的丰富程度对该理念的指导具有较大的帮扶作用。在社区居家养老服务的提出阶段,受服务主体的融合程度不够健全、服务评估制度不够完善等因素的影响,养老服务效能的评判机制并没有完全形成;在社区居家养老服务的发展阶段,在服务主体介入程度不断提高、服务过程愈加科学化等因素的影响下,养老服务效能的评判因素不断丰富,评判机制的建立有了一定的现实基础;在社区居家养老服务的繁荣阶段,养老服务效能的评判因素已经形成,评判机制建立的条件已经成熟。从发展的情况来看,我国城市社区居家养老服务效能评判的条件主要表现在管理条件、保障条件和环境条件等方面。

首先,管理的角度来看,城市社区居家养老服务已经发展出以政府为主体、社会与市场部门为辅助的管理模式。政府发挥的作用集中于购买城市社区居家养老服务、监督服务的运行、评估服务的实施效果等方面,社会或市场部门对城市社区居家养老服务的作用多集中于完善政府在服务功能方

面的不足,进一步优化整合相关资源,为老年人提供更好的服务等方面,以此提高服务效能。城市社区居家养老服务需要不同主体的通力合作,但不可避免地会出现管理方面的问题,如政府虽然起主导作用,但过多干预、介入社会部门所提供的养老服务中,有可能会打消后者的积极性,弱化服务效能的优化。社会或市场等养老服务主体偶尔会喧宾夺主,取代政府的职能而使得服务效能的优化大打则扣,这些弊端需要在今后不断地改进。

其次,从保障的角度来看,政府对社区居家养老服务支持力度不断加大,不断拓宽社区居家养老服务的试点范围,并加大资金投入。我国社区居家养老服务肇始于居家养老服务模式的发展,分别在北京、天津、厦门等城市开展试点后,将其经验推而广之。此后,上海、杭州、宁波、青岛、大连等地依据先前所取得的实际经验,制定了优惠的扶持政策,并投入大量资金。资金的供给虽然对社区居家养老服务的有效开展具有重要的作用,但其他的方式同等重要,如在社区居家养老服务人才培养的保障机制方面,现有的培训机制主要集中于大学的社会工作专业,但大学所培养的社工并不能完全适应社区居家养老服务的需求,难以达到预期效果。学生所学的课程多集中于心理疏导、精神慰藉、能力提升等软性服务,缺乏诸如卫生、护理、康复等服务的培训,即使实践性较强的中专、技校等单位,也较少设立此专业。诚然,老年人护理、康复等专业较难设立,但这并不代表社会应该取消这部分服务内容。因此,我国要加大政策支持力度,进一步鼓励、引导相关单位进行人才培养,完善城市社区居家养老服务效能发挥的机制。

最后,从环境的角度来看,社区居家养老服务效能提升的社会环境已然成熟。首先是"社会参与"等观念已被许多地方政府接受。政府相关部门对提高老年人社会福利有较高的支持,也希望社会服务组织努力参与社区居家养老服务效能的优化进程中;其次是养老观念正在发生变化,对机构养老、社区居家养老的认识程度正在不断加强。许多人(包括老年人)对社区居家养老服务的理解已然从家庭养老的观念中淡化出来,并对机构、社区的正面评价逐渐增多,这增加了社区、机构等主体开展社区居家养老服务的可能性,客观上有利于社区居家服务效能的提升。虽然有以上诸多利好态势,但让老年人走出家庭、融入社区居家养老服务模式中来并非容易之事。这已经超越了理念对其的解释,更多是因为家庭给老年人所带来的不仅是生活、娱乐之地,更多的是精神寄托,这一观念在短期内较难改变。

(二) 各阶段服务主体构建效果各有优劣

受经济、社会、文化等因素的影响,我国不同地区城市社区居家养老服务发展水平不尽相同,养老服务效能的体现也不尽一致。我国社区居家养老服务发展的不同阶段,主体构建的效果存在一定的差别。

其一,提出阶段的政府主办、层级联动。自上而下由各级政府、街道和社区运用行政力推动社区居家养老服务。从资金来源上看,该方式的运作资金一部分源于各级财政的扶持,另一部分资金由各级行政组织自筹或来自社会福利事业;从管理方式上看,各层级管理人员既在相应的行政机构担任一定的职务,建立区政府、街道办事处、社区居委会三级管理机构,为本辖区内的居家老年人提供多种养老服务。如大连市沙河口区、柳州市社区、金华市经济开发区南苑社区等采取此种养老服务模式;从服务内容上看,通过对周边生活服务、医疗卫生服务和文化娱乐设施等资源进行整合,建立社区居家养老服务中心,社区为老年人提供相互交流的平台,从而为老年人提供了更好的社区居家养老环境。通过主导社区居家养老服务模式,社区对于服务模式的发展规划、管理的科学性和规范性都进行了严格的规定,社区居家养老服务发展较快。整体上看,该阶段主体构建的效果没有体现出多元化的特征,社区居家养老服务效能体现不明显。

其二,发展阶段的政府主导、中介运作。这种方式的特点在于:政府不直接为社区居民提供服务,而是通过公建民营或资助社会服务组织等方式实施社区居家养老服务。政府承担对城市社区居家养老服务的规划、投资、项目建设、制定运营标准和相关法律法规、检查监督和绩效评估等职责,如宁波市海曙区、兰州市城关区、浙江金华市等社区采取此种养老服务模式。该社区居家养老模式主要依靠社会主体提供服务资源,表现出如下特征:首先,社会服务组织在居家养老模式中发挥重要作用。将社区居家养老服务项目委托给社会服务组织,如将社会居家养老服务中心交于区敬老协会(总会)运作,社区则以敬老协会的名义在服务站开展具体服务。其次,义工和志愿者队伍在社区居家养老服务中发挥着不可或缺的作用。比如宁波市部分地区在推行居家养老服务过程中成立"义工银行",发动社区居民成为义工志愿者,力所能及地为老人提供服务。最后,社区将福利彩票收入和社会慈善捐赠用于社区居家养老服务的发展。该阶段服务主体的介入程度较高,但由于许多地区没有明确服务主体的职责,因而社区居家养老服务效能并没有得到有效发挥。

其三,繁荣阶段的政府资助、机构主办。这种方式采用政府出资和社区筹资,委托或资助专业养老机构在社区承办居家养老服务站点运作,通过专业化、连锁运营为社区老年人提供社区居家养老服务。随着我国基层社会治理方式的不断完善,社区在社会治理中的作用越来越大,而社区治理的压力也会越来越大。对社区居家养老服务来说,如何扩大服务试点,实现规模化的服务模式是未来发展的主要方向。"政府资助、机构主办"这种方式与服务试点化、连锁化经营的目标取向不谋而合,理应大力推动。该阶段养老服务效能主体的职责最为明晰,优化程度也最好,提升效果也最好。

第四章　城市社区居家养老服务效能发展的现状及问题

　　城市社区居家养老服务效能体现在养老服务的供给主体(包括政府、市场部门、社会部门、家庭)整合的效果、养老服务传递过程(包括要素协作、资源安排、进程管理)以及养老服务效果分析。我国社区居家养老服务发展至今,已然呈现出服务供给主体多元化、服务传递多样化以及服务评估手段丰富化的特点,但也存在诸多问题。本研究按照养老服务效能的构成要素,对我国城市社区居家养老服务现状、问题及原因进行分析,以期为后来的政策建议夯实基础。

一、城市社区居家养老服务效能的现状

　　由前文分析可知,社区居家养老在未来一段时间仍然是我国养老服务的主要模式,而机构养老服务模式只是作为补充形式参与其中。这一安排不仅考虑到我国现有国情,而且兼顾养老服务的制度惯性。城市社区居家养老服务不同于其他养老服务模式,它以老年人及其家庭为核心,通过实施各种与服务有关的方式来满足老年人的基本生活。现代化的城市社区居家养老服务较早试点于北京市。从 2010 年伊始,北京市就着手对生活自理能力较差的老年人开展居家养老服务,服务内容较为单一,主要集中于家庭无障碍设施的建设,服务目的在于为社区居家养老提供硬件条件的支持。①经过几年发展,城市社区居家养老服务的方式与内容等较之以往发生了较大变化,逐渐成为养老服务的主导。其一,服务方式由单一到多元。最初的社区居家养老服务的方式只集中于社区工作人员的上门服务,且主要以访谈为主现有的社区居家服务在主体建设方面更加多元,如医院、社会服务组

---

① 王素英:《中国社会养老服务体系建设现状及发展思路》,《社会福利》,2012 年第 9 期。

织、康复机构、咨询机构等主体围绕老年人家庭,并在"协同—生产"理念的指引下,服务方式进一步融合,逐渐形成了多元化的社区居家服务模式。其二,服务内容由简单到丰富。城市社区居家养老服务因受到传统观念的影响而不能推进,这些传统观念包括家庭是养老服务的主导、对外来人员的心理排斥等。针对此种情况,社区居家养老服务最初的服务内容多集中于社区人员与老年人及其家庭的心理访谈,难以达到预期效果。

总体上看,我国现有的城市社区居家养老服务还要依托于社区居家养老服务中心为老年人提供相关服务。社区居家养老服务中心也叫居家养老服务中心、日间照料间、日间照料中心。我国社区养老服务的目的性较为明显,就是通过服务中心内的设施为老年人提供方便,提升其社会福利水平。社区居家养老服务中心是城市社区居家养老服务的重要载体。随着社会化养老的推动效应,人们对养老服务的认识有了进一步提高,社区居家养老也更多被老年人认识、了解和熟悉。在此背景下,社区居家养老服务的内容也随之丰富起来,包括日常生活服务、康复与卫生、文娱活动、心理咨询服务、维权服务、文化教育服务,养老服务效能也逐渐优化。目前,我国城市社区居家养老服务效能的现状主要包括以下几方面。

(一) 养老服务主体构建的现状

虽然我国城市社区居家养老服务制度起步较晚,但诸多服务资源为服务制度的优化创造了条件。相关服务资源获取的主体包括政府、社会服务组织、市场部门和个人等。不同主体在资源获取的方式和方法等存在诸多差异。社会服务组织提供服务资源多以被动参与的方式来进行,如政府通过购买社会服务的方式参与社区居家养老服务中心中并开展相关的服务项目,以此完善城市社区居家养老服务的内容。由此来看,社区居家养老服务中心是服务开展的重要前提。因此,我国各地都非常重视社区居家养老服务中心的建设。以南京市为例,截至 2022 年,南京市居家服务突破 1 297 万人次,社区居家养老服务中心达 1 178 个(5A 级中心达到 35 个),社区居家综合护理中心达 40 个。① 诸多服机构都会安排相应的社工人员或社工服务,以此丰富养老服务内容。此外,相关部门还支持社会服务组织开展服务项目的创新,如与高校合作推出综合性的服务管理系统。从企业的角度看,部分地区鼓励企业发展老年人健康护理事业,并在用地、税收、水电等方面给予优惠政策。如财政部自 2019 年 6 月 1 日起执行的《关于养老、托育、

---

① 数据来源:根据笔者在南京市部分地区调研收集的数据整理而得。

家政等社区家庭服务业税费优惠政策的公告》中规定"企业所得税政策规定,为社区提供养老、家政服务的机构,所取得的收入,在计算应纳税所得额时,减按90％计入收入总额"①。从个人的角度看,许多部门鼓励社会个人以"社工＋义工"的联动模式参与社区居家养老服务制度中,该制度以社会工作者为主,通过对义工进行专业的培训,使其能独立进行居家养老服务,从而形成老年人(义工)互相帮扶的形式。这种形式一方面能节约成本,减少居家养老服务效能的重要影响因素——服务传递过程中的资源;另一方面考虑到老年人的同质性问题,能面对相同的问题而展开讨论,便于服务的开展。

此外,城市社区居家养老服务还将日间照料服务中心整合到自身的服务框架内。社区日间照料中心主要由社区组建,地点选在便于老年人活动、聚集的场所。社区日间照料中心因其服务便利、服务方式多样、节约成本等优势,得到了较多支持,全国各地也建立起较多的社区日间照料中心。以南京市为例,截至2022年6月,南京市养老机构达330个、社区老年人助餐点1 246个、老年人日间照料中心102个。② 日间照料中心建立的目的是缓解空巢老人、高龄老人与失能老人等人群难以照顾的问题,服务内容主要涉及老年人日常生活方面,如娱乐、健康、餐饮等。老年人申请日间照料服务中心的前提条件是年满60周岁,且生活能够自理,没有传染性的疾病或者痴呆症。如果条件满足可到日间照料服务中心申请登记表格,并让家属或者监护人签字同意。但以上只是初步条件,为了能顺利进入中心享受服务,老年人还需要出具县级以上医院的健康证明并接受社区有关人员的回访,如果认定条件满足,则需要与照料中心签订入托协议,并交纳一定的费用。日间照料中心的设立能进一步缩短老年人照护的距离和时间,对社区居家养老服务效能的提升具有重要的帮扶作用。

(二) 养老服务过程优化的现状

城市社区居家养老服务的传递过程较为复杂,对养老服务效能的影响也不尽一致。一般来说,在服务过程中能体现出城市社区居家养老服务效能的包括信息的传递、帮扶的形式以及服务硬件等条件,具体来说主要涉及以下内容。

---

① 《最新汇总! 不同类型养老服务机构税收优惠政策梳理(截止到2021年12月份)》,腾讯网,2021年12月28日。

② 数据来源:根据笔者在南京市部分地区调研收集的数据整理而得。

1. 信息化养老服务模式的创新

城市社区居家养老服务的优势在于服务传输具有直接性,但该服务模式多强调"一对一"的服务方式,相对于有限的资源,老年人对服务的选择缺乏自主性。面对这一问题,许多地区提出了虚拟养老服务模式。这一服务模式形成的前提是政府相关部门在对服务对象进行分类的基础上,实施相应的服务标准,之后分派相关的工作人员进行入户调查并签订服务协议,在此基础上对服务的内容、时间、人员安排、频率等方面形成完整的数据支持。① 这一系统主要包括三个要素,一是老年人及其家庭,二是社区及相关服务组织,三是服务企业。在以上三个要素中,企业具有一定的主导性,根据《中国城市养老服务需求报告(2021)》数据显示,2021 年中国智慧养老行业企业数量为 920 家,2022 年 1~8 月中国智慧养老行业企业数量为 618家。这一模式创新之处在于通过数据库形成的资料对服务人员进行准入管理,这些资料不仅包括老年人的基本情况,还涉及健康状况、配偶情况、社会资本以及服务内容。当老年人有需求时,可通过拨打电话的方式进行求救,中心会委派专门人员对其进行服务。这种方式摒弃了以往服务模式的弊端,不仅增加了老年人的自主性,而且节省了服务机构的成本,简化了服务传递过程。

2. 直线式帮扶方式的形成

所谓直线式帮扶,是指通过服务机构与服务对象直接建立关系,并在此基础上实现精准式的服务模式。目前,社区居家养老服务直线式帮扶的方式主要集中于医养结合模式中,这种模式成功的关键在于医养结合机构的数量和质量。为此,我国各地区积极建设医养结合机构。国家卫健委公布的数据显示,截至 2021 年底,全国两证齐全的医养结合机构达 6 492 家,共有床位 175 万个,养老机构以不同形式提供医疗服务的比例超过 90%。② 目前,我国医养结合主要采取养老机构设医务科室、医院增加养老床位、社区与医疗机构签订合同三种方式。其中,社区与医疗机构签订合同的方式是直线式帮扶的最主要体现。从目前来看,许多地区完善了直线式的医疗帮扶体系,即由市—区—街道—社区级分别设立与城市社区居家养老服务有关的医疗科室,并定期组织科室的医生对老年人家庭进行门诊服务,实行社区卫生服务站与城市社区居家养老服务的联合。同时,为方便行动不便的老年人,许多社区都在社区内开辟专门的房间展示老年人用品,这些方式

---

① 高祖林:《虚拟养老:居家养老服务的新探索》,《中国社会科学报》,2012 年第 38 期。
② 《不断提升医养结合服务质量》,搜狐网,2022 年 8 月 23 日。

都完善了居家养老服务中的服务传递机制。

3. 服务内容的创新

城市社区居家养老服务内容的创新也会带动服务模式和服务方式的创新，以此提高养老服务效能，这种创新主要表现在送餐服务与创新项目等方面，这几种服务方式的开展能使城市社区居家养老服务效能的提升机制更加灵活。如在送餐服务方面，不仅在社区内建立送餐中心，更与社会上的餐饮企业联合为老年人提供餐饮服务，这一方面能使老年人有更多的选择，增加了自主性，另一方面也减轻了行政成本，提高了服务效率（客观优化了服务效能）。在南京市建邺区调研时发现，该区率先实现居家站点及助餐点采用人脸识别比对的监管全覆盖，同时也是全市率先与市助老卡结算平台打通，实现人脸信息自动绑定助老卡及消费数据实时传输共享、人脸识别智能结算；率先在全市实现全区同一平台注册、消费的智能助餐结算平台，在全区范围内实现小程序线上助餐点查询、助餐点菜品查询、线上点餐、人脸识别结算、充值、退款、催单、订单状态查询、消费记录查询、派单、线上下单线下消费等功能，操作简单、方便，人脸信息采用市大数据局的人脸识别统一身份认证，确保系统运行及消费安全。以上便利性进一步优化了居家养老服务的过程。

此外，社会服务组织也通过推出特色服务项目来提高城市社区居家养老服务效能。如菜单式居家养老服务项目，社会服务质根据老年人自身的情况以及养老服务的意愿推出若干策划，老年人如若对某一部分内容感兴趣，可直接与社会服务组织联系，从而达成服务协议；再比如订单式居家养老服务，老年人根据自身的条件对社会服务组织提出若干要求，社会服务组织在访谈的基础上对老年人的服务需求进行策划，进而开展相关服务项目，这种服务方式使得服务更为直接，服务效能的优化也很容易判定。

4. 服务硬件条件的满足

在城市社区居家养老服务中心内，服务传递机制最为直接，这是因为我国大部分地区的社区居家养老服务中心都在社区的范围内，能为老年人提供最为便利的服务。以目前来看，日间照料中心能解决部分问题，得到了老年人及其家庭的认同。天津、江苏等地的城市社区居家养老服务硬件建设走在全国前列。天津在 2009 颁布了《关于建设老年日间照料服务中心（站）的实施意见》（津民发〔2009〕32 号），规定了天津市社区居家养老服务硬件建设的指标，并要求经过三年时间的建设，使得天津市的街道和乡镇全部建成日间照料中心,条件不足的农村等地需要建设日间照料服务站。① 目前,天津市部分社区养老中心功能齐全,不仅能为服务对象提供娱乐、餐饮、阅览、医疗等服务项目,还邀请专业教师为老年人教授健康知识。江苏省具有较强的经济实力,近几年来,日间照料服务中心发展较为迅速,如昆山市在《老年人日间照料中心管理考评办法》等政策的指引下,2020 年就已建成130 家日间照料中心②,中心不仅硬件设施齐全,还围绕市内不同地区的具体情况,开设了中央厨房的特色项目。

(三) 养老服务评估实施的现状

城市社区居家养老服务中心的服务内容虽然较为直接,但服务效果却不尽如人意,以日间照料服务中心的办理程序为例,社区居家养老对服务对象福利提升帮扶作用并不明显:其一,不能完全满足全部老年人的需求。照料中心对入住老年人的需求较高,疾病缠身的老年人往往被排斥在中心之外。根据调研的情况可知,现有的日间照料服务中心缺乏专业人员,加之诸多高校缺乏相关的专业,导致人才输送经常出现断流;另外,服务中心人员流动性较大,难以形成有效的管理机制,服务质量会有所下降。以上原因使得许多照料中心经营困难,只有通过照顾健全老年人的方式来减少运营成本。在这种情况下,老年人群体整体性社会福利提升的效果并不明显。其二,老年人及其家庭成员在健康证明过程中容易出现道德陷阱的问题(道德陷阱指因制度设计而引起或驱赶个人违背一般社会道德规范而做出符合经济理性的举动,在道德陷阱的指引下,老年人即使有疾病,也有可能会出现违反道德出具假证明的现象),这有可能为后期的照料带来不必要的麻烦。其三,日间照料服务中心收费情况不够合理。现有的照料中心会根据服务对象、中心发展、政府支持等客观条件,对入驻的老年人实行无偿、低、高等收费内容,这些标准的设置没有完全考虑到老年人经济和生活状况。虽然民政部于 2010 年 11 月颁布了《社区老年人日间照料中心建设标准》③并对相关要求做了规范,但也只是从内容及项目构成、建设规模及面积要求、选址及规划及有关设施等方面对照料中心有所规定,并没有涉及收费标准的具体规定,这就会使得许多日间照料中心以服务为名,赚取利润,影响社区养老服务的效能。

---

① 老年时报:《天津市出台〈关于建设老年日间照料服务中心(站)的实施意见〉》,上海市老年学会网站,2009 年 4 月 19 日。
② 苏州人民政府官方网站:《昆山市有序开放 130 家日间照料中心》,2020 年 4 月 10 日。
③ 民政部:《社区老年人日间照料中心建设标准》,江苏省民政厅官方网站,2013 年 8 月 6 日。

城市社区居家养老服务中心把同质性较强的老年人群聚在一起为其服务,这样能增加群体的和谐,便于开展相关工作。如辽宁省沈阳市的浑南区根据老年人群体的特点组成志愿性的老年人服务团队,实行老年人服务老年人的创新管理方式,这样能形成自管的局面,既节约管理成本,又会促使老年人服务水平进一步提升。此外,城市社区居家养老服务效能所涉及的其他要素也在不断发生变化。

1. 志愿者服务

城市社区居家养老服务并不具备纯公益性质,有些内容还需要收取一定费用,这就有可能把某些生活拮据且病重的老年人排斥在服务内容之外。面对此种情况,我国许多城市的社区鼓励工作人员组成志愿者服务队伍,为老年人开展综合性服务,并以之为基础探索出了"网络式责任承包制""邻里互助式""孤老结对关爱式"等多种形式。① 此外,其他社会人员的参与使得居家养老服务的传递过程更具直接性。例如,北京市在 2022 年 12 月 5 日发布的《养老志愿服务工作指引》(以下简称《工作指引》)中,对养老志愿服务的岗位设置、志愿者招募、志愿者培训和激励机制进行明确规定。该《工作指引》认为低龄老人是养老志愿服务开展的重要力量,并鼓励低龄老人参与养老志愿服务,提升自我照顾能力。② 以上做法为时间银行的开展奠定了现实基础。

2. 服务评估的规范管理

城市社区居家养老服务管理部门对服务内容、组织机构、基础设施、人员素质、服务要求、监督管理、质量改进等方面做了详细的规定,并业已成为代表性的行业标准。在服务内容方面,对包括生活照料服务、医疗保健服务、精神关爱服务、安全守护服务、文化体育服务、法律援助服务、慈善救助服务、从业要求、仪表行为、管理人员等城市社区居家养老服务的相关内容都做了标准化的规定,尤其是居家养老服务员,部分地区规定居家养老服务员不仅要求身份证明、健康证明等资料,还要具备基本的法律、安全、卫生知识,掌握相应的业务知识和岗位技能,每年的岗位培训不能少于 10 学时。严格的管理制度为服务的顺利开展奠定了实施基础,具有重要的借鉴意义。

3. 社区居家养老服务评估的层次性

城市社区居家养老服务主体会根据老年人境况、需求的不同实施层次

① 新华日报官网:《"江苏特色"居家养老》,《新华日报》,2013 年 10 月 14 日。
② 北京商报官网:《低龄老人成志愿服务主力 北京发布养老志愿服务指引》,《北京商报》,2022 年 12 月 5 日。

有别的服务,这使得养老服务的传递过程更为直接。对家庭经济情况困难,经过调查确实需要保障的老年人,实施"购买服务"的养老方式;对有一定经济实力的老年人或者家庭,市场部门主要采取收费的服务方式,有利于发挥老年人的自主性,也有利于服务效能的提升。此外,企业、社会服务组织、个人等为老年人提供公益性服务的机制正在形成,这种服务一般采取无偿的方式。通过不同层次养老服务的供给渠道,能满足不同群体的老年人需求,进而提升整体的养老服务效能。

二、城市社区居家养老服务效能优化面临的困境

我国现有的城市社区居家养老服务效能优化机制需要在综合考量中稳步发展,如若处理不好,不仅难以形成完整的服务模式,而且会适得其反,阻碍制度的进一步发展。目前来看,养老观念、社区功能、服务理念、服务资源整合、管理质量等方面的问题会对我国城市社区居家养老服务服务效能优化造成阻碍。

(一)城市社区居家养老服务发展面临的问题

从现实来看,面对急速发展的老龄化问题,我国的城市社区居家养老服务的管理进度却没有即时跟进,主要表现在以下几方面:其一,基础设施建设薄弱。随着人口老龄化进程的加快,老年人口数量越来越多,对养老服务的需求越来越高。目前来看,我国城市社区居家养老服务存在水平不高、规模不大、基础设施薄弱、缺乏统一的运作标准、社会影响力不足等问题。如笔者在调研时发现,部分地区的城市社区居家养老服务中心虽然设置了较为健全的功能科室,但科室里的设备较为陈旧,无法满足老年人的有效需求。此外,老年人的需求是不断变化的,而部分地区的城市社区居家养老服务中心无法满足日益增加的养老服务需求,这使得老年人的晚年生活更加缺乏保障,这又反过来阻碍城市社区居家养老服务的顺利发展。

其二,资金筹集渠道单一。从表面上看,我国城市社区居家养老服务制度运行的资金来源主要依赖于政府拨款、财政补贴、慈善捐助、福利彩票等方面,渠道较为广泛。但细加分析则会发现,以上资金来源渠道主要以公共部门投入为主,缺乏市场力量的介入,长此以往会使得城市社区居家养老服务主体形成制度依赖的惯性,不仅增加政府等公共部门的负担,而且会逐渐弱化资源获取的能力。虽然部分地区启动了居家养老服务工作,成立了居

家养老服务站,并开展了针对老年人的一系列服务,但因筹资渠道单一,社会力量参与少,致使社区居家养老软硬件设施投入不足,设施不完善。所以,为保障城市社区居家养老服务制度的有效运行,完善资源获取渠道,创新资源获取方式是亟须解决的现实问题。

其三,服务项目单一,不能满足多层次需求。由于居家养老服务还处于起步发展阶段,尽管养老服务有较多的服务内容和项目,但实际上社区所支撑的服务项目还较少,服务面窄。以笔者的调研情况看,许多地区的城市社区居家养老服务项目多集中于生活照料、卫生护理、生活帮扶等简单的、表面的服务内容,绝大多数服务机构无力为老年人提供所需要的康复护理服务,更谈不上诸如心理慰藉、患病治疗等提升老年人生活水平的服务。不仅如此,许多机构甚至连最基本的服务如助浴、上门医疗、康复、助餐等都难以开展起来,只能开展某些日常性的服务且服务对象多为健全的老年人,而最需要服务的群体正是不能自理的失能半失能老年人。

其四,管理经验不足,资源整合程度不高。我国的城市社区居家养老服务虽然在加速发展,但仍缺乏统一的管理和服务标准。一是管理水平低下,基本无经验可循。一方面,许多城市社区居家养老服务机构的管理人员多为其他职能部门调入的人员,缺乏对城市社区居家养老服务行业的理解与经验。另一方面,工作人员缺乏专业性训练,难以真正领会管理人员的要求,这使得现有的城市社区居家养老服务的管理水平难以提升,服务质量较低。二是无法充分整合社区现有服务资源。城市社区居家养老服务的运行不仅需要提升内部的管理水平,还要发挥外部资源的作用,共同提升服务的质量,如充分利用社区休闲场地为老年人提供丰富多彩的集体娱乐活动,丰富老年人的精神生活,充分利用社区闲置的人力资源,保障社区养老服务提供者的高素质和专业化。但从目前来看,由于我国城市社区居家养老服务在管理制度、服务意识、政社关系等方面条件都不成熟的情况下,基层社区无法充分发挥其管理优势来整合诸如人才、硬件设备、市场部门的服务资源,致使服务机构无法提供优质的城市社区居家养老服务,客观上限制了城市社区居家养老服务的发展进度。

其五,缺乏专业化的服务队伍。专业化的队伍是服务开展的重要前提。目前,从事城市社区居家养老服务行业人才队伍的发展受到诸多限制:一是,培训方式及培训内容有待提升。不仅缺乏系统化和标准化的培训,而且现有的培训内容也较为陈旧,与服务人员实际工作的结合度不高。二是,工资报酬普遍不高。城市社区居家养老服务人员"大多是非专业性人员,年龄大,加上薪酬待遇低,流动性也大"①,而工资待遇低是产生其他问题的重要前提。三是人员素质参差不齐。居家养老服务的服务人员大多没有经过正规的培训,不具备从事居家养老服务的专业素质。由以上分析可知,专业化程度低工资报酬低,加之城市社区居家养老服务人员的短缺和专业化素质低,导致许多专业人士不愿进入居家养老服务行业,这在一定程度上也限制了城市社区居家养老服务的发展。

当前城市社区居家养老服务在管理方面出现的问题会影响其多方位的发展。城市社区居家养老服务的多方位发展模式是在"我国老年居民较多、现代性社区发展服务机制没有完整建立"的现实背景下发展起来。但由于管理水平的跟进程度不够,城市社区居家养老服务没有权衡好政府、市场、社区的关系使得资源无法优化配置,也因难以有效整合资源而使得供给主体的优势没有发挥出来。这导致我国城市社区居家养老服务缺乏统筹规划,建设缺乏整体性与连续性,其内容、方式、效果、分布等方面存在诸多问题,亟须改进。

1. 注重物资供给,轻视效益提升

虽然城市社区居家养老服务鼓励多元服务主体的资源整合,但从实际来看,政府依然发挥主导地位。表现在:首先,政府是城市社区居家养老服务资源的分配者、整合者及评估者,在资源配置方面具有绝对的主导地位。其次,政府是其他服务主体的引导者,通过政府的引导,社会其他部门才能有效介入城市社区居家养老服务制度中。政府提供的城市社区居家养老服务内容多集中于资金调节等物资方面,较少涉及心理安抚、环境融入、社会参与等能力提升方面的内容。老年人社会福利的提升是物资与精神改善双重作用的结果,而只注重政府的物质供给,显然不能有效提高老年人社区居家养来服务的效果。

为此,部分地区试图通过引进社会服务组织的方式来改变以往的单一服务供给的模式,但部分社会服务组织在开展服务时多以功利性为主要目标,忽视服务质量和服务效益方面的提升。例如,某些社会服务组织为吸引老年人及其家庭成员参与养老服务项目,事先准备一些礼品,而老年人之所以接受服务,主要还是因为物质利益的驱动,这使得服务的物质供给性质突出,从而削弱了社会效益效果。长此以往,不仅会使服务对象形成依赖,而且会因短视行为影响服务输送的质量,进而对服务效能的提升造成负面影响。

---

① 屈贞:《智慧养老:机遇、挑战与对策》,《湖南行政学院学报》,2016 年第 4 期。

2. 注重结果衡量,轻视整体考虑

城市社区居家养老服务评估制度的完善不仅能有效规范政策的行使范围,而且能提供政策的调整依据,可以说,政策评估是城市社区居家养老服务未来发展的基础。但在目前,我国城市社区居家养老服务的评估过多注重服务结果的分析,较少关注服务过程的评价,表现在:首先,在评估指标的设计中倾向于服务结果的权重。部分地区为强调服务结果的重要性,在评估指标设计方面加强了服务结果的权重,这使得其他的指标对评估的贡献微乎其微,缺乏评估的公正性。其次,缺乏从整体性的视角来评估城市社区居家养老服务政策。评估的整体性视角意指从全方位、多元化、综合性、网络化的角度衡量政策执行的效果,但由于对服务结果的推崇,实现全方面的城市社区居家养老服务评估体系建设则较为困难。

由于缺乏从整体方面考虑实施过程中的监督内容,城市社区居家养老服务项目的评估较少,加之仅有的评估也多集中于最终结果的考虑,虽然许多服务项目有中期检查,但中期检查也多集中于财政运行等核心问题,对服务项目运行过程中所存在的问题则较少提及,这使得许多养老类的社会服务组织经常钻制度的漏洞,从而降低了服务的质量。如有的社会服务组织只关注评估表中的相关服务内容,忽视对老年人社会融入能力提升方面的服务,客观上阻碍了服务的整体质量。因此,必须注重效果评估与反馈机制为基础的过程建设,形成具有完善性、有效性、灵活性的长效服务机制。

3. 注重服务人数、轻视服务质量

城市社区居家养老服务效果的评估是检验政策质量的重要依据,但从目前来看,政府对城市社区居家养老服务项目成功与否的考察过分关注服务人数,相关部门(或政府委托的第三方评估机构)多以完成服务的人数、受益人数等方面来衡量政策的效果。这种情况的出现是由原有落后的政策评估思维所引起的,城市社区居家养老服务的对象为老年人,多数老年人都经历过以结构调整、经济转型为基础的社会变迁,时代烙印的固化使得他们原有的服务理念难以更新,容易形成群体性特征。因此,短期内的城市社区居家养老服务政策实施需要以"大数法则"为基准,使得整体性的福利有所提升。

(二) 城市社区居家养老服务效能优化的阻力因素

1. 养老观念仍待提升

养老观念是人们对养老的评价,这种评断是对生活状况的综合评判,是主观性的反应。同样,这种反应涉及对其他问题的观点、看法、态度的转变以及意愿。由此看出:第一,养老观念具有主观性。养老观念的主观性主要体现在人们对养老的主观看法,这不仅包括老年人自身,还包括老年人之外的群体。各群体对养老的看法不尽一致,甚至同一群体对养老的看法亦千差万别,这也在客观上阻碍了养老服务的开展。从现实来看,人们的养老观念集中于家庭养老,这是因为家庭养老的传统一直在我国占有很重要的地位,受传统"养儿防老"思想的影响,家庭养老已然固化成一种主要的服务模式。基于此,我国城市社区居家养老服务效能的优化应在家庭养老的基础上进行,融合以往养老观念,发展独特服务模式。第二,养老观念具有时代性。养老观念会随着时代的发展而不断改变。不同年龄阶段的人群对养老观念的认识具有差异性。对老年人来说,家庭还是最重要的服务场所,而年轻人的观念则发生转移,尤其是独生子女,已由"依赖养老"转变成"独立养老"的方式。诚然,养老观念的时代变迁受多种因素影响,包括体制转变所引起的文化、管理、社会、经济等观念的转变。因此,我国要适应时代的变化,推出符合实际的养老服务制度,共同优化服务效能。第三,养老观念具有综合性。综合性是指养老观念涉及各方面,如"养儿防老""邻里互助""社会保险""以房养老""机构养老",等等。诸多养老观念的形成是由于我国养老方式多元化导致的,而受家庭结构、社会人口结构的转变等多种因素影响,我国养老观念必然要受到社会化、综合化发展的影响。可以说,我国城市社区居家养老服务效能的优化正是为适应这一趋势而不断发展、完善、成熟。

从以上的研究可知,养老观念对城市社区居家养老服务制度的建设具有重要影响。纵观西方国家,其养老观念经历了从无到有、从消极到积极的发展历程,现有养老政策的实施,多依靠劳动力市场、政治经济体制类型、政策的实施等作为后盾,对积极养老观念渗入具有积极的效果。但也应看到,西方养老观念的发展与我国有所不同:西方的养老服务场所注重社区,而我国更注重家庭;西方注重政策的实施,而我国更注重非制度性的制度安排;西方注重以就业为主的积极的养老观念,而我国对老年人的就业安排却较为消极。因此,我们不能把西方的养老观念作为政策建构的基础而秉承"拿来主义"的态度,而是要把有利于城市社区居家养老服务效能优化的积极要素提炼出来为我所用。以现实观之,我国传统的养老观念不仅不能成为积极力量,还会对城市社区居家养老服务效能优化的某些过程形成阻碍。

首先,传统观念依然占有优势,阻碍城市社区居家养老服务效能优化。传统的养老观念主要包括子女养老、储蓄养老、社会救济。在子女养老方面,我国传统的养老观念,如对子女的依赖、家庭保障功能的强调等方面依然占有重要的地位,虽然政府、市场、社会等主体承接了部分养老服务,但是家庭作为养老的主要承担者,其地位依然根深蒂固。究其原因,主要在于家庭能给老年人提供财政支持、护理支持等,且养老服务最为直接。此外,我国大部分老年人活动场所还是集中于家庭,老年人对家庭的信任程度要高于社区、社会等,这也在无形中夯实了家庭在养老服务中的主体地位。家庭的养老服务主体地位与现有推出的养老服务制度建设在理念方面有所冲突,从而阻碍了社会、市场等效能优化要素的进一步发挥。

在储蓄养老方面,社会保障通过制度化的方式开展相关服务,商业保险是通过个性化的方式开展服务。前者主要集中于工作的老年人,很多农村老年人被排斥在外;后者主要集中于具有现代化商业意识的老年人,但在我国金融体系的背景之下,很多老年人没有购买商业保险的意识,农村老年人更是如此。同时,我国绝大部分老年人落后的储蓄观念使得城市社区居家养老服务效能优化的提升空间更加有限。

在社会救济方面,虽然现代救济制度多集中于包括老年人的弱势群体,但随着社会福利供给机制的改变,传统的被动救济已然被积极的社会政策取代,养老服务的评估也愈加多样化,金钱、实物救济已经与社会的发展脱钩。如果老年人还侧重于政府救济观念,会对社会和自身的发展有着较大的消极影响。

其次,现代养老观念尚未形成,养老服务效能优化缺乏现实基础。现代化的养老观念是一种开放式的、多元化的服务理念,这种理念在我国亦发展缓慢。究其原因,主要在于现有的社会条件对理念的实施造成阻碍。现代化的养老观念需要社区充分发展、需要社会服务组织被完全认可,而现实的情况是,我国社区建设虽然历时几十年的发展,但其主要功能多集中于居民关系融合,较少发挥应用的社会功能。因此,老年人只是把社区当成聚集的场所,很少从社会环境的角度看待社区对自身的作用,这也在客观上影响了社区与老年人间的相互作用,养老服务效能优化缺乏现实基础。此外,如前文所述,老年人对社会服务组织的认可度也相对较低,被动地接受社会服务组织提供的养老服务,进而使得社会服务组织的服务参与变成了"消极性"的福利政策。

城市社区居家养老服务效能优化的趋势在于社会资源的调动、社会参与能力的提升、社会资本的构建等要素的融合,这些都需要现代化的养老观念作为指引,如果观念尚未形成,那么对我国城市社区居家养老服务效能优化来说无疑是雪上加霜,需要努力改变。

2. 社区功能略显不足

社区建设在我国起步较晚,这是由于我国原有的社会结构接近于"总体性社会"①,国家掌控多数政治、经济资源,居民的社会交往多局限于单位及家庭,社区发展的空间较小。随着改革开放的深入发展,原有的"单位制"逐渐解体,而新的承接方式又尚未形成,因而使得社会治理变得异常困难。虽然当时国家提出社会建设的主要任务,并把"社区制"作为主体政策在全国推行,但受到原有体制的影响,"社区制"的发展也仅在制度表层展开,难以深入推广。这使得城市社会的结构变迁出现"碎片化"②现象。不仅如此,社区建设所要求的分治理念受原有计划经济观念的冲击较大,这也影响社区的文化建设。总之,我国计划经济时代的部分因素对我国社区的建设与发展形成滞碍。受此影响,养老服务效能优化所要求的社区完整性条件,在当时远未达成,并使得我国部分城市的社区养老服务发展出现滞后的问题。

首先,服务压力较大。所谓社区的服务压力是指养老服务效能的要素转化为服务政策,该政策在执行过程中对社区所造成的影响。我国现有的社区服务包罗万象,既涉及上级政策的贯彻这一宏观工作,又涉及邻里纠纷等微观工作,这使得社区成为万能部门的同时,无形中给社区工作人员造成了巨大的工作压力。此外,随着社会管理制度的下移,社区所承担的行政任务较之以往会更加艰巨,社会服务组织的帮扶只集中于服务层面,对行政事务的关注度不够,这也加剧了社区的压力。面对如此大的压力,社区只能将服务集中于亟须解决的现实问题,即使把精力放在养老服务上面,有限的人力资源也不能完全满足社区内老年人的需求,服务效能的要素构建遇到了现实的阻碍。

其次,服务功能不足。公共服务内容的繁杂对社区服务功能的完善产生一定的影响,这并非是社区组织自身的问题,而是由社会结构变化的影响所决定。如家庭功能的弱化所带的社区养老服务,外来人口的涌入对社区发展所造成的影响,客观阻碍了社区服务功能的发挥。同时,社区服务的灵活性不够,笔者之前在安徽省合肥市调研时发现,部分社区居家养老服务地点分散、设备相对简陋,需要政策的进一步加强与引导。除以上所述之外,我国社区服务队伍整体素质较低,虽然许多社区在极力引进专业人才,但"专业人员和管理人员,专业技术人员的构成比例很低,全国 119 万社区服

---

① 李强:《中国社会变迁 30 年(1978—2008)》,社会科学文献出版社,2008 年版,第 44 - 48 页。

② 李强、葛天任:《社区的碎片化——Y 市社区建设与城市社会治理的实证研究》,《学术界》,2013 年第 12 期。

务队伍中专业技术人员和管理人员分别只占 10％和 6％"①,这也影响了社区功能的发挥以上使得养老服务效能的发展愈加成为较为困难的任务。

社区发展存在的问题会影响社区居家养老服务的效能。我国城市社区居家养老服务效能的提升经历从无到有、从模糊到规范、从临时性到制度性的过渡,在过渡的过程中又强调各种模式的资源的整合,不断打破各模式间的制度滞碍。诚然,我国现有的城市社区居家养老服务的效能较之以往具有一定的优化。这些离不开政策的铺陈以及制度实施保障等动力因素,但正因为制度性的惯性使然,我国城市社区居家养老服务效能优化机制多了诸多行政化的色彩。城市社区居家养老服务效能的优化本是一个社会、个人、政府、市场等主体合作完成的制度模式,但因政府在资源安排、行政控制等方面的投入较多,进而削弱了其他主体能动性的发挥,反过来对效能优化的发展形成阻力。这些阻力因素不仅包含微观的理念实施,还囊括资源供给、管理模式、服务创新等内容。

3. 服务理念有待深化

"个人观念弥散到一定的范围,就通过个人自觉、集体模仿、社会舆论三条途径实现向集体形态转化,聚合成集体观念。集体观念通过对群体成员行为的共同约束,使群体成员能够产生一致的行动,生成制度发挥作用的重要条件。"②按此理解,观念应成为社会制度实行的基石。也就是说,相对于制度实施,观念先行、制度完善理应成为较好的施政方式,如果观念不够,城市社区居家养老服务效能所涉及的主体建构、服务内容以及评估方式更是无从谈起。

《现代汉语词典》将服务解释为"为集体(或别人的)利益或为某种事业而工作"。基于此,养老服务观念是指服务相关单位为老年人努力提供更好服务的观念和愿景,也是服务主体向老年人传达服务机制的理念基础。在养老服务观念下,城市社区居家养老服务效能的优化需要以下几方面条件:第一,沟通的机制。对城市社区居家养老服务来说,有效的沟通能使老年人及其家庭较好地掌握服务信息,有利于服务的有效传递,是城市社区居家养老服务效能得以优化的先决条件。此外,服务观念的一方是老年人和家庭,而另一方则包括政府、社区、企业、福利机构、社会服务组织等,不同的主体要实施不同的沟通方式。对政府以及社区来讲,服务观念沟通主要是通过

---

① 郭安:《关于社区服务的含义、功能和现有问题和对策》,《中国劳动关系学院学报》,2011年第 2 期。

② 蒋万胜、张凤珠:《个人观念、集体观念与制度变迁》,《华东师范大学学报(哲学社会科学版)》,2013 年第 1 期。

政策宣传、引导等方式;对企业来讲,服务观念沟通主要是通过媒介引导的方式;对福利机构以及社会服务组织来讲,则较少有沟通的方式。以上养老服务主体无论采取哪种方式,均把老年人当成被动接受的客体,认为服务的开展一定能提高老年人的福利,没有考虑到现有老年人需求更加多样化、多元化。因而要建立双向的沟通机制,各服务主体不仅要制定自身的服务计划,还要根据客体(老年人)的需求而量身定制相关的服务内容。第二,传达的机制。服务观念本身是一个历史集合,即服务观念要在不断沟通的基础上,进行多次传达,这样才能使得被服务群体能感受、感知服务的效果,并逐步与服务主体的理念相适合,而这一过程需要完善的观念传递机制,这也对城市社区居家养老服务效能的优化有重要影响。对现有的城市社区居家养老服务来说,服务观念的传达更为重要,这不仅是因为服务主体需要更为清晰的传达机制,还是老年人及其家庭多服务效果反馈机制建立的必要条件。

我国养老服务的观念不断创新,不仅包括传统的"服务主体—老年人"的服务观念,还包括"老年人—老年人"的服务观念。而后者已经在许多地区(如笔者所调研的南京市玄武区)开展起来,这对城市社区居家养老服务观念的沟通与传递提出了更高的要求。虽然如此,我国养老服务观念仍有许多不足之处,影响了城市社区居家养老服务效能的优化,亟须改进。

第一,市场化观念的欠缺。城市社区居家养老服务并不能完全依托于政府,还需要社会与市场的支持,而社会的养老服务扶持也多以购买政府服务的方式进行。因此,市场化的养老服务应有较大的提升空间。目前,市场化养老服务发展模式的弊端之一就在于难以形成较为完善的服务理念,服务机构多以盈利为目的,较少考虑老年人的其他需求。按照供需的原则,对缴费较高的老年人实施完善的服务,对缴费较低的老年人实施相对简单的服务,这种只以市场化来衡量的服务理念缺乏人性化理念的实施,并不符合社会的发展,同时难以形成主体建构的基础,使得城市社区居家养老服务效能的优化更加困难。

第二,服务意识的淡薄。城市社区居家养老服务意识是效能提升的重要基础。从欧美国家养老服务发展的历程可看出,城市社区居家养老服务的理念最初源于宗教式的救助理念[1],随着工业化的发展,城市社区居家养老服务在内的公共服务逐步回归到政府治理理念的范畴,并逐渐发展出与西方文化相结合的服务范式。西方养老服务意识要先行于制度及政策的制

---

① 周沛:《社会工作和社会保障的同源性及其在和谐社会构建中的重要意义》,《江苏社会科学》,2006 年第 2 期。

定,并为后者提供制度建设的范本。在这种情况下,西方城市社区居家养老服务在理念与制度方面走向融合的发展轨迹。对我国来说,以往的城市社区居家养老服务意识多集中于家庭的保障、邻里的救助、社会的扶持等方面,服务意识并不浓厚,没有形成价值符号植根于人们心中。同时,计划经济时代的养老服务被制度化的养老保障替代,对效能提升的辅助功能明显不足。改革开放后,社会主义市场经济体制的建立要求完善与现代化相适应的社会保障机制,而社会保险功能替代了原有的劳保政策,城市社区居家养老服务又一次被排斥在主流的养老保障制度之外,服务效能提升更是无从谈起。无论是劳保政策还是养老保险,对政府主体地位的要求却很相近,"在制度安排上,普遍表现为重养老保险轻老年人福利、重经济保障轻养老服务供给的政策取向,导致公众将老有所养的期望几乎全部寄托在养老保险制度身上,既降低了人们的心理预期,亦影响了老年保障服务系统的高效组合,直接降低了整个制度的实际效能"①。因此,虽然近几年我国不断完善城市社区居家养老服务制度建设,但社会的参与意识没有被显著调动起来,这也影响了城市社区居家养老服务主体构建的效果,进而没有形成服务效能的优化机制。

除政策方面的服务意识淡薄外,社会尚未完全领悟城市社区居家养老服务的意识。笔者在辽宁省沈阳市某社工服务社调研时发现,一方面,社工人才的流失程度较大,至今该社工服务社还在招聘社工;另一方面,社工在社区开展社区居家养老服务时遇到的最大问题是人们对社工缺乏了解,往往将这一群体理解为聊天、做家务、做游戏的大学生。在与某些政府工作人员进行访谈时发现,对方竟然模糊了社工和义工的概念。社会意识淡薄会弱化服务主体和服务对象之间的连接,从而对城市社区居家养老服务效能所涉及的主体构建要素形成阻碍。

4. 服务资源整合能力不足

整体上看,我国部分地区对养老服务的经费供给没有显著的增长。②政府投向养老服务的资金主要集中于公益类的彩票基金,虽然每年政府都将福利彩票的公益基金中的 50% 用于养老服务事业的发展和新农村的建设③,但资金的供给大多基于弹性的、临时性的政策居多,较少考虑制度性

---

① 郑功成:《我国养老服务体系建设存在问题及对策》,《中国经济社会论坛》,2013 年第 11 期。

② 郑功成:《我国养老服务体系建设存在问题及对策》,《中国经济社会论坛》,2013 年第 11 期。

③ 《养老事业主要依靠福彩公益基金》,2013 年 9 月 26 日。

的资金保障。此种方式虽然在短时间内能满足老年人及其家庭的生活需求,完善服务供给模式,提升服务效能,但由于不具备制度化的特点,难以形成持续性的福利供给机制,对城市社区居家养老服务效能的优化帮扶并不十分明显。

此外,除政府的资源安排外,社会服务组织、市场等养老服务资源并未完全调动起来,城市社区居家养老服务的主体构建规模较小,这样会导致服务效能提升机制的困难。社区居家养老资源主要包括服务志愿者、社会捐赠等方面,以志愿者为例,养老服务志愿者并未得到社会的足够重视,其工作方式较为松散,经常会出现职责不明、体制不顺、待遇不当等问题。同时,养老自愿服务多停留在表面方式,缺乏细致、深入的服务渗透,服务过程较长,对老年人的帮扶力度较小,服务效能提升的效果并不明显。

5. 管理质量需要优化

第一,传统管理体制的弊端依然存在。我国城市社区居家养老服务所针对的主要群体也被加上了时代的标签。以 1997 年国务院颁布的《国务院关于建立统一的企业职工基本养老保险制度的决定》(国发〔1997〕26 号)为肇始,我国逐渐实施了"老人老办法、中人中办法、新人新办法"[①]的标准。三者在社会保险的计算方式方面有所区别,待遇亦有所不同。既然如此,养老金对养老服务的支出意愿也具有了年龄的差距,即不同年龄段的老年人实行差异有别的养老服务,这种服务方式会使得服务评估出现困难,体制性的遗留问题会对养老服务效能提升造成不利的影响。

此外,我国城市社区居家养老服务制度的传统管理模式亦阻碍了服务效能的提升空间。以西方发达国家的经验来看,城市社区居家养老服务多由中央到地方的部门进行垂直式的管理,如英国的"中央健康单位到各地方社会服务局"[②],这种管理方式有利于推行统一的养老服务方式,便于服务的直接输送,服务效能提升的效果明显。但对我国来说,受原有体制的影响,加之职能部门转化所造成的弊端,养老服务体的管理主体经常会出现"多龙治水之"现象。例如,体制内退休人员(主要涉及机关事业单位和部分国有企业人员)养老保障的管理依然由老干部部门、人社部等机构管理,或

---

① 1998 年 9 月底前已经离退休的企业人员,2003 年 4 月 1 日前已经离退休的事业单位人员称为"老人";1998 年 9 月底以前参加工作,10 月 1 日后退休的企业人员,2003 年 4 月 1 日前参加工作,4 月 1 日后退休的事业单位人员称为"中人";1998 年 10 月 1 日后参加工作的企业职工,2003 年 4 月 1 日后参加工作的事业单位职工,称为新人。

② 陈伟:《英国社区照顾之于我国"居家养老服务"本土化进程及服务模式的构建》,《南京工业大学学报(社会科学版)》,2012 年第 1 期。

者直接委派给原单位进行管理。① 这种管理方式不利于城市社区居家养老服务的有效开展,阻碍了服务的传递,也弱化了城市社区居家养老服务的效能。

第二,管理的筛选机制存在负面影响。我国多数地区所采用的"9073"养老格局源于目前养老服务发展现状与资源分配。但以目前来看,居家养老机构对养老服务效能的提升帮助占有重要的地位,这一方面是由于居家养老机构提供的服务较为便捷,有利于服务的有效传递;另一方面是由于居家养老机构在我国部分地区得到普遍的接受,业已作为家庭养老的补充,此外,居家养老机构受众面高。笔者在辽宁省部分地区调研时发现,许多社区的老年人对社区养老不甚了解,对居家养老机构却持肯定态度。这一方面表明经过多年的运作,居家养老的观念已被一部分人接受;另一方面也表明社区居家养老的完善不仅靠理念先行,更要靠硬件、环境等方面的建设。但是,从部分居家养老机构所提供的服务内容可看出,许多机构接受老年人入住时,对其健康、年龄等状况均有所限制,这就把诸多失能、高龄老年人排斥在外,这一部分老年人不能进入公立居家养老机构(因为条件所限),又不能进入私立养老机构(因为收费较高),形成了尴尬的养老困局,社区居家服务效能的提升则无从谈起。

以上所阐释的阻力因素既包括制度、管理方面的宏观困境,又包括老年人、服务人员的微观困境,既受自身发展模式的影响,又因于社会环境的牵扯。可以说,我国现有城市社区居家养老服务效能的提升虽然有诸多利好因素,但仍旧困难重重,需要依靠多方力量、多元主体、多维视角的理念进行细化,方能达到预期的目标。

(三) 城市社区居家养老服务效能优化困境的表现

1. 主体建构面临的困境

第一,参与功能不强。以实际观之,政府无疑在城市社区居家养老服务的效能优化中起主导作用,并通过购买服务的方式引导或配合社会服务组织来完成城市社区居家养老服务的购买(当然还包括其他方式,这在后文会有所论述)。诚然,这种方式需要社区相关工作人员的配合,但多基于辅助的方式进行,弱化的主体功能使得居家养老效能的优化困难重重。

第二,服务网络尚未形成。养老服务涉及主体、项目众多,如果采取直

① 郑功成:《我国养老服务体系建设存在问题及对策》,《中国经济社会论坛》,2013 年第 11 期。

线化的服务方式,不仅会使得服务的触角较难深入社区内所有老年人,也可能会因管理的疏忽导致服务资源的浪费,阻碍服务效能的提升。因此,在社区内建构养老有关的网络是社区居家养老发展趋势的首选。城市社区居家养老服务的网络建构要以老年人为中心,调动社区工作人员、服务人员、邻里等资源,形成长期的、稳固的、结构性的关联系统。但从现实来看,各主体较难形成长期有效的合作关系,这也使得许多地方的城市社区居家养老服务有名无实,服务效果也不尽如人意,对服务效能优化产生负面影响。

2. 服务传递面临的困境

第一,忽略市场服务作用。如前文所述,政府对城市社区居家养老服务效能提升起统领作用,从而忽视了市场化的城市社区居家养老服务方式,市场对效能提升的帮助被边缘化。以目前的趋势看,城市社区居家养老服务市场化应成为未来服务效能提升的发展方向。这一方面是由于市场化的服务更具针对性与直接性,能弥补政府在服务方面的短视行为[①],优化服务传递过程,提升服务效能;另一方面,政府的城市社区居家养老服务对象多集中于失能、高龄老人,对多数具备自理能力的老年人则较少关注,服务效能提升效果并不明显,这无疑为市场的介入提供了较为广阔的空间。

第二,服务专业化较低。以先前经验来看,城市社区居家养老服务的专业程度要高于其他服务形式。这是因为社区居家养老涉及范围较广,包括饮食起居、健康管理、法律咨询、文娱活动等方面,且随着社会发展的多元化,老年人对社区的需求会更加丰富,这为城市社区居家养老服务的拓展夯实了平台。但目前我国诸多地区的社区居家养老仅针对有限的需求(诸如体检、配餐、咨询等)提供服务,且难以达到专业化的要求,不利于服务内容的传递,客观影响了服务效能的优化。

第三,硬件设施建设落后。服务效能不仅指理念的实施,更加强调养老服务的具体化,而具体化的前提条件是服务硬件设施的建设。城市社区居家养老服务在服务效能优化方面的推广需要一定的硬件建设作为前提条件,它不同于机构养老服务,后者的硬件设置主要集中于养老院的内部建设。除类似于养老机构的设施布局外,社区养老还要针对服务中心内的养老服务设施进行建设、修复。这些需要大量的人力、物力进行维护,因此社区建设的硬件落后亦属正常。

3. 服务评估面临的困境

第一,评估机制不完善。城市社区居家养老服务效能提升的评估机制

---

① 短视行为的主要表现就是政府难以满足所有老年人的需求,但政府的服务方式又要求其必须要制度平等。因此在此种矛盾之下,政府需要鼓励其他主体介入,而市场就是其中之一。

需要老年人、家庭成员、服务人员、社区工作人员等共同完成,具有复杂性的特点。此外,部分城市社区居家养老服务有的服务标准容易衡量,如生活服务;但有的服务标准难以统一,如心理提升、社会社区参与能力服务等,这使得城市社区居家养老服务效能的评估机制较难建立,客观上阻碍了服务效能的提升。

第二,涵盖内容复杂。城市社区居家养老服务涉及内容较多,综合来看主要包括:生活照料服务,如起居饮食、日常出行、吃饭洗浴、基本卫生照护等;护理服务,如身体机能恢复、护理措施实施、残疾预防;健康教育服务,如疾病预防、均衡饮食、营养指导、保健养生、健康知识普及、健康咨询服务;档案管理服务,如建立老年人健康档案、依据现状更新健康情况、评估健康现状、实施健康督导;疾病治疗服务,如常见病的诊治、疾病预防、急救服务;心理慰藉服务,如心理健康辅导、心理疏导、社会关系建立等。

由以上分析可看出,服务内容的庞杂给城市社区居家养老服务评估带来诸多困难:其一,标准不一所导致的困难。卫生服务标准和养老服务标准在内容方面不尽一致,因此不能完全按照卫生或养老的标准对城市社区居家养老服务进行评估,需要制定新的评估标准。其二,内容的不确定性亦有可能增加评估成本。养老服务的内容会随着技术的发展、其他服务要素的加入、制度的创新等原因而发生变化,如在以往,老年人的残疾康复多以医为主,对其评估自然要围绕身体机能恢复的效果为准,但随着康复理念的更新,老年人的残疾康复会增加社会康复的内容,而传统的康复标准缺乏对社会康复的准确界定,进而需要制定新的康复标准。由此可看出,社区居家养老的内容不仅繁多,而且会不断增添新的内容,这为评估带来了新的挑战。

第三,面对主体众多。主要表现在:其一,从管理主体角度看。城市社区居家养老服务所涉及的部门在管理内容、人员、方式、方法等方面存在诸多差异,在短时间内很难能形成融合的管理模式,如果没有统一的领导,势必造成多头管理,增加协商的难度。在这种情况下,评估体系的建立需要迎合不同管理主体的特点,客观上增加了体系设计的难度。其二,从服务主体角度看。城市社区居家养老服务涉及医疗和养老两个部门,其评估体系的建立分属不同的系统,评估体系的建立需要考虑诸多要素。其三,从服务对象看。城市社区居家养老服务设计的前提条件是满足老年人的多元化需求?对这些需求的满足程度要不要全部进行评估?以目前的情况来看,很难进行全部评估,这是因为一方面会增加评估成本,另一方面有些内容不需要进行评估,如老年人心理安抚类,老年人心理问题多种多样,且受年龄、身体状况、与子女关系、社会环境等主客观影响因素较大,难以评估。

第五章 社会服务组织介入对社区居家养老服务效能影响的理论分析

城市社区居家养老服务效能发展面临的困境以及阻力,会进一步降低服务模式的优化以及服务质量提升的效果。因此,当前需要通过各种手段来提升社区居家养老服务效能,以此发挥其服务的应用作用。整体上看,城市社区居家养老服务效能的提升主要有两种方式:第一种方式是通过整合内部资源、完善主体设置、创新服务内容等方面来提升服务效能;第二种方式是通过引入相关服务主体,并在引入的基础上优化服务效能相关要素的合作机制,以此提高服务效能。本研究认为,第二种方式更适合服务效能提升的手段。原因在于:第一,其他服务主体的介入会进一步完善主体的设置。其他服务主体的介入能进一步丰富城市居家养老服务主体体系建设内容,更加有利于服务效能的提升。第二,其他服务主体的介入能进一步整合服务资源。其他服务主体的介入会拓展服务资源的渠道,进而为丰富资源、提高资源整合效果夯实基础。基于以上分析,本研究提出社会服务组织介入城市居家养老服务的构想,并在此基础上,构建养老服务效能提升的路径。

一、社会服务组织介入社区居家养老服务研究现状

(一) 国内研究现状

社会服务组织介入社区居家养老服务的主要原因在于:第一,老龄化的加剧。根据第七次全国人口普查结果显示,我国 60 岁及以上人口为 26 402 万人,占 18.70%(其中,65 岁及以上人口为 19 064 万人,占 13.50%)。与 2010 年相比,60 岁及以上人口的比重上升 5.44 个百分点。以上数据说明我国即将进入重度老龄化的社会。随着老龄化的到来,政府养老成本增大

的同时,必然会引入其他的社会力量(如社会服务组织)介入养老服务中。第二,社会治理的不断完善。我国社会治理的发展依赖于"共同体"的发展,"社会治理的进阶形态,其内在结构是包含主体互嵌、领域协同、机制调控和行动合作的统一体"①。社会治理需要社会服务组织的参与,且"关于社会组织的治理已初步形成了一套较为系统完备的政策体系……尤其是进入新时代后,作为政府购买服务的主要对象,社会组织获得了稳定持续的制度激励和资源供给,成为共治格局中的重要主体"②。第三,社会服务组织业务的拓展。我国社会服务组织是在"社会转型期,政治高层强调应该创新政府治理方式"③的背景下发展起来的,这使得我国社会服务组织的发展缺乏"草根性"。一方面,社会治理方式的转变需要大量的社会服务组织参与,另一方面,社会服务组织因缺乏有效的引领(或管理部门众多)而出现近乎野蛮式的生长。以上会进一步导致社会服务组织之间的竞争日益加剧。因此,部分社会服务组织会将自身的业务拓展到养老服务中,以此通过服务多元化、业务多样化的方式提升自己的市场站位。由以上分析可知,社会服务组织介入城市居家养老服务既受自身主观动机的影响,又是外部环境因素和制度因素推动的结果。

以目前来看,国内对社会服务组织下社区居家养老服务效能的提升持肯定态度的居多,认为社会组织是市场经济条件下不以营利为目的的公益性机构,其作为居家养老的经办者和提供者,具备无可比拟的优势和广阔的发展空间。④ 首先,社会组织参与养老服务仅带有少许的盈利目的以维持日常运营,其更大的价值是充分利用社会资源,充分发挥其公益性质。⑤ 其次,社会组织积极参与居家养老可以弥补政府不足,充分调动市场调节能力。学者认为面对多元化、高质量、复杂化的社会养老需求,政府受自身能力、精力、资源、知识以及利益等限制,难以响应老人的需求。社会组织可以充分调动可用的资金和社会力量,实现社会资源合理的配置,满足日益增长

① 张明皓:《社会治理共同体建设的理念基础、结构审视与行动路径》,《天津行政学院学报》,2013年第11期。
② 丁惠平:《限制、准入与共治:中国社会组织治理的演变历程与未来走向》,《学习与探索》,2022年第10期。
③ 吴月:《非协同治理:社会组织发展中的政府行为及其逻辑》,《理论月刊》,2018年第10期。
④ 阎青春:《扶持社会组织参与养老服务业的政策研究》,《老龄科学研究》,2013年第1期。
⑤ 孙涝、孟庆全、金宗啸:《社会组织参与社区养老服务的优势与路径探究》,《传播力研究》,2019年第3期。

的养老需求,减少老人受到不必要的生理或者心理上的伤害。① 社会组织参与居家养老服务能够有效弥补因政府失灵、市场失灵和家庭失灵而导致的公共服务供给不当,及时对新的服务需求做出回应,具有较强的执行力。② 最后,社会组织参与居家养老可以整合资源,保障居家养老可持续发展。社会组织能够整合、优化社会福利分配,提升养老服务的供给效率,满足不断变化着的老人要求,使各方获得最大效益。③

(二) 国外研究现状

国外社会服务组织有其自身的发展特点:第一,专业化程度高。国外尤其是西方的社会服务组织发展历史较为悠久,在长期的发展过程中,其专业性的要素不断加强且逐渐丰富。目前,西方社会服务组织的专业性不仅体现在人的专业性上(如社工的数量和比例),还体现在服务方式与服务方法专业性上。第二,服务理念相对聚焦。西方社会服务组织理念的历史较为悠久④,并形成了较为成熟的服务理念,且这些理念与服务方式和方法有效地结合起来,并逐渐呈现出"理念先行、方法创新、形式多样"的发展模式。第三,服务对象相对固定。服务专业化的发展也使得社会服务组织的服务方法和服务方式愈发固定,并形成了固定的服务对象或服务群体。经过长时间磨合,西方社会服务组织的服务对象集中于老年人、妇女儿童、边缘人群等群体。以目前来看,西方学者对社会服务组织与养老服务关系的研究集中于两大方面。

1. 理论建构

国外学者将相关的理论融入社会服务组织与养老服务间关系的研究中。如1978年Wollenden在《沃尔芬德的志愿组织的未来报告》中最早提出"福利多元主义"的概念,倡导志愿组织参与社会福利的供给,形成多元的福利供给体系。⑤ 随着福利社会的发展,福利多元主义不断进步,Johnson在福利三角中加入了以非营利机构、非政府组织、互助组织、社区等为代表

---

① 李文琦:《网络治理视角下社区居家养老服务供给机制改进研究》,《改革与战略》,2018年第7期。

② 李长远:《国外社会组织参与居家养老服务的典型经验及借鉴》,《中国海洋大学学报(社会科学版)》,2015年第6期。

③ 李长远:《社会组织参与居家养老服务的困境及政策支持——基于资源依赖的视角》,《内蒙古社会科学(汉文版)》,2015年第4期。

④ 葛海林:《西方国家社会组织和政府之间的管理模式》,《注册税务师》,2012年第8期。

⑤ Wollenden J. The future of voluntary organizations[M]. : London: Croom Helm, 1978. 32－40.

的志愿组织,最终形成了四元福利供给主体。① 在为政府解决社会养老问题上,福利多元主义为其提供了新的视角。总体而言,基于福利多元主义视角,居家养老服务事业的发展需要政府、市场、社会组织等多方共同努力。

2. 实践研究

Giakkoupi 等从经济参数的角度,即从社会产生的成本和收益的角度,讨论最优的长期护理政策,强调养老服务在所有发达经济体都是一个亟待解决的问题。② Parsons 提出新西兰的居家养老服务由非政府组织提供,包括家务劳动和个人护理等,非政府组织需要与当地卫生部门签约。③ Mihic 等对塞尔维亚为老年人提供的两种养老服务——养老机构和家庭护理进行分析和评价,从社会角度来看,这两项服务在经济上是合理的,但是家庭护理费用远远低于把老年人送进养老院的费用。④ Vamstad 运用赫希曼著名的"退出、呼吁和忠诚"理论,结合护理理论与市场逻辑理论,研究了瑞典养老服务市场化的背景下,居家老人选择供给方的方式和自主程度。⑤ 在瑞典,老年人大多留在自己的家中养老,并从各种服务提供商那里获得护理和支持,如居家养老护工和社区的基层护士。⑥ Craftman 等提出行业内的社会组织缺乏劳动力,并缺乏高素质的专业人员。⑦ 在佐治亚洲,老年人的家庭护理服务主要由非政府组织和家庭成员提供,Verulava 等访谈了一些居家老人,他们接受由非政府组织提供的家庭护理服务,通过调研他们的生活条件以及所承担的费用,得出家庭成员在协助和支持居家养老服务做出了巨大贡献,他们代表居家养老的服务提供商,制定养老政策时应考虑到这一

① Ohnson N. The welfare state in transition: the theory and practice of welfare pluralism [M]. the University of Massachusetts Press, 1987. 25 - 30.

② Giakkoupi Panagiota, Tzelepi Eva, Sofianou Danai, et al. Long-Term Care, Altruism and Socialization[J]. Working Papers. 2011. 14(2): 554 - 564.

③ Parsons Matthew, Rouse Paul, Sajtos Laszlo, et al. Developing and utilising a new funding model for home - care services in New Zealand[J]. Health & Social Care in the Community. 2018. 26(3): 345 - 355.

④ Mihic Marko M., Todorovic Marija Lj., Obradovic Vladimir Lj. Economic analysis of social services for the elderly in Serbia: Two sides of the same coin[J]. Evaluation and Program Planning. 2014. 45: 9 - 21.

⑤ Vamstad Johan. Exit, voice and indifference-older people as consumers of Swedish home care services[J]. AGEING & SOCIETY. 2016. 36(10): 2163 - 2181.

⑥ Grundberg A., Hansson A., Religa D., et al. Home care assistants' perspectives on detecting mental health problems and promoting mental health among community-dwelling seniors with multimorbidity[J]. J Multidiscip Healthc. 2016. 9: 83 - 95.

⑦ Craftman A. G., Grundberg A., Westerbotn M. Experiences of home care assistants providing social care to older people: A context in transition[J]. Int J Older People Nurs. 2018. 13 (4): e12207.

事实。①

国内外学者对社会服务组织介入老服务的研究集中于以下几方面特点：第一，多持肯定的态度。国内外学者认为社会服务组织介入养老服务中能有效拓展养老服务的范围，并在主体多元、服务多样、内容丰富的基础上，提高养老服务的质量。第二，对介入方式的研究存在差异。受地域文化、经济发展水平以及社会结构等综合因素的影响，国内外学者对社会服务组织介入养老服务方式的研究存在一定的差异性。国内学者更加关注社会服务组织与其他服务主体在养老服务方面的任务配置，并在此基础上讨论社会服务组织的介入方式；国外学者则从居家互利的角度出发，探究社会服务组织在其中所发挥的作用。第三，较注重模式创新。国内外学者对社会服务组织介入下养老服务模式的创新持肯定态度，国内学者注重在资源整合基础上，社会服务组织参与养老服务的模式创新，国外学者关注在需求满足的程度上，社会服务组织任务配置的模式创新。

从研究现状看，现有的研究也存在一些不足，表现在：第一，没有充分考虑介入的弊端。以实践视角观之，社会服务组织的介入亦有可能对养老服务质量的提升造成负面影响，如在调研时发现，部分地区通过购买服务的方式引入社会服务组织介入居家养老服务中，但该制度在运行过程中，由于缺乏统一的评估标准和资源配置的方式，该地区的协调成本和监管成本也会增加。因此，需要从更为全面的角度探究社会服务组织介入对养老服务的影响。第二，多集中于介入前的探讨。由以上分析可知，相关学者的研究对社会服务组织介入的方式探讨的较多，即研究内容多集中于介入前的谈论，较少关注社会服务组织介入后对养老服务的影响。基于此，本研究从积极与消极两个方面探究社会服务组织介入对社区居家养老服务的影响，并为后续实证研究提供理论基础。

二、社会服务组织介入对社区居家养老服务
效能提升的积极影响

社会服务组织介入对城市社区居家养老服务效能的积极影响体现在各个方面，如表5-1所示，社会服务组织通过发挥其多样性、创新性等优势，

---

① Verulava Tengiz, Adeishvili Ia, Maglakelidze Tamar. Home Care Services for Elderly People in Georgia[J]. Home Health Care Management & Practice. 2016. 28(3)：170－177.

在城市社区居家养老服务方面不仅能凝聚各主体优势,提升服务各阶段效能,也能与其他服务要素相结合,促进服务模式的完善。

表 5-1　社区居家养老服务相关主体及要素分析

服务形式	主体构建	资源供给	服务过程	效果评估
家庭养老	家庭、邻里	家庭帮扶、社区帮助	成员—老年人	主观感受
社区养老	社区	政府调配资源	政府—老年人	政府组织
社会服务组织介入	非营利性养老服务机构	基础建设、关系建立、社会融合	政府/机构—组织—老年人	政府评估、市场评估、自身评估

具体来说,社会服务组织介入社区居家养老服务对养老服务效能提升的帮扶作用主要体现在以下几方面。

(一)优化服务主体配置方式

1.优化主体建构方式

社会服务组织可采取单独建立、与政府合作等方式,以形成独立性或半独立性的多样化养老服务主体,能最大限度优化服务效能。社会服务组织主体建构的主要方式是以民办非企业的形式建立养老服务类社会服务组织,目前来看,民办非企业所从事的非营利性的社会服务主要涉及教育、卫生、文化等多方面,而城市社区居家养老服务占有重要的位置。单独建立养老服务类的社会服务组织,可充分发挥其公益性特点,利用其灵活性的优势,连接政府、社区、老年人家庭等养老服务主体,形成稳固的服务建构。

2.提高资源供给效果

社会服务组织能发挥其灵活性、广泛性等特点,着力动员家庭、邻里、社区、机构等服务资源,参与基础建设、关系建立、社会融合等活动中。在我国现存的城市社区居家养老服务模式中,家庭养老的资源供给形式主要包括家庭帮扶和社区帮助。如前文所述,家庭帮扶能简化服务输送流程,但多流于表面形式,很难做到专业化及制度化,如通过社会服务组织的参与,家庭帮扶可缓解上述弊端所造成的影响:一方面,社会服务组织多由专业性人员组成,能提高老年人家庭成员的服务专业性;另一方面,社会服务组织在购买政府的服务外包项目后,因合同需要,要在政府与老年人之间建立长期合作的关系,这也促进了居家养老制度化的形成。社区养老的资源主要依靠自上而下的供给方式,这种方式会增加服务传递过程,加之社区工作人员有可能受到信息不全、难以顾及等因素影响,从而影响服务效能的优化。社会服务组织可通过与社区合作的方式,选派专门的工作人员参与社区的养老服务过程,一来可提高服务传输效率,二来可弥补社区工作人员的短视行为,与社区建立起"双赢"的效果。

（二）完善养老服务输送过程

狭义的养老服务过程主要指申请、评估、审批、服务提供、变更、终止等纵向的行政过程。广义的养老服务过程主要指养老服务主体实施服务进程的阶段。本研究对服务过程的优化主要集中于后者,这是因为:第一,行政化养老服务过程的优化更多集中于行政管理体制、行政方法的创新,本研究若对其深入研究,则会偏重于行政管理的取向,弱化政策研究,也与本研究的研究目的不符。因此,要以狭义的养老服务过程为基础,逐渐拓展到广义视角。本研究所列举的城市社区居家养老服务的服务过程都涉及行政化服务过程的几个方面,但若在各过程中加入社会元素(如社会服务组织的介入),则城市社区居家养老服务过程就接近于广义视角下的服务过程。第二,社会服务组织介入城市社区居家养老服务本身就是养老服务社会化的趋势,因此从广义的视角研究城市社区居家养老服务过程能与之介入理念相契合。以此为基础,通过社会服务组织的介入能有效优化城市社区居家养老服务的服务过程,优化养老服务的效能,具体来说包括以下几个方面。

1. 提升政策供给效果

社会服务组织介入社区居家养老服务能带来的正向影响,进一步推动相关部门完善相关政策的优化力度。从我国养老服务政策的发展历程看,相关政策的实施推进了社会服务组织在城市社区居家养老服务中的介入。《关于全面推进居家养老服务工作的意见》(全国老龄办〔2008〕2 号)、《国务院办公厅关于印发社会养老服务体系建设规划(2011—2015 年)的通知》(国办发〔2011〕60 号)、《关于加快发展养老服务业的若干意见》(国发〔2013〕35 号)、《关于印发"十三五"国家老龄事业发展和养老体系建设规划的通知》(国发〔2017〕13 号)等政策文件都认为政府在社会化职能转变的视角下,养老体系愈加与市场、社会的职能相分离。因此,城市社区居家养老服务也应该适宜这一趋势的发展,政府下放权力,由社会服务组织、民办非企业、市场等主体来提供。同时,相关文件鼓励居家类养老服务机构的建设与管理,有条件的区域采取服务机构的连锁化模式经营,并实现标准化服务。[①]

---

① 全国老龄委办公室、发展改革委、教育部、民政部、劳动保障部、财政部、建设部、卫生部、人口计生委、税务总局:《关于加快发展养老服务业的意见》,民政部官方网站,2006 年 3 月 23 日。

2. 丰富服务供给内容

社会服务组织所提供的服务能有效地与城市社区居家养老服务的需求相契合。以目前来看,社会服务组织已在某些地区有所发展,且在连接政府与老年人(家庭、社区)群体中起到重要的作用。社会服务组织具有的性质使其能直接了解老年人的需求,进而将之形成项目来开展服务。此外,社会服务组织的运行方式依托于政府部门,这使其更加了解与遵从法律,并在政策框架内开展服务,有利于减轻政府的负担和压力。社会服务组织在形式上又是第三方组织,在某些方面要求独立于政府之外,可作为最直接的部门介入政策制定、颁布、实施等活动中,以保证政策的顺利进行。通过社会服务组织的参与,政府与老年人之间的沟通渠道会更加顺畅,信息的流通机制会更加健全,服务效果的发挥会更加完善。社区养老服务的内容主要集中于社区养老服务中心,从现有情况看,许多地区的社会服务组织已经介入社区养老服务中心,为部分老年人提供基本生活服务、心理安抚等方面的服务。此外,部分服务中心还开展多样化的养老服务形式和服务项目,共同丰富老年人生活,提高其社会福利水平。

3. 提高服务的专业化程度

专业性较强的社会服务组织能较快地提升老年人的社会福利水平,由前述可知,城市社区居家养老服务的主要内容涉及生活、康复、法律、体育等方面。目前,社会服务组织除在生活照料和康复保健等方面不能提供专业化的服务外,其他服务内容都有介入的可能性。即使不能介入,社会服务组织也能动员其社会关系,采取联合的方式来提供服务。通过专业化的介入,进一步提升社区居家养老服务的效能。

4. 促进老年人社区融入

社区养老服务是以社区为基础来逐步开展。在人力资源介入、社区参与意识逐渐形成的背景下,我国民众参与社区建设已经成为未来发展的主要趋势。民众的社区参与互动需要有第三方的参与,这样才能提高互动的效果与质量。以现实来看,社会服务组织能有效融入社区,并为社区的发展提供诸多有利的条件,这些条件对居家老年人的社区融入提供了现实基础。社会服务组织的介入,能有效提高居家老年人社区融入的效果:首先,社会服务组织能有效完善信息沟通机制,传递政府与老年人的需求,这一方面为政策的铺陈提供了基础,另一方面通过优化的渠道对政府的行为形成制约关系;其次,在公共利益表达机制形成的过程中,政府、社会服务组织、民众形成了互通有无的联合体,这不仅促进了社会的整合,更有利于社区居家养老服务的发展和管理方式的创新。

5. 利于服务持续化发展

社区居家养老具备地理和人文资源的优势,服务较为直接,能较快地在老年人及其家庭心中建立惯性思维,因此要大力发展,并构建长期性的制度。以目前来看,社会服务组织介入社区居家养老的长期性考量主要集中于主、客观两方面因素,主观因素涉及社会服务组织公益理念的长期坚持,许多社会服务组织采取社工与义工相结合的服务方式,培养了大批有志团队,为公益理念的长期实施奠定了基础。客观因素涉及社会服务组织在社区居家养老服务中的硬件配套措施。我国许多地区已经给予了大量的优惠措施,如为吸引社会服务组织介入社区居家养老,为其提供办公地点,并在税收、水电费等方面给予优惠措施,使得社会服务组织介入社区居家养老无后顾之忧。以上因素都有效促进了社区居家养老服务的可持续性。

(三) 提高养老服务评估效果

《民政部关于推进养老服务评估工作的指导意见》(民发〔2013〕127 号)中明确指出,"充分发挥和依托专业机构、养老机构、第三方社会服务组织的技术优势,强化社会监督,提升评估工作的社会参与度和公信力"[1]。但目前仅有少数社会机构介入养老服务的评估过程,发挥的作用有限,并没有形成良好的品牌效应。出现这一问题的原因在于以下几点。

第一,科研机构先入为主。虽然 2020 年颁布的《民政部关于推进养老服务评估工作的指导意见》(民发〔2013〕127 号)鼓励社会机构参与评估系统建设,但是政府依然起主导地位,"充分发挥政府在推动养老服务评估工作中的主导作用,进一步明确部门职责、理顺关系,建立完善资金人才保障机制"[2]。在没有标准的情况下,政府只能借助科研机构来充实、完善服务评估系统,因此,高校等单位理所当然地成为养老服务的评估授权、实施主体。在此种情况下,社会服务组织很难介入评估过程,一来是因为缺乏权威性的认可,二来是因为第三方评估的机制在我国的发展还不够完善,制度的环境限制了其评估方式的发展。第二,评估要素较复杂。即使社会服务组织介入养老服务评估的系统中,也会面对复杂的评估要素。从纵向上看,主

---

[1]　职业技能鉴定指导中心:《民政部关于推进养老服务评估工作的指导意见》,民政部官方网站,2013 年 10 月 5 日。

[2]　职业技能鉴定指导中心:《民政部关于推进养老服务评估工作的指导意见》,民政部官方网站,2013 年 10 月 5 日。

要包括服务设施、队伍、管理制度、成效等方面[1]；从横向上看,主要包括居家养老服务评估、社区养老服务评估以及机构养老服务评估。诸多评估方式需要兼顾考虑多种因素,也需要大量的人员参与其中,这对社会服务组织来说较为困难。养老服务制度建设的发起、实施者均为政府,如果评估也由政府完成,则势必会出现很多负面的影响。[2] 以目前之状况,养老服务第三方评估机制的建立是未来发展的趋势,因势利导推出社会服务组织参与养老服务的评估系统应成为当前社区政策实施的首要任务。社会服务组织介入养老服务的评估具有诸多优势。

1. 提高评估的客观性标准

社会服务组织能站在第三方的角度,对养老服务项目进行系统、有效的评估,这种方式要求社会服务组织必须具有独立性。此外,社会服务组织不仅能对服务项目进行有效的评估,还能根据政策、法规等宏观政策和老年人需求、机构发展等从微观视角对预先建立的指标进行调整。

2. 增加评估的专业化要素

专业性是养老服务未来发展之趋势,如过去对老年人康复的评估只局限于老年人的主观评价,随着专业设备的引进,康复评估更多采用了身体康复、行动能力等评价标准。因此,社会服务组织在不断跟进专业化发展的同时,也丰富了自身的专业化评估内容。社会服务组织若想有效介入养老服务的评估系统中,除与政府合作开展外,还要不断完善自身的能力,促进专业化发展。要树立品牌意识,多方争取资源,在评估过程中积累经验,不断发展壮大,最后形成集专业性、全面性、灵活性于一身的评价机构。

除以上所述之外,社会服务组织介入社区居家养老服务后,对后两者的服务评估的完善也起到一定的促进作用。社会服务组织介入养老服务经历以"服务—反馈—提升"的升华过程,对反馈具有强烈的敏感性。同时,社会服务组织介入家庭、社区、机构的服务过程中,其评估理念必然逐渐被各主体接受,并因此形成有效的评估系统。

此外,在服务效能的视角下,社会服务组织介入社区居家养老服务能进一步促进服务模式的创新性,体现在:第一,养老服务质量提升的路径更为优化。养老服务效能的理念是一种综合性的考量,主要包括养老服务主体的构建、养老服务资源供给的方式、养老服务过程的优化以及养老服务效果

---

①　胡宏伟、陆耀明、郭牧琦:《影响老年人参与居家养老服务评估的因素分析和对策建议——基于居家养老调查数据的实证分析》,《西华大学学报(哲学社会科学版)》,2012年第1期。

②　虽然政府是服务购买者,具有客观性。但现实的情况是,很多购买政府服务的组织常依托于政府部门,久而久之,政府常常"被主体"。

的评估。在以上理念的指引下,社会服务组织介入社区居家养老服务效果评估的方式会更加完善。例如,养老服务效能对社区居家养老服务主体的要求会越来越高,在此要求下,养老服务主体的种类、介入方式等会愈加规范,这也会在客观上提高养老服务主体评估的效果。服务效果评估方式的完善意味着服务主体的介入更为丰富、服务资源的供给更为合理、服务过程的优化更为完善,这些都会提高社区居家养老服务的效果。第二,社会服务组织介入的方式更为多元。对社区居家养老服务来说,养老服务效能的理念是一种内在的动力,这种动力能充分调动社区养老服务涉及要素的积极性。例如,养老服务效能作为一种评价标准,对社区居家养老服务资源的安排更为合理、科学,这会为服务主体工作的开展提供诸多便利,也会间接提高服务主体的积极性。服务要素积极性的提高会进一步提高服务主体介入的动力,使得社会服务组织介入的方式更为丰富和多元。第三,服务内容链接的效果更为合理。社区居家养老服务本质上是由社区养老和居家养老合并而成,之所以将两者合并视之,其主要原因还在于两者的服务模式、服务内容、服务方法方面有诸多相似之处。但不可否认的是,社区养老和居家养老在服务对象的设定、服务专业化的体现、服务人员的配置等方面还存在诸多差别。在实践过程中,由于我国部分地区将社区居家养老服务合并并实施统一的模式,没有注意到两者的关联性,这会间接降低养老服务的效果。在养老服务效能的视角下,社会服务组织的介入能从更为宏观(养老服务效能的综合性视角)、过程化(养老服务效能注重从方案设计到项目评估的全过程)等视角介入社区居家养老服务,在这种情况下,社会服务组织会更加注重从整体性的角度来审视社区养老和居家养老服务,进而有效弥合社区养老和居家养老服务质量的间隙,使得社区居家养老服务整体性推进效果更加理想。第四,养老服务模式更加完善,社会服务组织作用的发展前景则更为广阔。以往对老年人及家庭成员的服务模式多集中于如"送温暖""心连心"等社区活动,时间多集中于节日、纪念性时间等。这种方式虽然在短时间内能解决老年人的燃眉之急,但多表现为灵活性、随机性等特征,难以形成制度化、规范化的制度,而且不能从老年人自身的情况出发满足老年人的需求。因此,需要社会服务组织的介入。社会服务组织的服务模式具有诸多优点:第一,能形成规范化的服务模式,社会服务组织能运用社会工作的诸多手法,形成总结性的案例,再进一步规范化;第二,能了解老年人的全面需求,社会服务组织成员以平等的身份融入养老服务中,能更全面、深入地了解老年人及其家庭的需求,对今后服务的开展更有帮助。

三、社会服务组织介入对社区居家
养老服务效能提升的消极影响

受政社关系的处理、信息沟通、业务交叉等方面因素的影响,城市社区居家养老服务的有效开展会遇到诸多阻碍,这些阻碍会为社会服务组织介入城市社区居家养老服务效能的提升带来消极的影响。具体来说,这些消极影响主要包括以下几方面内容。

(一)服务关系处理影响服务效能发挥

随着社会治理体系的不断完善,公共服务主体多元化的发展业已成为必然的趋势,这对城市社区居家养老服务来说亦是如此。社会服务组织与政府之间、市场部门之间以及自身的竞争关系不能使其较好地开展养老服务,甚至会对养老服务效能发挥产生负面的影响。

1. 与政府的依附关系影响独立性

在开展城市社区居家养老服务过程中需要调解各种关系,以保证服务的顺利进行。这些关系包括:上级部门与下级部门围绕政策实施形成的管理关系、服务主体与服务对象围绕项目运作形成的服务关系、政府部门与服务部门围绕管理监督形成的政社关系。在以上各种关系中,政社关系尤为重要。首先,厘清政社关系是居家养老服务开展的前提。我国政府与社会服务组织间存在"控制性"(政府管理社会组织)或"依附性"(社会组织依附政府)的关系。[①] 由是观之,在城市社区居家养老服务开展的过程中,政府依然发挥着较为重要的作用,政府与社会服务组织间形成的合作、管理、监督等关系是城市社区居家养老服务开展的重要前提。其次,政社关系的完善是社区居家养老服务质量的保证。城市社区居家养老服务在开展过程中依然需要政社的有效沟通,以保证服务效果的不断优化。如在服务项目开展中期,街道办事处通过资源合作、部门整合、中期督导等方式对辖区内社会组织开展的服务项目进行适当引导,使其朝向更好的方向发展。再次,政社关系是城市社区居家养老服务评估的依据。基层政府与社会服务组织间关系融洽的程度,对(社会组织承接的)城市居家养老服务项目的顺利开展具有一定的影响。为此,基层政府与社会服务组织均把政社关系列为服务

---

① 李建伟、王伟进、黄金:《我国社区服务业的发展成效、问题与建议》,《经济纵横》,2021年第5期。

评估的依据。以笔者调研情况来看,部分地区将街道办事处或社区的主观评判作为城市居家养老服务评估体系中的重要指标。

城市社区居家养老服务政社关系不仅重要,而且具有一定的复杂性,这种复杂性会间接影响服务效能的提升,主要表现在:第一,政社关系建构的主体更为多元。城市社区居家养老服务政社关系建构主体具有多样性的特点,在"政"这一层面,不仅包括街道办事处、社区等纵向府际管理部门,还涉及民政局、残疾人联合会等横向管理合作部门。在"社"这一层面,与城市社区居家养老服务相关的社会组织包括社会服务组织、社会团体、企业部门等。如若将以上"政"与"社"所涉及部门的关系进行组合与建构,则会形成许多不同类型、复杂的政社关系。在这种复杂的政社关系下,养老服务效能的提升受到的影响因素愈加多元,愈加不确定。第二,政社关系的传递机制更为特殊。政社关系在传递过程中也会进一步促进主体—客体关系的弥合以及对关系反思形成的调整机制,城市社区居家养老服务政社关系的传递也符合这一过程性逻辑,但更为复杂:一方面,政府既是服务政策的颁布者与监管者,又是服务标准化制定者,对开展居家养老服务的社会组织具有深远的管理影响力,政社关系也更加注重"自上而下"的传递路径;另一方面,政社关系的复杂性也更容易出现"分化型政社关系""嵌入型政社关系"①等类型,这种通过"自下而上"博弈形成的政社关系也容易与"自上而下"的政社关系产生冲突,弱化城市社区居家养老服务效能。第三,政社关系的处理更为困难。受特殊传递机制的影响,城市社区居家养老服务政社关系有可能会衍生出更为复杂的管理问题,如过多强调基层政府的作用而使得服务资源安排出现行政化、集中化的趋势,有可能导致服务供需的失衡。再如不同社会服务组织与政府建立的政社关系不尽相同,如若按照单一的、固化的行政思维方式处理以上关系,势必阻碍城市社区居家养老服务效能的提升。

2. 容易与市场之间产生隔离关系

社会服务组织与市场部门之间的关系也较为复杂,以目前来看,两者甚至还存在对立的状态,主要表现在:其一,两者的管理部门存在差别。大部分社会服务组织的管理部门为民政部门,这主要是由于社会服务组织的工作内容大多与民政部门相关(如社区服务、专业社会工作、弱势群体服务等)。民政部门对社会服务组织的管理多集中于政策法规的建设等方面,如全国人大及其常委会先后于 2016 年 3 月和 2016 年 4 月出台了《中华人民

---

① 叶托:《资源依赖、关系合同与组织能力——政府购买公共服务中的社会组织发展研究》,《行政论坛》,2019 年第 6 期。

共和国慈善法》和《中华人民共和国境外非政府组织境内活动管理法》。2016 年,中共中央办公厅、国务院办公厅发布《关于改革社会组织管理制度促进社会组织健康有序发展的意见》,对加快法治建设、健全社会组织法人治理结构、加强社会组织诚信自律建设,推进社会组织政社分开等做出明确部署和安排,为具有中国特色的社会组织发展之路做出总体规划。此外,民政部也积极配合司法部,研究制定《社会组织登记管理条例》(以下简称《条例》)。《条例》已列入《国务院 2019 年立法工作计划》,将进一步明确社会组织的主体地位、治理结构、权利义务和法律责任等。为进一步完善社会组织登记管理制度规范,民政部同时也在着手研究制定直接登记社会组织认定标准等相关配套政策,推动直接登记政策落实。市场机构的管理部门具有多样性的特点,这是由于市场机构种类繁多,所属领域也不尽一致,因此涉及的管理部门也较多。管理主体不同,其管理方式、内容等方面亦存在较大差别,这在客观上也会影响社会服务组织和市场部门的发展路径。

其二,两者的经营模式存在差别。社会服务组织是以公益性理念作为发展目标。在这一理念的指引下,社会服务组织的服务内容要受到一定的规范。举例来说,社会服务组织不应以营利为目的,产生的收益不能直接用于分配。按照此规定,社会服务组织开展工作中需要进一步规范其行为,并遵守相关的制度规定。市场部门与社会服务组织的发展理念相反,它是以营利性为主要目标。在法律及相关制度规定的前提下,市场部门需要通过赢得利润来发展壮大自己,以此形成一定的发展模式。由以上分析可知,社会服务组织与市场部门在经营模式方面存在较大的差异。

城市社区居家养老服务需要多主体的共同参与,以此才能有效地提高服务效能,但社会服务组织与市场部门的隔离关系使得两者合作的可能性较低,在这客观上影响服务效能的发挥。

3. 内卷化弱化服务效能

除了与政府之间和市场部门之间的关系外,社会服务组织之间还存在因竞争而产生的内卷化问题。社会服务组织的"内卷化"发展指"我国社会组织发展或依靠由上而下的政府推动或由外而内的复制西方,当发展达到一个阶段之后便停滞不前,单纯关注数量与规模增长,而忽视了质量效能的提升、自身组织使命的兑现与社会效用的建设,处于'瓶颈'且很难转化为一种更高级的发展模式"[①]。内卷化对社会服务组织开展服务产生诸多负面

---

① 周嘉豪:《我国社会组织发展的障碍及转型之路——一个内卷化理论的视角》,《南方论刊》,2020 年第 4 期。

影响,进而影响城市社区居家养老服务效能的发挥。

其一,政府转移行为"形式化"影响服务效能的发挥。对城市社区居家养老服务来说,社会服务组织承接职能转移实质上是政府起主导作用的,从转移出来何种职能、转移规则的制定到转移过程的实施以及由谁来承接等都主要是由政府来决定的。这种政府主导的内生驱动型机制有其积极作用,如政府内部共识度高、实施阻力小、转移行为迅速等,但同时政府的主导作用过于强大也会降低养老服务的效能,突出表现在两个方面。首先,政府转移职能内容"随意化"。当前,关于社会服务组织承接政府养老服务职能转移的范围和内容,相关文件表述为"不宜由政府实施"和"更加适合放在社会上实施",不够明确和具体,政府在具体实施过程中有很大的自主选择权,易于将"缺乏权力含金量""涉及矛盾多"的职能转移出来,而对"利益多""权力重"等类型的职能则不愿转移,进而降低了服务效能;另外,社会服务组织承接政府社区居家养老服务职能转移还涉及社会服务组织有没有能力承接的问题,如果政府单方面凭借主观判断将某些职能转移出去,社会服务组织却无力承担好该项职能,这也会降低服务效能。究其原因,主要是政府职能转移目前更多关注的是数量和规模,至于转移出来的职能能否得到有效发挥,考核和评价的权力仍在政府,并可以将责任和过错推卸给承接职能的社会服务组织。其次,职能转移规范执行"形式化"。社会服务组织承接社区居家养老服务职能转移主要通过委托、承包、采购等政府购买的方式进行,不管是何种形式的承接都需要完备的流程设计,如在确定某项职能确需转移后,要制定招标信息、评估社会服务组织能力、组织专家委员会评标、起草合同、监管承接方、委托第三方评估效果等。然而,在实际工作中,经常会出现"流于形式""走过场""两张皮"等现象,服务的针对性不强自然会影响服务的精准性,因而会降低服务的效能。

其二,社会服务组织运行"行政化"影响服务效能的提升。社会服务组织承接政府社区居家养老职能转移实质上体现社会服务组织与政府的合作关系,二者是有明显边界区分的两个主体,既相互分离又合作共赢。社会服务组织是不同于政府和企业的非营利性机构,具有独立的法人地位,承接政府转移出来的职能并不意味着社会服务组织承接了政府的权力,而只是承接相应的服务和责任,因此,社会服务组织要保持自身的独立性,谨防变成"二政府";另外,政府将职能转移出来后也不意味着"一放了之",而要加强监管,确保社会服务组织履行职能的效果。政府与社会服务组织各自拥有对方所不具备的优势,在职能转移的过程中双方形成了互助合作的关系。虽然,从理论层面分析,二者是既相对分离又相互协作的关系,然而,社会服务组织在承接政府职能转移的实践中却出现行政化问题,主动或被动地陷入政府行政运行逻辑,其产生根源在于社会服务组织发展资源匮乏,对政府资源严重依赖。长期以来,政府在社会建设领域"一家独大"的局面严重制约了社会服务组织的培育和发展,社会服务组织一直处于数量少、规模小、发展迟缓的状态,应有的地位和作用得不到认同和发挥。特别是社会服务组织的审核制时期,在双重管理体制下,许多社会服务组织因找不到对口的主管部门,难以成立。随着政府职能转移步伐的加快,政府发现许多亟待转移的社区居家养老服务职能找不到合适的社会服务组织承接。于是,在自上而下的"压力型"政府管理体制下,地方政府不得不加快社会服务组织的孵化培育,很多具有"官办色彩"的社会服务组织应运而生。这些社会服务组织成立本身就是行政力量主导的,使命就是承接政府的职能转移,与政府是内生依附型关系,运行过程易于"准政府化",对政府的依赖程度较高,影响服务效能的发挥。还有部分社会服务组织,虽然其成立和运行都是独立于政府的,但是为了赢得政府的支持,获取发展壮大所需的资金等各类资源,选择了主动向政府靠拢,放弃独立性,实际运行中接受政府领导。社会服务组织的被动行政化。社会服务组织承接政府转移的职能后,社会服务组织发挥其专业能力等方面的优势,政府运用资源丰富优势,两者从各自需要出发探索建立基于优势互补的合作性互惠关系。但是由于政府是资源的拥有者,在合作中掌握着绝对主动权,因此,双方的合作很难是一个对等的关系。如在合作过程中,政府一直存在认识上的误区,即政府出了钱、提供了资源,社会服务组织就要听命于它,在工作中将社会服务组织作为下属机构,甚至有时会命令社会服务组织承担转移职能以外的事务。在这种情况下,社会服务组织无法全身心投入服务,这使得服务效果大大缩水,降低了养老服务效能。

其三,转移职能陷入"内卷化"降低养老服务效能。政府职能转移的目的表面上看是减少行政雇员数量、提升行政效率,而实质上根本目标是优化城市社区居家养老服务资源配置、提高公众的满意度、培育和发展社会力量等。受到政府转移行为"形式化"和社会服务组织运行"行政化"两方面因素的影响,由社会服务组织承接转移出来的社区居家养老服务职能并不一定能够实现预期的目标,如服务供给质量提高、成本更加节约、公众更加满意等,进而陷入"内卷化"困境之中。具体表现为以下几方面:第一,转移出来的职能评估缺乏科学标准,过度强调数字化指标和文书类考核,影响了服务的输送效果,降低了服务效能;第二,职能转移疏于过程管理,第三方评估流于形式,社会服务组织承接质量难以有效控制,有可能会降低服务质量;第三,本意是减少政府干预,发展壮大社会力量的改革,却由于政府过于强大,导致承接社区居家养老服务职能的社会服务组织成为政府职能的延伸,政府对社会的控制没有减少,反而更加强大,社会服务组织对政府的依赖程度较高,影响主体多元化的构建,降低社区居家养老服务效能。

(二)服务沟通影响服务效能递进

由以上分析可知,城市社区居家养老服务传递过程中对养老服务效能也具有一定的影响。随着智慧化养老、互助养老等模式的推进,我国社区居家养老服务的服务传递已然具备一定的现实基础,但由于多元服务主体的介入对层级化的影响,城市社区居家养老服务效能提升会受到一定的阻碍。

1. 服务层级化推进愈加困难

城市社区居家养老服务在传递过程中要经过层级化的信息"筛选"。这种层级化的服务体现在各服务主体之间,由于社会服务组织的介入,会受到一定的负面影响,增加了服务传递的层级。对城市社区居家养老服务来说,社会服务组织的介入在民众与政府之间架起沟通的桥梁的同时,也会为沟通带来压力。笔者在调研时发现,部分社会服务组织通过购买服务的方式来承接社区的居家养老服务工作,这种方式的购买方(地方政府)会对社会服务组织提出一系列要求,而部分要求会对服务的顺利开展产生一定的负面影响(如额外的工作、增加人数等),而社会服务组织会将这种影响的压力转嫁给民众,进而弱化政府、社会服务组织、民众之间的关系,间接降低服务的效果。

2. 处理相关关系难度增加

社会服务组织在开展服务过程中会受政社关系和服务关系的双重影响,进而有可能会降低养老服务效能。社会服务组织所面临的政社关系和服务关系是不断变化的,其一,社会服务组织政社关系的可变性。社会服务组织在开展服务之初会与政府建立一定的关系,这种政社关系的强弱受组织独立性、政府管控力度、服务规则完善程度、公益服务环境等诸多因素的影响,关系的成熟程度亦有所不同。随着服务的开展,社会服务组织与政府之间的矛盾也会随之产生,如因服务内容的安排而产生的摩擦、因服务效果的评判而产生的分歧等。此时,社会服务组织处理相关矛盾的方式与方法会间接影响政社关系,处理得当与否,都会巩固或破坏原有的政社关系。其二,社会服务组织服务关系的复杂性。社会服务组织的服务关系一般有三种表现方式:第一种为亲密型服务关系。部分社会服务组织的服务年限较长且服务对象固定,因此能与服务对象之间建立起较为亲密的服务关系。

第二种为中立型服务关系。部分社会服务组织按照项目的节点完成任务，在开展服务时多表现出"理性化"的特征，与服务对象间的关系也更为中立。第三种为疏远型服务关系。部分社会服务组织以完成任务为主要目标，较少考虑与服务对象之间增加情感的要素，服务结束之后服务关系也逐渐疏远并随之断裂。政社关系和服务关系的变化亦可能降低城市社区居家养老服务效能，表现在以下两个方面。

第一，政社关系视角下，养老服务效能会因政社关系的成熟与否而发生变化，表现在：其一，影响政社关系的建构。社会服务组织在开展城市社区居家养老服务过程中，政社关系也在不断地弱化或强化，这会影响政社关系的稳固性，进而增加关系建构的难度。政社关系建构的难度会进一步加剧服务关系的弱化，进而又会形成不良的发展循环，影响服务效能。其二，模糊社会服务组织的发展目标。政社关系视角下社会服务组织发展主要围绕政社关系的成熟与否而进行。在此视角下，部分社会服务组织为了取得更多的资源，把诸多精力放置于政社关系的构建，长此以往会逐渐摈弃专业化、精准化的服务目标，客观上阻碍服务效能的提升。

第二，在服务关系视角下，养老服务效能受到的影响表现在：其一，影响服务关系的发展。在社会服务组织开展城市社区居家养老服务的过程中，由于服务关系愈加不确定，社会服务组织和服务对象之间很难建立起较为完善、稳固的服务关系，间接影响服务效能的提升。其二，增加服务的难度。社会服务组织会把更多的精力放置于如何维持良好的服务关系上面。以现实观之，服务关系的维系受服务对象的种类、服务人员的安排、服务资源的配置、服务空间的布置等多种因素的影响，较为复杂。因此，以上类型在转化过程中会增加服务机构开展工作的难度，客观上影响服务效能的提升。

(三) 服务主体相互作用影响服务效能提升

城市社区居家养老服务主要通过直接与间接两种服务方式开展。直接服务方式是指由服务主体直接为服务对象服务，比如社会服务组织和市场相关部门提供的居家、心理慰藉等服务；间接服务方式是指服务主体通过政策、制度等方面的实施来间接影响服务对象的或行为，如政府通过颁布相关的社区居家养老服务政策来维护老年人的权益，提升老年人的社会地位等。一般来说，城市社区居家养老服务在开展过程中，直接服务与间接服务是交互进行的，两者之间并不存在明显的矛盾，但随着社会服务组织的不断介入，服务主体之间的互动会更为复杂，服务方式的交叉程度会更高，进而会影响服务效能的提升。

1. 与政府业务有交叉

社会服务组织与政府部门在城市社区居家养老服务的业务有交叉,其原因在于:首先,社会服务组织的部分业务是政府业务的延伸。一般来说,社会服务组织是通过购买服务的方式介入城市社区居家服务中。在这种服务关系下,许多社会服务组织依附于政府部门,其服务内容、范围等均受街道、社区等基层政府部门的影响。其次,社会服务组织和政府的服务对象具有相似性。两者面对的都是弱势群体,在业务方面难免有交叉性。举例来说,在面对低保人群的社会救助时,政府会推出相应的政策以提高低保人群的生活水平,而社会服务组织也会围绕相关的低保政策开展服务。在此方面,政府的相关规定如逢年过节的物质帮助有可能和社会服务组织开展的家庭帮扶具有一定的相似性。

社会服务组织与政府业务交叉对服务效能提升的负面影响主要表现在:其一,浪费政策成本。社会政策的成本主要集中于政策实施过程中的人力和物力的付出。对城市社区居家养老服务来说,交叉的服务内容无疑会浪费相关的服务资源,这在客观上阻碍了服务效能的发挥。其二,影响主体间的合作关系。由于交叉服务内容的存在,在购买城市社区居家养老服务过程中,社会服务组织与政府间的交流存在一定的障碍。这种障碍不仅会影响双方的合作关系,而且可能阻碍服务的顺利进行,进而影响服务的输送过程,降低养老服务效能。

2. 与市场部门有差别

以目前来看,城市社区居家养老服务开展的主体集中于社会服务组织和市场部门,但社会服务组织与市场部门在开展服务方面有着诸多差别,主要表现在:其一,社区居民对公益文化和市场文化区分度不够。公益文化和市场文化的相对性使得社区居民对社会服务组织的性质有些质疑。公益作为一种无偿、奉献和博爱精神的理念已成为公众的思维定式。然而,社会服务组织要生存就无法避免"经济人"的自利行为。在调研中发现,极少数社会服务组织会采取不正规的手段获取部分利益,这种行为会降低公众对社会服务组织的信任。因而,当社会服务组织开展收费服务的时候,公众必然会对其服务产品收费的合法性产生怀疑,甚至进一步质疑其组织的公益属性。从现实情况来看,社会服务组织之所以具有良好的组织形象,绝大程度受益于其非营利性、公益性的组织文化定位。社会服务组织一旦进行营利性、商业性、市场化运作,对服务对象采取收费或者相关服务产品的销售策略,就很容易引起社会公众和服务对象的反感。此外,社区居家养老服务机构在市场化运作中如果没有及时向社会公开资金流转状况,那么,该机构将会受到公众的质疑并产生抵触情绪。这势必会对组织形象及其运作产生极大的负面效应。其二,专业的匮乏会疏离市场产品需要与机构产品供给的互嵌渠道。社会服务组织对公共需要的回应迟缓,致使其在市场化进程中发育不良。我国社会服务组织在政府资源的推动和供给背景下应运而生,对政府的强依附性使得机构只关注政府资源的动向,不去关注和应对市场竞争的压力。而长期脱离市场竞争环境的社会服务组织,缺乏外在和内在的革新动力去创新组织发展模式,致使机构频频出现人才外流、资源供给不稳定等现象。然而,机构的发展缺乏创新和竞争意识会直接导致机构的专业能力不足,导致机构在社区治理的范围和服务对象等方面的局限愈加显著。我国社会工作介入和参与的服务范围主要局限于个人、家庭生活的心理咨询类问题,对于社会生活中如失业、社会秩序和贫困等普遍关注的社会问题介入明显不足。对于城市社区居家养老服务来说,老年人的服务需求如护理技巧、餐饮搭配、心理疏导等具有一定的专业性,但大多机构并未受过类似专业训练,无法满足社区居民的服务需要。

以上差别对城市社区居家养老服务效能的提升带来一定的负面影响,主要表现在:其一,服务供给主体的单一化。对城市社区居家养老服务来说,由于社会服务组织和市场部门是分开运作的,这会带来服务主体单一化的问题。服务主体单一化会直接降低服务内容的丰富程度,进而降低养老服务效能。其二,服务过程的烦琐化。社会服务组织和市场部门在城市社区居家养老服务方面并非是完全独立的服务主体,两者在某些服务内容具有一定的交叉性。如社区居家养老服务中心的成本可以是社会服务组织,也可以是市场部门。城市社区居家养老服务的内容并不能由单一服务主体来完成,举例来说,居家老年人的日常护理可以由家庭成员和相关护理机构共同完成,但老年人和家庭成员的心理疏导由社会服务组织来完成。如前所述,由于社会服务组织和市场部门的独立性,服务程序的制定、服务标准的确定、服务模式的固定显得尤为复杂。这在增加城市社区居家养老服务烦琐程度的同时,也会降低养老服务效能。其三,服务评估的复杂化。社会服务组织和市场部门在开展社区居家养老服务的方式与方法方面有着显著的差别,这需要相关的管理部门颁布不同的评估标准以评估服务的效果。客观上增加了评估的难度,影响养老服务效能的发挥。

(四)资源配置失调阻碍服务效能发挥

从广义角度来看,城市社区居家养老服务效能优化所涉及的资源主要由组织、机制、环境资源和其他方面所产生。从狭义角度来看,城市社区居家养老服务效能优化所涉及的资源主要指社会资源。本研究所针对的资源主要指向狭义方面,包括养老服务的资金、人力资源、服务设施、服务机构等方面。并通过分析以上资源要素所存在的问题,探讨社会服务组织介入对效能优化产生的阻力。

1. 促进权限资源不合理分配

权限资源的分配是城市社区居家养老服务效能得以稳固、拓展、优化的重要前提。社会服务组织的介入多以购买街道的服务为主,这使得城市社区居家养老服务资源多集中于街道、社区,这种下压的管理方式使得基层管理触角能延伸到城市社区居家养老服务的各个方面,不仅工作量极大,承担的责任也相对较多,社区居家养老服务难以发挥应用作用。除此之外,社会服务组织介入社区居家养老使得社区管理事物日益繁多,这并没有给社区带来更多的权限配给,相反,相当于"财权"与"事权"分离的管理方式所产生的"脱离效应",打消了社区内服务人员的积极性,对服务效能的优化造成负面影响。一方面,对社区来说,由于社会服务组织的介入,其掌握的行政资源较少,另一方面政府购买服务的实施主体主要集中于街道和社区,这两方面的矛盾使得社会服务组织在社区内开展的养老服务因缺乏资金或行政认可的支持而没有发挥应有的作用,最后有可能会变成政策宣传的工具,进而对服务效能的提升产生不利的影响。

2. 降低资源协调能力

以现实来看,由于社会服务组织的介入,政府整合城市社区居家养老服务资源的能力愈加不足,缺乏有效的实施手段,主要表现在:第一,尚未形成良好的沟通机制。社会服务组织作为社区居家养老服务主体常"听命于"政府的资源调动,自主性难以发挥。如社会服务组织与政府的合作多以购买的方式实施养老服务,表面是合作,实则是服从安排。目前,社会服务组织业已成为政府在养老服务方面的拓展,应大力发挥,如果以不对称的行政地位展现,那么城市社区居家养老服务的结果也会不尽如人意,久而久之则会出现资源浪费的现象。

(五) 管理难度增加降低服务效能

"要管理纷繁复杂的养老服务,就需要建立一整套完善的管理和服务体系,按照法定方式和程序,采取一定的方式、方法和手段,对城市社区居家养老服务进行计划、组织、领导、协调、控制及监督等。城市社区居家养老服务管理职能、机构设置、隶属关系、权限划分、管理机制等方面的总和就构成了养老服务管理体制。"①养老服务制度的管理依然隶属于管理学的范畴,但由于社会服务组织的介入,管理的内容逐渐增多、对象群体较为特殊而使得养老服务运行管理较为困难,出现能力不足的现象,这些弊端会直接或间接阻碍服务效能的优化。

1. 缺乏有效的监督手段

政府与社会服务组织等主体共同提升服务效能应是未来城市社区居家养老服务发展的主导方向,我国一直按此方针分步骤、分批次完善现有的城市社区居家养老服务模式,政府不仅是资源的调动者、分配者,更是服务过程的监督者。以目前来看,社会服务组织的介入增加了政府的监管难度,对城市社区居家养老服务效能优化的评估缺乏针对性的意见。如对社会服务组织提供的养老服务来说,政府采取的主要监督方式为考察、座谈、访谈等,对其提供服务的评价多从对社会的管理、未来的趋势等宏观方面给予建议,较少有权威专家对现有服务实施的效果进行评判,在这种情况之下,许多社会服务组织经常以公益的目的开展养老服务,实则是想从中得到利益(如经济利益、社会声誉等)。再比如对社区居家养老服务机构来说,其监督机制的建立需要民政、卫生、税务等部门联合完成,但由于部门利益影响所致,现在很难建立起完善的监督系统,这使得某些私营服务机构经常以机会主义寻找政策的漏洞,进而做出影响城市社区居家养老服务效能提升的服务内容。

2. 影响服务外包安排效果,降低服务效能

社会服务组织介入下社区居家养老服务的外包会使社会服务组织的养老项目范围多集中于社区,服务范围难以拓展。社区对社会服务组织的服务外包安排并非是政府职责之事,更多的是政府养老服务的组成部分。如部分挂靠于某些社区的社会服务组织,其服务人员不仅要完成购买后的任务,还要帮助相关部门完成一些行政工作。在这种情况下,一切服务都变成了购买。部分行政内容并不具备服务性质,但因为社会服务组织的"便利性"而使得有关部门把其当作自己的附属。此外,一些地区在较短的时期内以孵化、培养的方式发展了大量的社会服务组织,虽然其初衷在于公共服务的社会化,但有限的资源使得服务外包的对象只集中于少数社会服务组织,面对今后日益趋烈的竞争趋势与竞争环境,大批社会服务组织必然面临生存的问题。以上问题不仅会降低社会服务组织的积极性,而且会进一步降低社区居家养老服务效能。

---

① 单大圣:《中国养老服务管理体制的改革与发展》,《经济论坛》,2011 年第 9 期。

3. 多元化管理弱化管理效力

社会服务组织介入使得社区居家养老服务的多元化管理模式逐渐形成。但以目前来看,多元化管理的整合不足是城市社区居家养老服务效能优化问题的主要原因。养老服务的多元化管理有利于服务效能的优化,但多元化管理有诸多理念需要深入探析,如多元化是否相当于放权,多元化是否相当于增权。前面的问题主要针对的是政府,而后面的问题针对的是社会和市场。毋庸置疑,城市社区居家养老服务多元化的管理要在放权和增权方面达到和谐的境况,这对现有的管理结构则较为困难。其原因就在于社会服务组织介入社区居家养老服务的管理部门是民政部门,而社区居家养老服务内容涉及的部门很多,民政部门难以与之协调,如民政部门和卫生部门虽然在养老服务的医疗业务方面有所交叉,但难以形成意见统一的机制①。如果民政部门对社会服务组织过分信任,把权力下放,那么社会服务组织就会完全按照自己的意愿行事,有些社会服务组织就会变成营利性的机构,违背社会服务组织建立的初衷,这也是为什么城市社区居家养老服务网络难以形成的主要原因;对市场来说,政府如若下放权力,任由市场决定养老机构内老年人的去留,那么必然会因"优胜劣汰"的市场法则而把许多老年人排斥在机构服务范围之外,这无疑又产生了新的不平等。总之,多元化并不意味着一定能加强服务管理,相反如稍有不慎,则会向相反的一方发展。多元化的管理使得养老服务的实施过程产生诸多阻碍,不利于服务效果的传输,也使得城市社区居家养老服务效能不升反降。

4. 缺乏有效评估手段

城市社区居家养老服务效能的优化在我国处于发展中期的阶段,目前的主要任务集中于颁布政策、模式优化、资源结合等方面,评估手段的缺乏实属必然,而社会服务组织的介入为这种评估增加了额外的困难。民政部在《关于推进养老服务评估工作的指导意见》(民发〔2013〕127 号)中对养老服务评估的意义、要求、主要任务以及措施等方面进行了规定,但文件多集中于纲领性的阐释,缺乏实际操作能力。对评估组织的建立,只是要求评估可以由相关民政部门、街道办事处、第三方组织或者养老机构单独开展,养老服务评估内容主要集中于居家养老服务、机构养老服务和补贴领取资格

---

① 类似于中国残疾人联合会,虽然我国各地区都设有残联的部门,但残联的业务却是十分广泛,有些业务还与民政部门有重叠。残疾人利益受到损害时,往往都想残联寻求帮助,这也导致残联有时无能为力。

等方面。① 虽然这一要求的目的在于评估主体的多元化发展,却为评估系统的建立设置障碍,如政府部门的评估多集中于主观性(邀请相关专家对服务效果进行评判),而社会服务组织的评估却集中于客观性(因为本身是以客观性视角对服务进行评估更能产生较好的衡量标准),两种手段不宜融合,使得有效评估难以开展。以笔者近几年观察所得经验来看,部分社区居家养老服务评估机构的评估内容只集中于社会服务组织某一方面业务范围,专业性可想而知。评估手段的欠缺使得城市社区居家养老服务效能的优化缺乏参考基础,也不利于今后养老服务工作的进一步开展。

---

① 社会福利和慈善事业促进司:《民政部关于推进养老服务评估工作的指导意见》,民政部官方网站,2013 年 8 月 1 日。

第六章 社会服务组织介入对社区居家养老服务效能影响的实证分析

社会服务组织介入对社区居家养老服务效能既有积极的影响,又有消极的影响。为进一步验证社会服务组织介入城市社区居家养老服务的有效性,本研究从实证分析的视角对这一问题进行探索。养老服务效能由供给主体、传递过程以及效果评估等要素构成,这些要素也对应养老服务前、服务中和服务后的阶段,是一个完整的过程。因此,将养老服务效能作为衡量标准,具有一定的全面性。基于以上分析,本研究在对相关要素进行概念化操作的基础上,建构研究框架,探究社会服务组织介入对城市社区居家养老服务效能的影响。

一、研究设计

(一) 养老服务效能的操作化设计

对养老服务效能进行操作化设计,是探究社会服务介入前后社区居家养老服务效能的变化程度的重要前提。养老服务效能的操作化设计不仅要完全反映服务效能的构成要素,还需体现工具性、过程性、全面性的服务效能特征。由前文分析可知,养老服务效能主要包括服务供给主体(包括政府、市场部门、社会部门、家庭)、服务传递过程(包括养老服务传递过程的要素协作、养老服务传递过程的资源安排、养老服务传递过程的进程管理)以及服务效果评估(公正性、全面性)三个方面的要素。本研究在对养老服务效能各要素进行分解(拆分为三级指标)的基础上,对相关指标在工具价值、参与过程以及整体性的基础上设置指标的相关内容。

1. 养老服务供给主体的操作化设计

第一,政府。政府在城市社区居家养老服务中的作用主要体现为制定政策以及资源协调等方面。首先,在制定相关政策方面。从工具价值的角度看,政府制定社区居家养老服务政策的目的在于健全服务体系、提高服务质量以及增加服务对象的满意度。因此,政府颁布的政策要体现出全面性和针对性。政策的全面性主要体现在该政策是否能有效引导其他服务主体的介入,针对性主要体现在该政策是否引导了专业力量的发展。[①] 其次,在资源协调方面。城市社区居家养老服务的资源涉及资金、人员、管理等内容,服务资源的协调效果也涉及以上相关资源协调的合理程度。

第二,市场部门。市场部门参与社区居家养老服务效能的衡量应涉及以下内容:其一,提供福利的效果。[②] 市场部门多以盈利为目的,其参与社区居家养老主要以公益慈善、志愿服务等方式为主[③],因而将以公益或志愿服务参与社区居家养老服务的频率作为服务效能的操作化指标内容。其二,提供方式的多样性。市场部门的介入有可能会带来服务的多样化和多元化,但亦有可能会打破原有社区居家养老服务供给模式的均衡,因此将市场部门介入后服务内容多样化和服务方式多元化作为操作化指标的内容。其三,与各个部门的配合程度。整体上看,市场部门介入社区居家养老服务还需政府以及社会服务组织的引导[④],而引导的效果会直接影响服务效能,因此将市场部门与公共部门的配合程度作为操作化指标内容。

第三,社会部门。由前文分析可知,社会部门主要指社会服务组织。本研究探讨的主题为社会服务组织的介入与城市社区居家养老服务效能的关系。因此对社会部门不做专门讨论。

第四,家庭。城市社区居家养老服务的对象有很大一部分为失能和半失能老年人。这部分老年人长期待在家里,因此需要家庭成员的支持。以目前来看,由于家庭结构的转变,家庭养老的功能逐渐式微,但对老年人来说,家庭成员在日常生活服务以及老年人精神慰藉方面仍然发挥不可替代的重要作用,因此,将生活支持和心理慰藉作为操作化指标内容。

2. 养老服务传递过程的操作化设计

第一,养老服务传递过程中服务内容及环境优化。其一,服务内容的丰富。包括居家养老机构中短期托养(床位)、助医、助餐、助浴、助洁、助行、关

---

① 朱浩:《社区居家养老服务精细化的指标评价及实现机制——以杭州市为例》,《江苏大学学报(社会科学版)》,2019年第4期。

② 肖菲:《智慧养老服务平台市场化运营瓶颈及策略研究——基于湖北省的调查》,《湖北社会科学》,2022年第5期。

③ 张思锋:《中国养老服务体系建设中的政府行为与市场机制》,《社会保障评论》,2021年第1期。

④ 夏艳玲:《"放管服"改革背景下我国养老服务规制研究》,《经济体制改革》,2020年第4期。

怀访视、生活陪伴、心理咨询和应急救援等服务内容的完善。服务内容的完善程度是养老服务效能的重要表现,操作化指标内容设计如表6-1所示。其二,服务环境的优化。包括社区居家养老服务运行的社会环境和文化环境,社会环境包括对老年人的接受程度、老年社会资本建立的难易程度等。[①] 文化环境包括公益文化的发展、爱老助老氛围的营造等内容,操作化指标内容设计如表6-1。

第二,养老服务传递过程中资源安排完善程度。城市社区居家养老服务资源涉及人力资源、财政资源以及物质资源,物质资源包括硬件设备,这在前文已经进行了阐释,因此重点探究人力与财政资源。其一,人力资源的完善程度。人力资源的完善程度不仅涉及服务人员数量的充足,也与服务人员之间配合程度密切相关。因此,将服务人员数量与服务人员之间的协作作为操作化指标内容。其二,财政资源安排的合理程度。社区居家养老服务的有效运行与服务资金供给的效果息息相关,财政资源的安排不仅要注重数量,还要关注分配的合理性,因此将服务资金的数量和合理性作为操作化指标内容。

第三,养老服务传递过程中,进程管理的合理程度。有效的管理也能促进社区居家养老服务的发展,进而间接提高服务效能。以目前来看,社区居家养老服务的进程管理包括管理制度的完善、管理执行的力度以及制度执行效果等方面。[②] 其一,管理制度的完善。健全的社区居家养老服务管理制度不仅涉及服务内容的全面,还与服务的规范化相关,因此将两者一起作为操作化指标内容。其二,管理执行的力度。服务的精准程度与管理执行力度有一定的关联性[③],因此将其作为操作化指标内容。其三,制度执行的效果。制度的评估涉及养老服务评估这一操作化指标的内容,在此不再累述。

3. 养老服务评估的操作化设计

社区居家养老服务涉及的内容较多,因此其评估操作化指标的建立较为复杂,但无论如何,养老服务评估必须要体现出公正性的原则。评估的公正性要关注公平和效率之间的关系。一方面,社区居家养老服务需要维护

---

① 刘春湘、姜耀辉:《社会组织参与养老服务的逻辑框架:制度环境·主体类型·实践方式》,《吉首大学学报(社会科学版)》,2020年第5期。

② 章萍:《基于新公共管理理论分析的居家养老服务PPP模式——以安徽省合肥市金玫瑰居家养老示范项目为例》,《广西社会科学》,2018年第9期。

③ 杨良初、施文凯:《我国社区居家养老服务改革:实践、挑战与建议》,《地方财政研究》,2022年第9期。

弱势群体(老年人)的利益,因此需要秉持公平的理念。另一方面,该服务的对象(老年人)在收入水平、社会地位等主客观条件方面存在较大差异,因此在服务过程中还要坚持底线公平(如为特殊老年群体服务)的思维方式。[①]根据以上分析,将公平与效率的考量、维护弱势老年群体的需求作为操作化指标内容。

此外,社区居家养老服务评估水平全方位的提升,一方面,需要建立完善的服务标准。服务标准的完善是社区居家养老服务开展的重要前提,服务标准的完善需要考虑两方面内容:其一,评估内容的完整性。没有完整的评估内容,那么评估行为就是无源之水,不能体现公平性,因此将评估内容是否全面作为操作化指标内容。其二,评估方式的优化。评估标准并非一成不变,需要评估方式的优化来不断更新,因此将评估方式优化作为操作化指标内容。另一方面还需要考虑评估的层次性和递进性。[②]社区居家养老服务评估不仅需要覆盖所有的内容,还要突出重点内容,以体现出层次性和递进性。基于以上分析,本研究将服务标准的完善和评估的层次性作为操作化指标内容。

表 6-1 城市社区居家养老服务效能指标设计

一级指标	二级指标	三级指标	指标内容
养老服务主体	政府引导	制定政策效果	相关政策与法规是否有效地引导了其他服务主体的介入
			相关政策与法规是否有效地引导专业力量的发展
		资源供给与协调动力	政策是否有利于服务资金的合理安排
			政策是否有利于服务人员的合理安排
			政策是否有利于管理岗位的有效设置
	市场部门参与	提供福利的效果	以公益慈善等的方式提供社区居家养老服务的频率
		供给方式的表现	社区居家养老服务供给方式是否更加多元
		供给内容的表现	社区居家养老服务供给内容是否更加多样
		与各部门的配合程度	与服务其他主体任务分工是否更为明确

① 曲绍旭:《公平与效率:城市居家养老服务政策的考量与进路》,《上海交通大学学报(哲学社会科学版)》,2022年第3期。

② 杨倩文、杨硕、王家合:《政府购买机构养老服务绩效评价指标体系构建与实证应用》,《社会保障研究》,2021年第5期。

(续表)

一级指标	二级指标	三级指标	指标内容
	家庭支持	生活支持	为老年人提供日常生活服务质量提升的效果
		心理慰藉	为老年人提供精神抚慰的效果
养老服务过程	服务内容及环境优化	服务内容	养老床位的充足程度
			助医、助餐、助浴、助洁、助行的改善程度
			关怀访视的频率
			生活陪伴的效果
			心理咨询的效果
			应急救援开展的效果
		服务环境	对老年人的接受程度
			老年社会资本建立的难易程度
			公益文化的发展程度
	资源安排完善程度	人力资源的安排	服务人员数量的充足程度
			服务人员协作的效果
		财政资源的安排	服务资金充足程度
			服务资金安排的合理性程度
	进程管理合理程度	管理制度的完善	社区居家养老服务管理内容是否全面规范
		管理执行的力度	管理是否有利于社区居家养老服务的精准性
养老服务评估	养老服务效果评估的公正性与全面性	公平与效率兼顾	评估兼顾效率与公平的原则
		底线公平的体现	维护弱势老年群体的需求
		服务标准的完善	评估内容是否全面
			评估方式是否优化
		评估的层次性	是否按照老年人的需求层次进行评估内容的设计

(二) 问卷设计

围绕表6-1养老服务效能的18个三级指标以及相关指标内容,课题组成员经过讨论,最终形成31个初始项目。由于每个三级指标需要表达的方式和内容有所区别,有的指标设置较多项目,有的指标只设置一个项目(所有指标的项目范围为1～6个)。例如,"人力资源的安排"这一指标就包括"服务人员数量的充足程度"和"服务人员协作的效果"如表 6-2 所示。所有项目均采用 Likert 五点计分,其中"1"表示"完全不符合","2"表示"基本不符合","3"表示"中间状态","4"表示"基本符合","5"表示"完全符合"。所有项目的得分相加,总分越高,表示受测者的胜任力水平越高。

表 6-2 社会服务组织介入对养老服务效能影响的问卷设计

	完全符合	基本符合	中间状态	基本不符合	完全不符合
1. 政策与法规能更加有效地引导其他服务主体的介入	5	4	3	2	1
2. 相关政策与法规更加有效地引导专业力量的发展	5	4	3	2	1
3. 服务资金安排的相关政策更加合理	5	4	3	2	1
4. 政策是否有利于服务人员的合理安排	5	4	3	2	1
5. 政策更加有利于管理岗位的设置	5	4	3	2	1
6. 以公益慈善的方式提供社区居家养老服务的频率更高	5	4	3	2	1
7. 社区居家养老服务供给方式更加多元	5	4	3	2	1
8. 社区居家养老服务供给内容更加多样	5	4	3	2	1
9. 其他服务主体的任务分工更为明确	5	4	3	2	1
10. 为老年人提供日常生活服务质量的提升效果明显	5	4	3	2	1
11. 为老年人提供精神抚慰的效果明显	5	4	3	2	1
12. 社区养老床位较以前充足	5	4	3	2	1
13. 助医、助餐、助浴、助洁、助行改善程度更好	5	4	3	2	1
14. 关怀访视的频率比以往有所提升	5	4	3	2	1
15. 生活陪伴的效果比以往更好	5	4	3	2	1
16. 心理咨询的效果比以往更好	5	4	3	2	1
17. 应急救援的效果有所提升	5	4	3	2	1
18. 社区居民对老年人的接受程度逐渐提高	5	4	3	2	1
19. 老年社会资本的建立更加容易	5	4	3	2	1
20. 社区公益文化较之以往有所发展	5	4	3	2	1
21. 社区居家养老服务人员数量更加充足	5	4	3	2	1

（续表）

	完全符合	基本符合	中间状态	基本不符合	完全不符合
22. 社区居家养老服务服务人员的协作效果更好	5	4	3	2	1
23. 社区居家养老服务的资金更加充足	5	4	3	2	1
24. 服务资金安排合理性程度更高	5	4	3	2	1
25. 社区居家养老服务管理更加全面规范	5	4	3	2	1
26. 社区居家养老服务的精准性更高	5	4	3	2	1
27. 效率与公平兼顾的评估原则有所发展	5	4	3	2	1
28. 社区居家养老服务评估更加考虑弱势老年群体需求	5	4	3	2	1
29. 社区居家养老服务评估内容更加全面	5	4	3	2	1
30. 社区居家养老服务评估方式更加优化	5	4	3	2	1
31. 更加按照老年人的需求对评估内容进行设计	5	4	3	2	1

问卷设计之后，课题组成员进行了 200 人预试和 400 人复试，经探索性因素分析和验证性因素分析验证，三级指标所涉及项目的信度都在 0.7 以上，符合测量学的标准；各项目在相应的因子上均有较大的负荷，负荷值在 0.5～0.73 之间。各因子之间有较大的相关，相关系数在 -0.58～0.85 之间。通过与 Block 和 Kremen 在 1996 年编制的自我弹性问卷(E98)做效标关联效度分析，社会服务组织介入对养老服务效能影响的问卷与自我弹性问卷(E89)的相关系数为 0.56，且具有显著性($p<0.01$)。养老服务效能各分级指标表与心理弹性的相关系数在 0.46～0.52 之间，均达到统计学显著($p<0.01$)，具有较好的效标关联效度。同时，养老服务效能各指标之间都相关显著，相关系数在 0.41～0.69 之间，表明该问卷具有较高的会聚效度。自编社会服务组织介入对养老服务效能影响问卷，信度和效度都符合测量学的要求，可以作为今后开展这方面实证研究的有效测评工具。

（三）研究对象选取

为了探究社会服务组织介入对养老服务效能影响，本研究选择 NJ 市 2 个社区（A 社区与 B 社区）的老年居民作为被试人群。选取社区的条件为：A 社区近三年内有社会服务组织连续开展社区居家养老服务；B 社区近三年内没有社会服务组织介入,但相关的社区居家养老服务还在进行。在此基础上,为方便研究干预的实施,首先在 A 社区中随机抽取 180 名老年人,称为实验组,另外在 B 社区抽取 180 名老年人作为控制组。抽取研究对象的标准为:其一,正在享受社区居家养老服务;其二,对社区居家养老服务的相关政策、服务主体、服务过程以及服务评估等包含的要素有所了解;其三,能接受课题组的安排并自愿参与研究过程。选取被试群体的人员性别、年龄、学历、身体素质等构成比例比较接近,人口统计学因素引起的误差忽略不计。

此外,为探究社会服务组织介入的过程和效果,研究团队还在 A 社区选取了 4 家社会服务组织、1 家枢纽型社会服务组织以及 4 家志愿性组织作为个案进行研究,以上个案的基本情况如表 6-3 所示。

表 6-3　研究个案基本情况

名称	类型	介入时间	服务内容
NJ 市 YS 社会工作服务中心	枢纽型社会服务组织	2018.11	全区社会服务组织管理、老年社会服务、青少年社会服务
NJ 市 AXCD 社会工作服务中心	社区内社会服务组织	2019.3	社区居家养老服务、残疾人社会服务
NJ 市 GL 区 XZ 社会服务社	社区内社会服务组织	2020.11	社区居家养老服务、青少年社会服务
NJ 市 AD 慈善服务中心	社区内社会服务组织	2019.7	志愿者培育服务、社区居家养老服务
NJ 市 QH 区 HY 社工服务社	社区内社会服务组织	2018.6	社区居家养老服务、新市民社会服务
NJ 市 GL 区 ZS 街道老年心里支持小组	社区自组织	2019.11	老年人心里慰藉服务
NJ 市 GL 区 ZS 街道老年互助协会	社区自组织	2019.12	老年人互助服务
NJ 市 GL 区 ZS 街道老年文体服务队	社区自组织	2020.3	老年人文化体育服务
NJ 市 GL 区 ZS 街道老年书法协会	社区自组织	2020.3	老年人文化体育服务、老年人互助服务

(四)研究过程

本研究对实验组和控制组被试同时实施养老服务效能前测,然后对实验组被试进行 12 个月的基于社会服务组织介入的干预,而对控制组被试不进行任何干预。选取 12 个月的原因在于社会服务组织多以承接项目的方式介入社区居家养老服务中,而项目周期多数为 12 个月。12 个月后,同时对实验组和控制组被试实施后测;后测之后,对所有的被试均不再进行任何干预,3 个月后进行追踪测量,如表 6-4 所示。

表 6-4　社会服务组织介入研究的实验模式

组别	前测数据	实验处理	后测数据	最终数据
实验组	X1	社会服务组织介入	X3	X5
控制组	X2	社会服务组织不介入	X4	X6

本研究干预方案的内容围绕养老服务效能指标中的养老服务主体、养老服务过程以及养老服务评估等因素来设计,以对政府引导、市场部门参与、家庭支持、服务内容及环境优化、服务资源安排完善程度、服务进程管理合理程度、养老服务效果评估的公正性与全面性等方面进行有针对性的干预。社会服务组织介入的内容如下。

1. 社区居家养老服务主体的介入

如表 6-5 所示,社会服务组织在社区居家养老服务主体方面的介入需要在政策制定效果、资源供给与协调、提供福利、供给方式、供给内容、与各部门的配合、生活支持、心理慰藉等方面有所表现,并根据表 6-2 所涉及的项目来设计干预行为。

表 6-5　社会服务组织对养老服务主体的介入

指标	内容	干预行为
政府引导	政策制度效果	参与枢纽型社会组织建设,并在此基础上培育或引导其他助老社会服务组织介入社区
		在社区内开展老年社会工作方法和技巧方面的培训,扶持老年社会组织的专业化
	资源供给与协调	社会服务组织合理利用养老服务项目资金
		开展社区居家养老服务项目,合理安排服务人员
		与养老服务相关的岗位合作,开展针对性的社区居家养老服务
市场部门参与	提供福利	与市场部门合作,开展公益养老服务项目
	供给方式	以社会服务组织为中介,联合市场部门与政府开展综合性的社区居家养老服务
	供给内容	与市场部门合作开展收费性的或者满足特殊老年人需求的养老服务

指标	内容	干预行为
	与各部门的配合	与市场及政府部门配合完成社区居家养老服务任务
家庭支持	生活支持	与家庭成员合作开展老年人日常照料服务
	心理慰藉	与家庭成员合作完成老年人精神慰藉服务

需要说明的是,社会服务组织的干预行为设计是按照养老服务效能指标来设计的,比如"社会服务组织合理利用养老服务项目资金"与政府引导(一级指标)中"资源供给与协调"(二级指标)中的"政策是否有利于服务资金的合理安排"(三级指标)来设计的,后面有关服务过程和服务评估中社会服务组织干预行为的介入亦采取同样的设计理念,在这里不一一累述。

2. 社区居家养老服务过程的介入

如表 6-6 所示,社会服务组织在社区居家养老服务过程方面的介入需要在服务内容丰富、服务环境优化、人力资源的安排、财政资源的安排、管理制度的完善、管理执行的力度等方面有所表现,并根据表 6-1 所涉及的项目来设计干预行为。

表 6-6 社会服务组织对养老服务过程的介入

指标	内容	干预行为
服务内容及环境优化	服务内容丰富	与养老机构合作,在社区内设置养老服务床位
		开展助医、助餐、助浴、助洁、助行的服务
		开展老年人关怀访视活动
		开展老年人生活陪伴服务
		开展老年人心理咨询服务
		开展老年人应急救援服务
	服务环境优化	在社区内开展活动,增加居民对老年人的接受程度
		开展老年人融入社会服务项目
		开展公益服务,营造公益文化
资源安排完善程度	人力资源的安排	安排较多的服务人员参与社区居家养老服务
		社会服务组织内部服务人员有效合作开展服务
	财政资源的安排	参与社区居家养老服务过程中带动了购买服务资金的增加
		参与社区居家养老服务使得服务资金安排更加合理性

(续表)

指标	内容	干预行为
进程管理合理程度	管理制度的完善	通过参与社区居家养老服务使得管理更加规范
	管理执行的力度	与管理部门合作开展精准性社区居家养老服务

3. 社区居家养老服务评估的介入

如表 6-7 所示,社会服务组织在社区居家养老服务评估方面的介入需要在公正性与全面性等方面有所表现,并根据表 6-2 所涉及的项目来设计干预行为。

表 6-7　社会服务组织对养老服务评估的介入

指标	内容	干预行为
养老服务效果评估的公正性与全面性	公平与效率兼顾	最大化满足老年人需求,并提高服务效率
	底线公平的体现	增加特殊老年人服务的频率
	服务标准的完善	参与社区居家养老服务评估
		开展创新性服务服务项目,优化评估方式
	评估的层次性	开展层次化的社区居家养老服务,使得评估体现层次性

(五) 统计方法

利用 SPSS20.0 软件对数据进行录入,并通过独立样本 t 检验、方差分析、回归分析等方法对数据进行统计分析。

二、研究结果

(一) 两个社区老年人的同质性检验

为确保两个社区在社会服务组织介入之前是同质的,首先对其进行同质性检验。表 6-8 显示,两个社区在社会服务组织干预之前在年龄、性别分布、身体健康状况等方面均不存在显著差异。此外,表 6-8 数据也显示,两个社区在前测上也不存在显著差异。以上结果表明,两个社区在开展社会服务组织介入之前是同质的。

表6-8　同质性检验数据

	年龄(周岁,M±SD)	性别分布(男/女)	身体健康状况(好/一般/差)
实验组	68.929±0.745	85/95	113/38/29
控制组	69.000±0.692	78/102	123/16/41
t值或χ^2值	−0.469	0.170	0.593
p值	0.642	0.680	0.744

(二) 社会服务组织介入社区居家养老服务效果检验

表6-9呈现的是两个社区老年人在前测、后测和追踪数据上的差异。简单来说,在前测中,两个社区老年人在所有的维度和总分上均不存在显著差异;在后测和追踪测试中,除家庭支持维度外,实验组在其他维度和总分上的得分均显著高于控制班。

表6-9　两个社区老年人在前测、后测和追踪数据上的差异(M±SD)

		实验组 ($N=180$)	控制组 ($N=180$)	t值	p值
前测	政府引导	11.595±2.651	11.787±2.734	−0.335	0.738
	市场部门参与	8.738±0.767	8.617±0.768	0.743	0.459
	家庭支持	36.738±4.968	36.064±4.980	0.638	0.525
	服务内容及环境优化	28.738±3.548	29.170±3.919	−0.543	0.589
	资源安排完善程度	6.952±1.146	6.936±1.223	0.064	0.949
	进程管理合理程度	25.119±5.361	24.723±5.367	0.347	0.729
	评估公正性与全面性	23.214±5.293	22.894±5.430	0.281	0.779
	总分	141.095±11.301	140.191±12.428	0.357	0.772
后测	政府引导	14.095±2.217	12.085±2.765	3.754	<0.001
	市场部门参与	8.928±0.745	8.702±0.656	1.524	0.131
	家庭支持	38.191±4.774	36.213±5.012	1.900	0.061
	服务内容及环境优化	31.167±3.003	29.170±3.919	2.673	0.009
	资源安排完善程度	7.952±0.825	7.000±1.268	4.144	<0.001
	进程管理合理程度	29.476±4.581	25.192±5.194	4.106	<0.001
	评估公正性与全面性	27.452±4.789	23.383±5.211	3.820	<0.001
	总分	157.262±10.019	141.745±12.327	6.468	<0.001

（续表）

		实验组 （N＝180）	控制组 （N＝180）	t 值	p 值
追踪	政府引导	14.333±2.313	11.915±2.835	4.377	<0.001
	市场部门参与	9.023±0.715	8.744±0.641	1.941	<0.001
	家庭支持	38.285±4.640	36.446±5.081	1.775	0.079
	服务内容及环境优化	32.285±3.071	29.170±3.919	4.139	<0.001
	资源安排完善程度	8.166±0.730	6.914±1.195	5.879	<0.001
	进程管理合理程度	29.047±4.768	25.085±5.158	3.749	<0.001
	评估公正性与全面性	27.119±4.784	23.127±5.182	3.761	<0.001
	总分	158.261±10.099	141.404±12.393	6.982	<0.001

以上数据表明，在多数维度和总分上，实验组所在的社区居家养老服务，经过社会服务组织的介入，其养老服务效能得到了显著的提升。此外，追踪数据上的差异进一步表明，社会服务组织介入的效果具有较好的稳定性和持续性。

（三）观测时间与组别的交互效应分析

进一步考察干预的效果，采用 3×2 的混合设计模式对数据进行重复测量方差分析，其中观测时间（即前测、后测和追踪）作为被试内变量，实验组和对组所在社区作为被试间变量。检验结果显示，除伦理规范维度以外（$p＝0.301$，表 6-10），在其他维度和总分上，时间和组别变量的交互作用均显著（$ps<0.001$，表 6-10）。

表 6-10 观测时间与组别的交互效应分析数据

维度/总分	交互作用检验的 F 值	p 值	维度/总分	交互作用检验的 F 值	p 值
政府引导	46.801	<0.001	资源安排完善程度	34.269	<0.001
家庭支持	1.218	0.301	进程管理合理程度	100.084	<0.001
市场部门参与	20.079	<0.001	评估公正性与全面性	90.133	<0.001
服务内容及环境优化	75.130	<0.001	总分	252.827	<0.001

图 6-1 展示了上述交互作用特点,即除家庭支持维度以外,实验组的数据在后测中均有明显提升,并且在追踪数据中保持稳定;相比而言,控制组的数据则始终处于基线水平。在图 6-1 中,按照从左到右、从上到下的顺序,依次呈现的是政府引导、市场部门参与、家庭支持、服务内容及环境优化、资源安排完善程度、进程管理合理程度、评估公正性与全面性以及总分上交互作用的分析图。

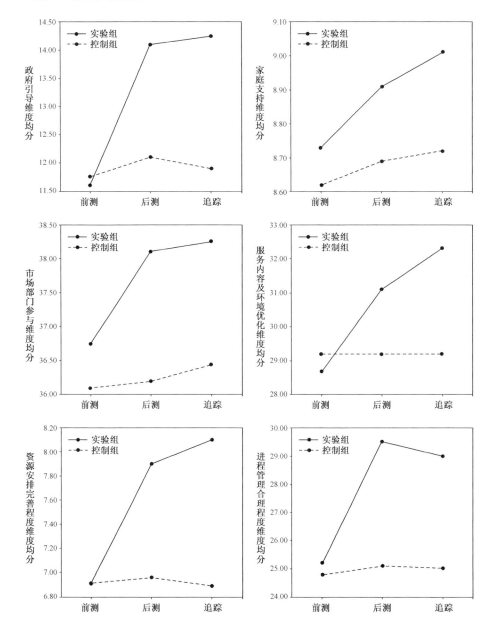

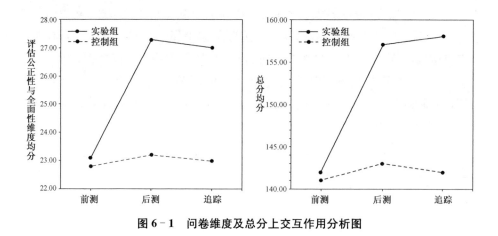

图 6-1　问卷维度及总分上交互作用分析图

三、进一步的讨论

本研究基于前序研究,对社会服务组织介入社区居家养老基础上,养老服务效能的变化进行研究。结果发现,通过社会服务组织的介入,实验组在养老服务效能的大部分维度和总分上,分数均有显著提升,表明社会服务组织的介入是有效的。

(一) 社会服务组织介入的效果分析

在本研究中,社会服务组织介入从政府引导、市场部门参与、家庭支持、服务内容及环境优化、资源安排完善程度、进程管理合理程度、评估公正性与全面性七个角度入手来提高养老服务效能,涉及 31 个方面介入内容(见表 6-4 到 6-6)。

1. 社会服务组织介入社区居家养老服务主体

第一,从引导政府角度而言。首先,从政策效果的引导方面来看:一方面,社会服务组织通过参与枢纽型社会组织建设,进一步引导其他社会服务组织介入社区居家养老服务中。这对政策的优化起到一定的引导作用,有利于政府更好地颁布社区居家养老服务政策,进而使得政府作为养老服务的主体能发挥更大的作用。另一方面,社会服务组织在社区内开展社区居家养老服务时会更加关注老年社会工作方法和技巧的实施和培训,这对于纠正政府对社会服务专业化的看法并颁布相关的政策具有一定的促进作用。研究团队在 NJ 市 AXCD 社会工作服务中心调研时发现,该组织在社区枢纽型社会组织的带领下,制定了街道级别的社区居家养老服务注意事项,并将其印刷成小册子在社区内发放和宣传,这一活动引起街道的注意,并围绕相关注意事项调整了社区居家养老服务的政策。其次,从服务资源供给与协调的角度看:① 社会服务组织介入能进一步引导购买服务资金的使用。从调研情况来看,四家社区内社会组织参与社区居家养老服务的前提是承接政府购买服务的项目。在开展服务过程中,市和街道对社会服务组织的管理更为科学,尤其是在资金的使用方面。研究团队在对 NJ 市 GL区 XZ 社会服务社访谈时发现,该组织所承接的"夕阳红为老服务项目"中的台账对服务资金的使用有着明确的规定。② 社会服务组织的介入有利于政府对服务人员进行合理安排。社会服务组织在社区居家养老服务中的专业化不仅体现在服务方面,还体现在管理上,尤其是人员的安排方面。在与 NJ 市 QH 区 HY 社工服务社访谈中得知,该组织中的社工不仅开展相关服务,还会与政府合作,找寻更多的服务人员参与社区居家养老服务过程。③ 社会服务组织介入有利于政府开发更为合适的养老服务岗位。在社会服务组织介入的背景下,社区居家养老的服务人员更为多样,服务方式也更为灵活,服务效果也会有所提升。这会促使政府进一步开发养老服务岗位,以迎合服务的多样性特征。在调研枢纽型社会服务组织 NJ 市 YS 社会工作服务中心时发现,该组织通过链接社区资源,与 A 社区所属街道一起开发有利于老年人的公益性岗位,并将有服务意愿的老年人安排其中,取得了良好的效果。

第二,从引导市场部门角度而言。首先,从提供福利的角度看。社会服务组织与市场部门合作开展公益性服务项目。例如,NJ 市某企业通过慈善捐赠的方式"购买"服务项目,委托 NJ 市 AD 慈善服务中心与在 A 社区所在街道开展社区居家养老服务。该企业把相关的管理方式引入服务项目中,管理质量得到了进一步提升。再如,对 NJ 市 AD 慈善服务中心调研时发现,该组织与"HX 科技发展有限公司""NJ 大华商厦"等企业合作,招募企业的志愿者为 A 社区内的老年人开展居家帮扶援助服务。其次,从供给方式的角度看。社会服务组织可以作为中介,有效推动政府与市场部门合作开展综合性的养老服务项目。社会服务组织具有服务方式灵活性、服务内容多元化的特征[①],可作为中介有效链接各种资源开展社区居家养老服务。在调研时发现,枢纽型社会服务组织——NJ 市 YS 社会工作服务中

---

① 嵇欣、黄晓春、许亚敏:《中国社会组织研究的视角转换与新启示》,《学术月刊》,2022 年第 6 期。

心,与 NJ 市 LLJ 食品有限公司合作,共同承接 A 社区所在街道的社区居家养老服务项目,并在居家适老化改造、老年助餐服务等方面有所创新。再次,从供给内容角度看。社会服务组织与市场部门合作开展收费性的养老服务,有利于满足特殊老年人的需求。例如,NJ 市 GL 区 XZ 社会服务社所承接的服务项目中有为老年人修脚这一服务内容。该服务在 A 社区开展时得到了普遍认可,但部分老年人认为该服务周期短、频率低,要求多开展此类服务。为此,该组织与 HS 修脚连锁有限公司合作,在社区内开展收费性的服务。最后,从部门配合的角度看。社会服务组织可与市场部门、政府等部门形成有效的合作模式,进而提升社区居家养老服务的质量。NJ 市 YS 社会工作服务中心作为枢纽型社会服务组织,在 A 社区所在街道开展服务时,利用自身灵活的优势,不断引入市场部门介入街道内的社区居家养老服务项目中,并据此形成"三方精诚合作、共享公益效果"的服务模式,得到了 NJ 市的高度重视。

2. 社会服务组织介入社区居家养老服务过程

第一,从服务内容及环境优化角度而言。首先,从服务内容丰富角度看。① 社会服务组织能有效开展诸如关怀访视、生活陪伴、心理咨询、应急救援等服务。从调研情况看,A 社区内的社会服务组织所承接的社区居家养老服务项目,开展的服务多集中于专业性服务。例如,NJ 市 GL 区 XZ 在一年时间内开展 120 多次个案服务,30 多次小组活动,对老年人心理素质的提升具有重要的促进作用;NJ 市 GL 区 XZ 社会服务社在街道内通过招聘及培育的方式,成立了 NJ 市 GL 区 ZS 街道老年心理支持小组和 NJ 市 GL 区 ZS 街道老年互助协会两家自组织,并开展相关的生活陪伴、关怀访视等服务;NJ 市 AD 慈善服务中心在街道为社区居家开展多次老年人应急救援培训,提高了老年人的自我安全意识。② 社会服务组织可与其他组织合作开展专业化的社区居家养老服务。虽然社会服务组织开展的社区居家养老服务多以生活服务为主,专业化程度欠缺,但其可以与专业的社会服务组织如康服务机构等开展诸如设置养老床位、助医、助餐、助浴、助洁、助行等合作项目,共同提高服务质量。例如,社区自组织 NJ 市 GL 区 ZS 街道老年互助协会利用部分组织成员的威望,为街道引入社区居家养老床位;NJ 市 GL 区 ZS 街道老年文体服务队为成员及其家属提供助医、助洁、助行等生活便利服务;NJ 市 QH 区 HY 社工服务社在 A 社区老年助餐点开展"餐饮文化""养生保健"等服务项目。其次,从服务环境优化的角度看。① 社会服务项目的开展有利于营造老年人社会融入的环境。社会服务组织在社区内开展社区居家养老服务,能有效引导社区居民对老年人的正确认知,进而促进老年人社会融入程度的提升。例如,NJ 市 GL 区 ZS 街道老年文体服务队利用其草根性、亲民性等特征,在社区内开展多场文体活动,并联合 NJ 市 GL 区 ZS 街道老年书法协会,对社区内有一定文艺潜质的老年人开展文化素质培养讲座,增加社区融合度的同时,也提高了民众对老年人的认同感。② 有利于公益文化的形成。社会服务组织在开展相关服务的同时,也会把养老服务思想、敬老孝老理念等文化要素融合进社区居民的思想中,有利于养老服务的顺利进行。如 NJ 市 GL 区 ZS 街道老年文体服务队和 NJ 市 GL 区 ZS 街道老年书法协会在街道社区内开展相关服务时,提高人们业余爱好的同时,也进一步促进公益氛围的发展。

第二,从资源安排完善角度而言。首先,从人力资源安排角度看。① 社会服务组织会进一步安排更多的服务人员参与社区居家养老服务。随着老年人需求的不断变化,社会服务组织也会安排更多的人员来开展相应的服务。例如,在对 NJ 市 YS 社会工作服务中心相关工作人员访谈时发现,部分社工的任务逐渐增多,包括开展养老服务、配合行政工作等。② 随着服务的不断深入,社会服务组织为提高服务质量也会更加关注服务人员之间的配合程度。例如,NJ 市 GL 区 ZS 街道老年互助协会最初是由社区内的老年居民通过 NJ 市 YS 社会工作服务中心的引导而成立的。成立之后的服务内容集中于兴趣爱好培养等服务,范围多集中于组织内部成员。随着服务的深入发展,该组织也逐渐引入专业社工人员,并在其指导下形成完善的工作模式并开展服务。其次,从财政资源安排的角度看。社会服务组织介入社区居家养老服务不仅带动了购买服务资金的增加,而且使得服务资金安排更加具有合理性。如前所述,社会服务组织通常以购买服务项目的方式参与社区居家养老服务,这一购买服务的方式涉及政府财政的统筹与安排。随着服务的开展,社会服务组织的专业化优势逐渐体现出来,政府部门也更加愿意合理安排更多的资金用于购买相关服务。

第三,从进程管理的合理程度来看。首先,从管理制度完善的角度看。社会服务组织的参与使得社区居家养老服务管理更加规范。在与部分社会服务组织访谈时发现,社会服务组织通常会参与社区居家养老服务的项目设计、服务资源安排、服务配套措施的完善等工作中,并通过其专业化的手段以及灵活性的工作思路,使得工作安排更加合理顺畅。其次,从管理执行力度的角度看。社会服务组织通过与管理部门合作,能开展精准性社区居家养老服务,有利于提高管理的融合性。例如,NJ 市 AD 慈善服务中心在对某一服务对象开展个案工作时,为配合该服务对象的跨区劳动关系转移,与跨入地的劳保部门合作,实现业务的有效对接,最终完成相关的服务任务。

3. 社会服务组织介入社区居家养老评估过程

首先,从公平与效率兼顾而言。社会服务组织在满足老年人需求的同时,能进一步提高服务效率,进而提高评估的客观程度。一方面,社会服务组织开展的社区居家养老服务顺利进行的前提条件是满足老年人的需求;另一方面,社会服务组织也会考虑资源配置、服务安排等成本要素,因而要最大化地提高服务效率。在以上因素的影响下,相关评估主体会更加注意公平与效率之间的衡量。其次,从底线公平体现的角度看。社会服务组织的加入能使得评估主体考虑弱势老年群体的需求。例如,NJ 市 GL 区 ZS街道老年互助协会主要服务对象为失能失智老年人,为保障这些老年人的权益,该组织负责人经常对相关管理部门进行游说,极大提高了有关部门对弱势老年群体的重视程度,并制定出对应的评估标准。再次,从服务标准完善的角度看。社会服务组织的介入不仅能丰富评估内容,而且能进一步优化评估的方式。从调研的情况来看,部分社会服务组织(如 NJ 市 YS 社会工作服务中心)的负责人作为专家参与街道购买服务项目的中期和后期的评估。此外,部分社会服务组织(如 NJ 市 AXCD 社会工作服务中心)的成员参与街道社区居家养老服务项目评估标准制定的过程中,并提出了更为优化的标准。最后,从评估层次性的角度看。社会服务组织通过开展层次化的养老服务,使得评估内容更具层次化。随着社会服务组织在社区居家养老服务中的全面介入,服务内容也更加多样化,为提高评估的精准性,相关部门会进一步从服务内容、服务过程等方面制定层次有别、内容全面的评估标准,进而提高监管的效果。

(二) 无效果维度的分析

但是也要注意到,并非所有维度的分数经过干预都得到了提升,其中如表 6-9 显示,在后测和追踪测试中,实验组和控制组在家庭支持上无显著差异(p 值>0.05),这说明社会服务组织的介入对家庭支持老年人的行为并不能产生影响,这一问题出现的主要原因在于社会服务组织的服务内容与家庭养老的内容有所冲突。首先,从日常生活照料的角度看,社会服务组织更多的是站在第三方的角度对居家老年人开展生活照料服务,这与家庭成员的直接性服务有一定区别。因此,社会服务组织的生活服务在许多家庭成员看来,并不能有效提升老年人的福利水平。在访谈中发现,部分社会服务组织的工作人员也反映出这一问题,比如 NJ 市 GL 区 XZ 社会服务社在 A 社区开展居家服务时无法达到家庭成员的要求。其次,从精神慰藉的角度看,部分社会服务组织开展的居家老年人心理慰藉服务起到相反的效果。

但不可否认的是,家庭在社区居家养老服务中具有不可替代的位置。首先,家庭成员具有不可替代性。家庭成员与居家老年人具有血缘关系,也是老年人最后的依靠,家庭成员也最了解老年人,他们对老年人的照顾对老年人来说是最为贴切的。其次,家庭照顾的内容具有不可替代性。家庭成员的照顾内容涉及方方面面,可以更全方位地照顾老年人,这种方式是其他服务不能取代的。虽然从实证分析的角度看,社会服务组织介入家庭对社区居家养老服务效能提升的效果不甚明显,但由于家庭服务的特殊性以及重要性,还是需要社会服务组织介入家庭养老服务中,可采取培训、业务融合等合作的方式进行介入,以此提高家庭养老的能力。

(三) 研究的伦理规范

本研究作为干预类研究,尤为重视研究的伦理规范。具体而言,主要从以下几个方面入手考虑研究的伦理规范。

1. 知情同意

一方面,研究得到了研究对象所在社区和街道的知情和许可,并在研究期间定期向参与研究的两个社区的管理人员报备社会服务组织干预进展和研究情况;另一方面,研究开始之前通过介绍会的形式向参与研究的两个社区的居民介绍研究的大致情况,以确保两个社区的居民对研究知情,并请研究对象签署知情同意书。

2. 自由退出

在研究过程中,允许社区居民按照自己的意愿参与社会服务组织干预,并享有自由退出的权利。在实际干预过程中,没有发现居民退出干预过程。

3. 同等干预

尽管在研究过程中,控制组没有接受任何社会服务组织的干预,但在研究结束之后,即追踪数据采集完毕之后,立即对控制组开展了同样的社会服务组织干预,以确定社会服务组织干预的有效性和稳定性。从后期数据反馈的情况看,也证实了本研究反映的现实。

第七章 社会服务组织介入对社区居家养老服务效能影响的经验探究

为进一步探究社会服务组织介入的效果,增加感性认识,为社会服务组织介入社区居家养老服务提供精准化的政策建议,有必要对社会服务组织介入与社区居家养老服务并影响服务效能进行经验研究。

我国城市社区居家养老服务效能优化的阻滞远非政策表层优化所能解决,还存在诸多问题,如社会服务组织的培育脱离于社会发展的最终目标(甚至短期目标都未能实现)、社区居家养老的绝对优势导致社会服务组织较难介入、服务模式与制度运行的背离、市场结构的弱化①,等等。因此,面对城市社区居家养老服务效能优化,我国还需谨慎行之,从深处挖掘其内在机理。通过整合我国社会服务组织介入城市社区居家养老服务的经验,形成分析框架,能有效地解决当期存在的问题,优化城市社区居家养老服务效能。

此外,国外城市社区居家养老服务制度的建设源于完善的社会服务体系,其法律、机制、组织等方面经过几十年的发展业已完善。其一,国外的社会福利制度的发展源于内部压力,如英国的"从摇篮到坟墓"的社会福利制度、德国的"国家保障"模式、北欧的"斯堪的纳维亚"模式,其发展之初都源自社会问题的积累。其二,国外的公共服务机制较为发达,受诸多法律保护,如日本的《老人福利法》《高龄老人保健福利推进10年战略计划》《关于社会福利服务基础结构改革》等,②社会成员对其接受程度也高于其他国家。其三,国外诸多国家中与城市社区居家养老服务的有关要素较为健全,包括社会服务组织、社区建设、国家公共财政支持等。因此,我们能从国外的城市社区居家养老服务制度中吸取积极的要素,并为我国所用,有效地完

---

① 这些观点参考了吴玉韶《养老服务热中的冷思考》中的观点。详见吴玉韶:《养老服务热中的冷思考》,《北京社会科学》,2014年第1期。

② 王媛媛:《国外社区养老服务的发展模式及对我国的启示》,《改革与开放》,2012年第16期。

善城市社区居家养老服务效能优化机制。

　　本研究所借鉴的地区,其社会服务组织介入城市社区居家养老服务均具有较强的优势,或具有深厚的历史传统,或具有完整的现实环境,或具备全面的硬件设施、或具备雄厚的财政支持,这些地区的社会服务组织介入城市社区居家养老服务模式形成方面对我国城市社区居家养老服务效能优化有重要的借鉴意义。

一、国内经验研究

　　以目前来看,城市社区居家养老服务效能优化的有关研究多集中于主观性评判,实证研究也多以某一地区为个案进行研究,缺乏整体性的思考。以笔者之见,出现这一问题的主要原因在于:其一,城市社区居家养老服务制度的发展在我国处于中期发展阶段,对其研究出现多样化的方式亦属正常。对城市社区居家养老服务效能优化的理论建构多集中于福利多元主义、协同—生产理论、合作咨询框架协议、多元合作模型、顾客服务导向模式、SWOT 分析模型等。许多理论有交叉之处,如福利多元主义强调城市社区居家养老服务主体建构[①],这与多元合作强调的社会服务组织发展模式有异曲同工之妙。此外,许多理论还借鉴国外的模式而没有考虑到本土化经验。因此,要对城市社区居家养老服务效能优化的理论进行整合、提炼,在此基础上发展出符合我国之实际、普适性的研究范式。其二,我国地区发展不均衡,在社会、经济、文化等方面存在诸多差异,这也造成了城市社区居家养老服务效能优化的梯度效应。受此因素影响,各地区的城市社区居家养老服务多带有地域特征,部分地区的城市社区居家养老服务基础又较为薄弱,因此很难做到全国统一。[②]

　　对城市社区居家养老服务来说,主观性的理论、框架的建构并不是完整的研究范式。需要在实证研究的基础上,进一步观察、凝练、总结、发展。如若以全国性视角来审视城市社区居家养老服务效能优化存在的问题,既缺乏现实基础,又受制于技术发展的条件。因此,在现有的境况下,需要总结提炼城市社区居家养老服务效能优化的共有要素,并将经验推而广之。

---

　　①　刘晓静、徐宏波:《社区养老服务产业化发展路径研究——基于福利多元主义理论视角》,《河北师范大学学报(哲学社会科学版)》,2013 年第 5 期。
　　②　社会保障所存在的跨地区转移问题亦多由此原因所造成,详见曲绍旭、钱国荣:《我国社会保险关系地区转移存在问题与对策研究》,《桂海论丛》,2009 年第 1 期。

(一) 江苏省的个案分析

江苏省之所以作为研究的个案,是因为其地域特点以及经济的发展优势。第一,江苏省的经济优势是养老服务制度完善的重要基础,经过几年的发展,其模式已经具备了代表性。江苏省养老服务制度发展较早,到目前为止已经发展出居家、社区、机构养老的完善模式,并通过信息化、智能化的技术支撑以及服务体系的完整构建,能满足老年人的多样化需求。据有关数据统计,江苏省已经全部覆盖城市社区居家养老服务模式,苏南、苏北、苏中的城市社区居家养老服务制度呈现平均化发展态势,并且各地在购买养老服务、完善资金补助机制、引导社会服务组织参与以及发展养老服务业方面业已走在全国前列。① 第二,江苏省区域的发展不均衡,又使本研究的结果具有梯度性,结果更具参考价值。

据统计,"截至 2020 年 11 月,全省各级民政部门登记社会组织 9.7 万家,备案城乡社区社会组织 9.9 万家,形成了覆盖广泛、类型多元、充满活力的社会组织发展格局"②。近年来,江苏高度重视社会服务组织培育管理,更新观念思路,创新体制机制,注重整体推进,采取有力措施,引导社会服务组织发挥积极作用。③ 江苏省在 2012 年 4 月 2 日颁布的《江苏省人民政府关于加快发展养老服务业的实施意见》》(苏政发〔2014〕39 号)中指出,"到2020 年,江苏省将全面建成以居家为基础、社区为依托、机构为支撑、信息为辅助,功能完善、服务优良、覆盖城乡的养老服务体系"④。而其中的机构为支撑并非单一指向养老院,而包括养老服务类社会服务组织在内的所有社会服务组织机构。实际上,江苏省近几年也在大力完善、提升社会服务组织在养老服务中的作用,"在实践中探索了'虚拟养老院''一键通'等做法,并在全国推广。采用发放服务券和招标社会服务组织承担服务的方式,连接各种涉老服务机构、社会服务组织和志愿者,为空巢、高龄、困难老年人提供高效便捷的上门服务"⑤。

---

① 江苏省民政厅:《江苏省大力推进社会养老服务体系建设》,江苏省民政厅官方网站,2018年 8 月 11 日。

② 闪电新闻:《江苏 9.7 万家社会组织助力经济社会高质量发展可持续发展》,闪电新闻官方网站,2020 年 12 月 1 日。

③ 民政部调研组:《发挥社会服务组织积极作用　助推民政转型升级　促进经济社会发展——江苏省调研告》,《中国社会服务组织》,2013 年第 4 期。

④ 民政部:《江苏省出台加快养老服务业发展实施意见》,中华人民共和国中央人民政府官方网站,2014 年 4 月 14 日。

⑤ 江苏民政:《江苏省大力推进社会养老服务体系建设》,江苏民政网,2014 年 8 月 14 日。

目前,江苏省内的养老服务类社会服务组织主要以民办非企业为主,服务内容多集中于社区居家养老服务。这种方式主要是以社区为依托,对社区内行动不便的老年人提供系统化的服务。其内容主要包括生活服务,如购物、配餐①、家政服务②、照料与陪护等;法律服务,如提供法律咨询、法律援助及维护老年人赡养、财产和婚姻等合法权利的服务。虽然江苏省很多地区(如南京市的浦口区、江宁区)将老年人的法律维权服务下放到司法部门管辖,但社会服务组织的社工人员可提供基本的法律知识,提高老年人的维权意识;教育服务方面,包括老年人讲座、图书阅览等;心理服务方面,包括心理健康讲座、邻里关系融合、社会能力提升等方面。以目前来看,江苏省内社会服务组织所提供的养老服务产生了一定的社会影响。比较有代表性的服务个案包括以下几个。

1. 南京市的个案分析

南京市养老服务的社会多元化发展与社会服务组织介入的完善相辅相成,业已发展出独特的模式。在社会服务组织介入的背景下,南京市社区居家养老服务效能提升(主要集中于服务供给主体、服务传递过程)主要表现在以下几方面。

(1) 服务供给主体多元化发展

南京市不断通过引导社会服务组织介入来丰富供给主体,进而提高养老服务效能。首先,出台相关政策来加强社会服务组织的介入。早在2007年11月7日,南京市就颁布了《江苏省南京市人民政府办公厅关于为全市城乡独居老人提供社会化服务的实施意见》(宁政办发〔2007〕152号)③,这一文件从多角度对独居老人服务的思路、原则、范围、方式、内容等方面进行了阐释。尤其是在服务方式方面,创新性地提出"动员社会力量,积极参与老龄事业,特别是鼓励直接从事老年产品开发的单位和企业积极为老服务"④,这为社会服务组织参与城市社区居家养老服务和优化养老服务效能提供了经验基础。在此基础上,南京市六合区在2008年9月9日颁布了《关于进一步做好农村高龄特困独居老人居家养老服务工作的通知》,重点

---

①　这在江苏部分地区实行的已较为完善,如笔者在2012年所调研的苏州市沧浪区老年人配餐中心,这一中心的运营主要依靠政府的补贴,并根据老年人的饮食习惯改变菜系,得到了较高的评价。类似的还比如南京市鼓楼区、江宁区等地的老年人配餐中心。

②　家政服务很多依靠家政公司来运营,社会服务组织提供的家政服务并不具有专业化水平。

③　江苏省南京市人民政府办公厅:《江苏省南京市人民政府办公厅关于为全市城乡独居老人提供社会化服务的实施意见》,法律教育网,2007年11月7日。

④　江苏省南京市人民政府办公厅:《江苏省南京市人民政府办公厅关于为全市城乡独居老人提供社会化服务的实施意见》,法律教育网,2007年11月7日。

突出社区居家养老社会化服务人员的管理工作,对其条件、要求、考核等方面进行了纲领性的规划。在以上政策的支持下,南京市的社会服务组织能更为有效地介入城市社区居家养老服务中。此外,南京市还通过颁布优惠政策为社会服务组织的介入提供诸多便利条件。南京民办养老机构多采取"公办私营"的方式,即由政府出资筹建养老机构,经营管理权交由私人部门,而监督权则交由政府。这种方式在政府为主体的基础上进行服务,并起到了较好的监督作用。同时通过"民办公助"的形式,对私人部门的养老机构给予一定的补贴(主要包括机构建设和市场运营的补贴)[①],这种方式能有效发挥私人部门在养老服务方面的积极性,也能有效发挥养老机构的能动性,通过此种政策的推进,有效地优化养老服务的效能。

其次,通过强化服务模式来夯实社会服务组织介入的效果。2014 年 8 月,南京市整合了多部门[②]的优势资源,颁布了《关于加快发展养老服务业的实施意见》(宁政发〔2014〕216 号),该文件是南京市近几年制度建设的总结与提升,亦是未来养老服务的目标与方向。文件从顶层设计、政策创新、资源整合、养老产业方面,对南京市城市社区居家养老服务制度建设做了整体规划。[③] 在顶层设计上,不仅强调养老服务制度的模式构建(居家为基础、社区为依托、机构为支撑),而且进一步强调社会的主体地位和法律的基础性作用。同时对居家养老服务、社区(社会服务组织)养老服务、机构养老服务等方面的标准提出指导方针。在政策创新上,完善了老年护理机构的转型,并加大补贴力度。同时,还要求为社会服务组织以及医疗服务机构提供相关的保险制度,并建立起养老护理员的相关补贴制度。[④] 在资源整合上,强调社区资源的有效利用,将办公住所的部分用房用于安置社会服务组织,并鼓励够由资本介入养老机构的建设。在养老产业上,加大专项资金的供给力度,并国有相关部门开发优化的养老项目,以此来满足老年人的多样化需求。由是观之,南京市现有养老服务不仅具备多部门、多视角、多方位的实施理念,而且在制度创新、服务模式构建等方面亦走在全省乃至全国前列。

---

① 土地划拨、规费减免、贷款贴息、床位建设补贴、床位运营补贴、以奖代补、购买服务等政策导向措施。

② 包括民政、发改、住建、规划、国土、卫生、财政、人社等。

③ 南京市民政局:《南京市出台"关于加快发展养老服务业的实施意见"》,江苏民政网,2014 年 8 月 18 日。

④ 南京市民政局:《南京市出台〈关于加快发展养老服务业的实施意见〉》,江苏民政网,2014 年 8 月 18 日。

（2）服务传递过程不断优化

南京市通过优化社会服务组织介入的过程，来提高养老服务效能。首先，为社会服务组织的介入提供硬件支持。南京市养老服务制度建设遵循居家养老服务为基础、社区服务为依托、机构服务为补充的理念。在完善特殊老年人群服务的基础上，重点推出社区服务站的硬件建设。如建邺区已于2019年就在福园、月安、兴达、双和园等社区建立了滨湖街道福园城市社区居家养老服务站、兴隆街道月安城市社区居家养老服务站、南苑街道兴达城市社区居家养老服务站等社会服务组织，使得老年人服务有所依托；浦口区也"加大资金投入力度，完善各项服务设施，要求各城市社区居家养老服务中心配备1～2名专职服务人员，组织社会服务组织中的社会志愿者免费为老人提供服务，鼓励低龄健康老人担任义工，为其他老人提供服务"[①]。在先前服务经验的基础上，南京市在2012年2月23日颁布的《南京市2012年社会建设工作目标任务分解方案》中对养老服务进行了详细的规定，包括"加快公办社会福利院、老年公寓等养老设施建设，加快城市社区居家养老服务中心建设，城市建成764个，实现全覆盖，农村建成229个"[②]。硬件建设夯实了南京市城市社区居家养老服务的发展基础，使得社会服务组织的介入效果更好，这为养老服务效能的提升提供了现实基础。

其次，不断丰富社会服务组织参与的内容。为提高社会服务组织的介入效果，南京市不断丰富社区居家养老服务内容，这些内容涉及老年人知识讲座、兴趣培养、社会能力提升等方面，增加了老年人知识、丰富了生活、锻炼了能力。但这种服务方式多以政府为主体，且服务方式单一，缺乏多元化参与理念，对城市社区居家养老服务效能提升的帮扶有限。因此，需要整合其他要素共同为老年人服务。根据老年人的实际需求，南京市部分地区拓宽思路，进一步完善城市社区居家养老服务的构建机制，如早在2012年，下关区就已经为辖区内的社区居家养老服务中心或社会服务组织配备法律顾问，"为居家养老中心老年人讲授法律知识、提供法律服务和法律援助，维护社区居家养老中心和老年人的法律权益"[③]。此外，南京市还极力引进社会服务组织资本进入城市社区居家养老服务，如"与市财政局等部门配合，推

---

① 浦口区民政局：《浦口区从三方面入手加强居家养老服务建设》，中国·南京网，2011年4月25日。

② 南京市市法制办、司法局、信访局：《中共南京市委办公厅　南京市人民政府办公厅关于印发〈南京市2012年社会建设工作目标任务分解方案〉的通知》，中国共产党南京市委官方网站，2012年2月23日。

③ 鼓楼区人民政府建宁路办事处：《下关区建宁路司法所为社区居家养老服务中心配备法律顾问》，中国南京网，2012年10月19日。

动出台规范性文件,从服务对象、服务内容、服务标准等方面规范政府购买服务行为"①;江宁区在老年人需求调查方面,通过购买服务的方式与社会服务组织合作;在养老服务评估方面引进第三方机制,完善服务能力和服务质量的评定和考核,提升服务水平和能力。丰富的服务要素为养老服务效能优化奠定了实施基础。南京市政府于 2013 年 10 月 15 日颁布了《关于印发南京市城市社区居家养老服务实施办法的通知》②,这一文件从服务型公益社会服务组织、服务内容、服务申请、经费保障、监督管理等方面对社区、居家养老服务做了整体性的规划。尤其是在服务内容方面,对符合民政部门规定的老年人群体,可享受如紧急呼叫终端、助老服务券等服务,并规定"居家养老基本服务项目(助餐、助浴、助洁、助急、助医等定制服务)的价格由物价部门核定,助老服务券(卡)的使用管理办法由市民政局另行制定"③。通过提高政府协作能力,进一步提升养老服务效能。同时,于 2020年颁布了《关于印发〈南京市养老服务机构等级评定管理实施办法(试行)〉的通知》(宁民养老〔2020〕157 号),夯实了社会服务组织介入的现实条件。

再次,在"医养结合"模式的基础上促进社会服务组织参与能力。目前,南京市城市社区居家养老服务的参与机制只局限于社区、居家养老的形式。为进一步提高服务水平、拓展业务范围、完善资源整合、提升服务效能,南京市于 2013 年尝试运行"医养融合"的养老服务模式,这一模式首先在秦淮区开展试点,通过"指导社区卫生服务机构与养老机构负责人现场对接,签订'医养融合'服务协议,采取社区卫生服务中心全科团队与养老机构对接的服务方式,按照紧密结合模式、巡诊服务模式、指导服务模式,为全区 38 家养老机构入住老人提供卫生保健服务"④。这种服务模式能有效解决老年人的燃眉之急,使得南京市养老服务中社会服务组织参与制度的完善又向前一步。至此,南京市养老服务制度已然发生转变,养老服务的推进由结构型向融合式发展转型、由托底保障向全民覆盖转化,工作重点由机构床位向居家社区服务转移,服务方式由生活保障型向医养融合型转向。这一系列的转变使得南京市养老服务的社会服务组织参与更加丰富、多元,养老服务

---

① 南京市人民政府:《市民政局推动民间资本进入养老服务业》,中国·南京网,2013 年 3 月21 日。

② 南京市人民政府:《市政府关于印发南京市社区居家养老服务实施办法的通知》,中国·南京网,2013 年 10 月 15 日。

③ 南京市人民政府:《市政府关于印发南京市社区居家养老服务实施办法的通知》,中国·南京网,2013 年 10 月 15 日。

④ 南京市民政局:《南京探索养老服务"医养融合"新模式》,中国·南京网,2013 年 12 月 23日。

效能机制也愈加完善。南京市以丰富的医疗服务资源为基础,有效衔接了医疗机构与城市社区居家养老服务类社会服务组织,这一方式以医疗机构的需求为基础,在制定标准的基础上实现医养结合。在办院规模较大的医疗机构中,对老年人设立相关的医务室,配有专门的医生,能完全掌握老年人常见疾病的治疗,并在转诊及其他老年服务方面发挥了积极的作用。此外,对于功能设施比较健全的社区居家养老机构(如秦淮区、鼓楼区的部分养老机构已经具备了医疗服务的功能),南京市要求其纳入所在地区的医疗网络,实施就近服务的原则。对于功能社区较为简陋的养老机构,南京市采取就近原则,由卫生部门指定的附近医院为其设立医疗服务点,为老年人提供医疗服务。同时,南京市近几年正在大力提倡公益性或私营化的养老医疗机构以及康复性医院的建设,这些都在无形中完善了养老服务传递机制,优化了养老服务效能。

最后,通过规范社会服务组织介入的服务评估过程,提高养老服务效能。南京市政府在城市社区居家养老服务资金的安排主要集中于市、区两级,由南京市及各辖区设立转型的养老服务资金,通过购买社会服务组织服务的方式为老年人提供心理慰藉、生活照料等方面的服务。对于资金的使用情况,政府自身或与社会服务组织合作,采取标准化的方式实施监督,使得购买服务资金的运转机制能良好地运行。此外,南京市还完善了对养老机构的监督机制建设,与相关研究部门共同制定养老机构服务项目的内容及方式,并且对其标准进行细化。在评估的管理方面,实行区域化的多级评估机制,并且鼓励第三方介入评估机制中,加强了客观性的衡量。[①] 通过有效的评估方式,为养老服务效能优化提供评估基础。

2. 苏州市的个案分析

苏州市引入社会服务组织优化养老服务效能的促进措施源于 2014 年11 月 28 日颁布了《江苏省苏州市加快发展养老服务事业的意见》(苏府〔2014〕108 号),这一文件对养老服务制度建设的总体思路、扶持政策、相关机制、组织领导等内容提出了全面的建设性意见。[②] 其中,在服务政策方面,规定经民政局认定的社会福利机构(主要包括养老机构和居家养老服务机构)可减免费用,按照国家有关规定执行税收政策,并对企业所得税进行减免,对与城市社区居家养老服务有关的单位,如若得到捐赠支持,则可通

---

① 民盟市委:《南京市社会养老服务体系建设中存在的问题与建议》,南报网,2013 年 1 月 18日。

② 根据苏州虎丘区调研资料整理。

过票据证明,享受税收的优惠政策。在扶持政策方面,不仅规定"社会力量可以合资、入股、购买和租赁等方式参与国有养老服务设施的经营",而且"政府对社会力量兴办养老机构和居家养老服务组织实施资助政策,鼓励、扶持社会力量投资发展养老服务事业"。以此为契机,苏州市社会服务组织介入城市社区居家养老服务的机制不断完善,养老服务效能不断优化。在社会服务组织介入的背景下,苏州市养老服务效能提升的效果表现在以下几方面。

(1) 引入社会服务组织介入服务

通过制定相关优惠政策引导社会服务组织的介入,提高养老服务效能。为进一步完善与加强社会服务组织介入城市社区居家养老服务的有效性,苏州市政府于 2010 年 1 月颁布了《市政府关于进一步加快发展我市养老服务事业的补充意见》(苏府规字〔2010〕4 号),这一文件对民办养老机构、居家养老服务等部门的诸如补贴政策、经费补助等方面给予规定,并依据江苏省社区居家养老相关政策规定,扩大养老服务对象的范围、优化养老服务的项目、完善敬老金的补贴标准、提高养老服务业的准入机制、完善总体管理制度。[①] 该文件对苏州市养老服务类社会服务组织的发展起到了引导性作用,如"鼓励……社会力量……在辖区开办日间照料中心、托老所、助餐点等为居家老人提供生活照料、健康保健、心理慰藉、文化娱乐、助餐等内容的服务项目",加大福利彩票公益金对养老服务事业的资助力度,等等。此外,苏州市于 2011 年 10 月颁布了《市政府关于加快推进我市社会养老服务事业发展的若干补充意见》(苏府〔2011〕195 号),从目标、任务、措施等方面进一步丰富了现有的养老服务设置内容。[②] 其中,涉及社会服务组织的内容包括:其一,拓展城乡养老机构功能。如增加养老服务项目、提高养老服务的功能、完善社区居家养老服务的准入机制。同时,明确规定了养老服务在短期居住、生活照料、餐饮服务、文体活动方面的创新项目。其二,优化服务组织介入效果。规定"各市、区成立居家养老指导中心;各街道(镇)建有居家养老管理中心;社区(村)建有居家养老服务中心(站)",以上的优惠政策为社会服务组织介入养老服务提供了现实条件。

诸多优惠政策使得社会服务组织对苏州市城市社区居家养老服务效能的优化起到了重要的辅助作用,如在 2013 年 9 月,苏州市太仓市与上海海阳老年事业发展中心合作,"为太仓 7 个镇区的 60 周岁以上有生活照料需

---

① 根据苏州吴中区调研资料整理。
② 根据苏州姑苏区调研资料整理。

求的居家老年人提供服务"①。苏州市吴中区也极力注重社会服务组织在城市社区居家养老服务中的介入作用,并将"提供日常生活照料,包括家政便民、医疗保健、物业维修、人文关怀、娱乐学习、应急救助等服务"②等城市社区居家养老服务项目部分或者全部委托给社会服务组织承担办理,等等。

（2）提高服务传递的效果

在社会服务组织有效介入的前提下,苏州市社区居家养老服务效能提升的效果也较为明显,主要表现在以下两点。

第一,"虚拟养老院"中社会服务组织的介入。苏州市的虚拟养老院为全国首创,最初发端于苏州市的沧浪区,它以先进的电子技术为蓝本,以信息平台为主要的交流方式,为辖区内老年人提供全方位的专业化、标准化、规范化的服务。这一模式自运行以来,得到了服务对象的高度评价。服务的主要内容涉及家政、保健、物业、娱乐、救助等方面。③ 在该模式中,社会服务组织可作为加盟单位介入城市社区居家养老服务中,通过系统、量化的标准服务供给,满足老年人的多样化需求,"正是中介组织的出现,使得社区治理这一工具找到了实现路径,找到了新的运用策略,促进了社区治理的发展和创新"④。社会服务组织能简化城市社区居家养老服务的传输过程,实现城市社区居家养老服务效能的优化。

第二,社区居家养老中社会服务组织的介入。我国社会服务组织介入城市社区居家养老服务的主要载体多集中于社区,这一来是由于大部分社会服务组织发展规模较小,需要借助社区完成服务内容;二来是由于社区与服务对象的链接最为直接,利于城市社区居家养老服务效能的优化,社会服务组织如若有效介入,可节约诸多成本。苏州市自 2005 年就在社区内建立养老服务中心,发展至今,许多服务中心都通过与社会服务组织合作的方式来拓展服务内容、提升服务质量。

（3）提高服务效果评估质量

养老服务多元化能有效满足老年人需求,提升其社会福利水平,但难以评估的弊端也会阻碍其发展。面对该问题,苏州市在城市社区居家养老服务评估中引进社会服务组织,通过专业化的评估来判断服务的质量。根据

---

① 根据苏州姑苏区调研资料整理。

② 根据苏州虎丘区调研资料整理。

③ 张艳:《快速老龄化背景下苏州市社区养老服务体系建设研究——沧浪区"邻里情"虚拟养老院为例》,《社会保障研究》,2010 年第 5 期。

④ 高祖林:《政策网络视域下社会化养老服务体系建设研究——以苏州市虚拟养老院为例》,《江海学刊》,2013 年第 3 期。

养老工作的实际需求,适当地推进政府购买服务内容,并为公益社会服务组织评估的介入提供了诸多条件。苏州市社会服务组织介入评估,主要集中于标准化较好衡量的服务,如日间照料、上门服务等,这些项目在服务时数、效果方面较容易衡量,客观性标准较容易判定,今后需要对主观性的标准如心理慰藉、精神康复等方面进行介入,这样方可成为健全的评估体系。① 社会服务组织的介入能优化养老服务评估标准,进一步优化服务效能。

3. 徐州市的个案分析

2008 年 2 月 18 日,徐州市颁布了《徐州市老龄事业发展"十一五"规划》(徐政发〔2008〕66 号),这一文件为社会服务组织介入城市社区居家养老服务提供了文件支持,如加强养老服务类社会服务组织的管理,利用社区资源为老年人开展相关的专业服务。此外,该文件规定成立养老服务类的社会团体,成员主要由老年人所组成,发挥老年人在教育、管理、保护等方面的互助。② 由此看出,该文件对养老服务类社会服务组织的规定仅限于协会及自治团体,服务内容多集中于老年人教育,难以形成规模化与产业化的服务模式,对养老服务效能的优化帮扶有限。

2009 年 10 月,徐州市颁布了《徐州市人民政府关于开展居家养老服务工作的意见》(徐政发〔2009〕138 号),其中对社会养老服务类的资源整合进行了说明,并鼓励各区建立养老服务中心或服务站,为老年人开展多样化的养老服务项目。③ 在社会服务组织的支持方面,文件规定要"按照专业化、规范化、市场化要求,积极培育和支持各类社会服务组织、服务团体、非营利机构成立居家养老服务机构和服务队伍,开展各种形式的居家养老服务"。这不仅为社会服务组织介入养老服务提供了区位资源,而且对社会服务组织的培育发展指明了目标与方向。在此背景下,社会服务组织介入徐州市社区居家养老服务就有了现实基础,养老服务效能提升的可能性逐渐提高,主要表现在以下几方面。

(1) 完善服务供给主体引入机制

徐州市在社区居家养老服务主体多元化发展的举措主要集中于社会服务组织的引入。徐州市自 2009 年实施居家养老服务的试点工作以来,社会服务组织参与城市社区居家养老服务的进程不断得到提升,截至 2017 年,

① 根据苏州相城区调研资料整理。
② 根据徐州调研所得资料《徐州市老龄事业发展"十一五"规划》整理。
③ 根据徐州调研所得资料《徐州市人民政府关于开展居家养老服务工作的意见》整理。

徐州市居家养老服务中心就已经达到 550 个。① 居家养老服务中心是社会服务组织参与养老服务的主要场所,为保证社会服务组织的有效介入,徐州市提出以专业服务机构为骨干、社区为依托、志愿者服务为补充的居家养老服务模式,突出社会服务组织在养老服务中的首要地位。为解决养老类社会服务组织面临的独立性差、缺乏创新性、发展周期长等弊端,徐州市政府将社会服务组织与养老服务有关的机构(如卫生、体育、文化等)联合,培育出诸多创新性的服务模式。同时,以社区为中介纽带,把辖区内公益性的商品超市、饮食、医疗服务、老年文化等机构组织、联合起来,共同形成稳定的合作机制。社会服务组织多元化的发展一方面能解决自身所遇到的燃眉之急,有利于其向更好的目标前进,另一方面又进一步优化了服务主体的顶层设计,这一点无疑对养老服务效能的优化有重要的参考意义。众所周知,现有的养老服务主体主要包括政府、市场、社会服务组织、家庭等方面,以往的研究多集中于各主体的政策取向,较少考虑主体部门的融合,即使对服务主体的合作加以研究,也多集中于政府与其他部门的结合。徐州市打破原有养老服务部门的尴尬境遇,结合各自优势,强调统一的规划理念,形成完整的统一的服务模式,这能强化服务主体间的协同,进而优化养老服务效能。

(2) 通过资源整合优化服务传递过程

首先,利用社区资源引导社会服务组织介入来提升养老服务效能。2010 年 1 月,徐州市颁布了《关于加快推进我市老龄事业发展的实施意见》(徐政办发〔2010〕28 号)②,从当前的形势、任务的安排、领导机制等方面对养老服务进行了深入分析。该文件要求在完善老年人社会保险、医疗保健及社会救助制度的基础上,进一步提升养老服务的效能。通过利用社区资源,进一步引导社会服务组织在城市社区居家养老服务制度中的介入,并对社会所兴办的养老服务机构给予政策优惠,如"吸引和鼓励社会资本投资兴办福利性、非营利性的老年公寓、老年康复中心、托老所、老年护理院等养老服务设施,并在土地使用上优先安排"。《关于加快推进我市老龄事业发展的实施意见》已成为徐州市发展与完善城市社区居家养老服务制度的纲领性文件,并对社会服务组织的发展奠定了政策基础。此后,徐州市养老服务类社会服务组织得到了长足的发展,对城市社区居家养老服务效能优化的影响越来越大。此外,为进一步完善社区居家养老的服务模式,徐州市于

① 徐州市民政局:《徐州市五项措施提升居家养老服务水平》,江西省老龄网站,2018 年 5 月 5 日。

② 根据徐州调研所得资料《中共徐州市委徐州市人民政府关于加快推进我市老龄事业发展的实施意见》整理。

2011 年 12 月 26 日颁布了《市政府关于加快构建社会养老服务体系的实施意见》(徐政发〔2011〕143 号),文件一如既往地坚持社会服务组织对城市社区居家养老服务的作用,并规定要依托于专业的养老服务机构,采取无偿或低偿的方式为老年人提供诸如"家政、日间照料以及助餐、助洁、助浴、助医、助行、助购和文化娱乐、学习教育、体育健身、精神关爱、法律维权等多种送上门的居家服务和走出家门的社区服务"①。

其次,通过购买服务加强社会服务组织的介入来提高养老服务效能。除自上而下的政策实施之外,徐州还通过购买服务、合作开发、托管经营等方式积极引导社会服务组织参与城市社区居家养老服务中;又如对养老服务标准化制定工作的社会服务组织介入,徐州市部分地区引进了社会服务组织制定的养老服务评估标准,进一步完善了监督机制。徐州市先前所制定的城市社区居家养老服务政策多倾向于特殊的老年群体,随着养老服务社会化的开展,在社会服务组织有效介入的前提下,养老服务的群体较之以往不断扩展,现有的城市社区居家养老服务已基本涵盖了徐州市所有的老年人。面对如此庞大的老年群体,徐州市对购买社会服务组织的养老服务在标准、内容等方面采取了多样化的方式。除政府购买社会服务组织的养老服务外,徐州市一方面鼓励老年人及其家庭购买社会服务组织服务,另一方面鼓励社会各界参与社会服务组织,扩大养老服务志愿者的范围。徐州市在家庭购买社会服务组织服务方面的经验值得推广,一方面,养老服务的购买具有主观性,减少了因信息不对称所导致的政府失灵,另一方面,有利于社会服务组织更好地发展。通过扩大购买社会服务组织服务的渠道,能有效发挥社会服务组织在养老服务方面的能动性,扩大其业务范围,对城市社区居家养老服务效能的优化具有重要的意义。

(二) 安徽省的个案分析

据第七次人口普查数据显示,安徽省 60 岁以上人口占全部人口比重为 18.79%,高于全国平均水平。自 2015 年开始,安徽省政府连续 5 年将"发展居家和社区居家养老服务"指标列入地市绩效目标考核范围;9 个地市跨入中央财政支持的社区居家养老服务改革试点行列;铜陵、合肥、安庆、马鞍山、池州、蚌埠 6 城市先后在试点评估中获得优秀等次。在社会服务组织的介入方面,安徽省的培养方式与前面所述的江苏省具有相似性,主要通过购买服务、委托代理等方式引入相关组织介入服务过程中。在近几年的发展

---

① 根据徐州调研所得资料《市政府关于加快构建社会养老服务体系的实施意见》整理。

过程中,安徽省社会服务组织介入社区居家养老服务的效果凸显,养老服务效能得到有效的提升。本研究仅以合肥市和淮北市为例,探究在社会服务组织的介入背景下,社区居家养老服务效能提升的经验。

1. 合肥市的个案分析

自 2018 年 10 月 9 日合肥市政府常务会议审议通过《合肥市构建多层次养老服务体系(2018—2020 年)行动计划》(皖政办〔2018〕6 号)以来,合肥市不断建设县级养老服务指导中心、街道养老服务指导中心、社区居家养老服务站(简称"三级中心"),形成具备行业监管、资源链接、直接服务功能的城市社区居家养老服务网络,打造 15 分钟居家养老服务圈。2018 年、2019 年、2020 年,"三级中心"覆盖率分别达到 20%、60%、100%。同时,合肥市通过推进"三级中心"社会化运营,大力支持社会服务组织介入社区居家养老服务的力度。县级主要承担行业监管、服务企业(社会组织)培育、老年人需求评估等职能;街道一级主要承担辖区内养老服务资源整合链接等职能;社区一级直接为老年人提供就餐、康复等服务,街道、社区两级中心(站)原则上无偿或低偿交由社会力量运营管理。以目前来看,在社会服务组织介入的背景下,合肥市社区居家养老服务效能的提升路径主要包括以下几个方面。

(1) 开展精细化服务,引导社会服务组织介入

合肥市通过社会服务组织建设服务站点,打造"定制养老"的模式,在吸引其他社会服务组织的同时,提高养老服务效能。2019 年,通过招投标的方式,使得合肥市金谷医院获得了蜀山区居家养老服务工作的重任,其下属部门金谷养老服务中心,也成功成为该地区的十五个居家养老服务站点之一,该部门设有服务小组、送餐小组、家政小组,专门为老人提供分类服务。医疗方面,该医院免费为老人做基本体检,并提供健康方面的咨询服务工作与流动体检车队人员,真正做到为老人着想,把老人健康放在第一位;饮食方面,该医院有相关的专家提供专门意见,不仅让老人吃饱,更让老人吃好,吃得健康营养,有三个配餐地点,老人可就近选择配餐点。蜀山区打造出有自身特色的居家养老模式,即医养结合,建设服务站点,为老人提供定制养老服务,多方位满足老人需要。在这种精准化的养老服务模式下,合肥市社区居家养老服务的路径得到进一步优化,服务效能得到进一步提升。

(2) 通过专业化服务,提高服务传递效果

第一,通过社会服务组织的专业化、信息化为老人"保驾护航"。德泽居家养老服务中心设立有专门的呼叫部门,当老人们需要服务时,只要打通热线电话,其专职工作人员就能通过 GPS 定位的功能,查出老人所在的具体

位置,此时,其他工作人员通过数据库很快调出老人所登记的详细资料,这样可以第一时间知道老人的状况,工作人员根据详细资料能够及时赶到,帮助老人解决问题,并有效避免老人可能会出现的意外风险。为了方便老人打通热线,该服务中心还特地配备了"夕阳通"手机,该手机操作简单灵活,他们只要轻轻按下一个按键就能接通德泽服务中心热线,根据老人电话中的需求,居家养老服务中心派专业工作人员提供上门服务。为老服务信息平台、专业化队伍的建设使得专业化、信息化建设已成为提升合肥市居家养老服务水平的重要措施与关键,并且逐步形成了区、街道、社区、机构、家庭五级为老服务网络体系,让信息化、专业化在居家养老服务中为老人们保驾护航。信息化的建设大大提高了社会服务组织服务的效率,为服务效能的提升奠定了现实基础。

第二,构建了 15 分钟居家养老服务圈。15 分钟居家养老服务圈是指当老人有清洁卫生、饮食、保健、心理疏导等方面的需要时,只要拨通服务中心热线,这些需求与问题都能在 15 分钟之内得到解决。合肥市通过政府给以补贴、公开招标购买、合同委托经营代理等方式,将居家养老外包出去,支持社会团体、各种社会力量投入居家养老中来,为老人提供饮食、基本照料、开展老年人业余活动,丰富老人生活。15 分钟居家养老服务圈的主要内容是提供"餐饮、医疗、保洁、急救"等方面的基本生活照料、感情抚慰、医疗保健、心理疏导咨询等多样化差异性居家养老服务。15 分钟居家养老服务圈的成功打造,不仅使得老人的基本生活料理、基本生活问题得到很好的解决,也是居家养老服务的一大进步与创新。

2. 淮北市的个案分析

近几年来,淮北市大力发展社会服务组织。首先,淮北成立市社会组织综合党委,负责无业务主管单位社会组织和民政部门业务主管社会组织的党建工作,协助市委非公工委做好相关社会组织党建工作。明确党委委员分工,理顺组织架构。通过召开培训会、组织观摩会等方式加强对社会组织负责人的教育引导,增强党建工作意识,营造抓党建、促业务的深厚氛围。其次,突出培育发展重点,截至 2020 年,共建成市级社会组织培育孵化基地 1 个、烈山区社会组织培育发展中心 1 个,搭建社区公益服务平台 2 个。市社会组织培育发展中心,集孵化、服务、创投等职能为一体,涵盖社会组织培育发展、能力建设和资源整合三大功能。分批入驻各类社会组织共 30 余家,举办沙龙讲座以及业务洽谈 50 余场次。在社会服务组织参与的基础上,淮北市社区居家养老服务得到了长足的发展,养老服务效能得到了较大的提升,主要表现在以下两个方面。

(1) 通过支持社会服务组织拓展养老服务

淮北市民政部门不断支持社会力量举办养老机构,探索养老机构"一照多址""先照后证"经营,取消注册资金限制,简化设立许可手续,放宽社区社会组织备案条件。鼓励民间资本整合改造厂房、商业设施及其他可利用的社会资源用于养老服务。租用公办养老机构房产举办非营利性养老机构的,3 年内免交房屋租金。对民间资本举办的养老机构,在各级预算内投资补助上,享受与公办养老机构同等政策;对境外资本举办的养老机构,享受与境内资本相同的扶持优惠政策。允许民办非营利性养老机构从年度收支节余中提取一定比例奖励投资者,投入满 5 年后可以转让、赠予。民间资本举办的各类养老机构和组织实行市场定价。民间资本投资建设的全托型社区托老所,享受上述同等政策。在以上优惠政策的基础上,淮北市社区居家养老服务的主体不断丰富,服务项目也愈加多元化,服务效能的提升效果也愈加明显。

(2) 通过整合服务来优化服务传递过程

采取公办养老机构与社会服务组织共建运营等混合"养老"方式来提高服务效能。淮北市不断改革公办养老机构管理和运营体制,公办养老机构可以利用闲置床位向社会开展养老服务。在确保国有资产不流失的前提下,允许公办养老机构以设施设备等作价入股,与社会服务组织共同建设和运营养老机构。鼓励民间资本参与公办养老机构改组改制,发展民间资本参股或控股的混合所有制养老机构。探索以县区为单位的公办养老机构资产统一管理和运营模式。在有条件的地方,积极稳妥地把专门面向社会提供经营性服务的公办养老机构转制成为企业。在此背景下,淮北市社区居家养老服务资源整合的力度不断加大,服务方式也愈加灵活,服务传递效果更好,服务效能会更高。

二、境外经验研究

(一) 欧盟国家的经验分析

欧盟成员国主要包括法国、德国、意大利等 27 个国家,其社会服务制度建设因各自的经济水平、文化环境、社会环境等方面的差异而有所不同,尤其是在城市社区居家养老服务方面。概括起来,欧盟国家的城市社区居家养老服务介入模式主要包括以下几种类型。

1. 斯堪的纳维亚模式

这一模式的代表国家主要涉及北欧国家,如瑞典、丹麦、挪威、芬兰等。这一模式的特点表现在:其一,采取普惠制的社会福利制度,对包括老年人、残疾人、儿童在内的弱势群体实行平均主义、无差别化的社会福利制度,同时在某种程度①上,实行平均主义的社会福利制度,如老年津贴、残疾人补贴等。其二,采取"去家庭化"的社会服务模式。"去家庭化"并非"非家庭化",社会服务并不能完全取代家庭服务的功能,只能尽量缩小家庭服务的范围。在该模式下,传统的家庭服务模式依然存在,但其范围与作用等处于从属地位,城市社区居家养老服务效能优化的力度相对较弱。此外,"去家庭化"要求政府应在社会服务方面发挥主导作用,诸如老年护院、托老所、老年人服务中心等机构应由政府财政完全支持。"政府在社会服务的规划与供给中处于核心地位,社会服务组织和营利机构只是最低限度参与,负责某些政策计划的执行"②,下文以瑞典为例,对该模式下的城市社区居家养老服务介入机制加以探讨。

瑞典社区居家养老服务效能优化的理论主要包括福利国家、瑞典学派、中间道路理论、国家整体理论等。在社会福利理论演进的过程中,瑞典形成了其独特的、完善的社会服务制度。现有的城市社区居家养老服务制度则完全体现了以上理论所反映出的思想。按照国际标准规定,60 岁以上的老年人口占总人口中的 10%,即表示该国家已经进入老龄化社会,而瑞典在1987 年的比例就已经达到了 17%,很早进入老龄化国家的行列。因此,瑞典在城市社区居家养老服务制度构建方面业已积累了丰富的经验。

(1) 养老金是城市社区居家养老服务效能优化的基础

瑞典建立养老保险制度的时间较早。在 1913 年,瑞典就通过了与养老金相关的法案,并在制度建立之初,就确立了养老金覆盖对象的普遍性原则。③ 瑞典的养老金主要包括基本年金和附加年金,两者之和约为退休年工资的 70%④,这么高的退休金是以高缴费率为基础,工作期间的缴费率相

---

① 这一程度类似于我国的底线公平的社会保障制度。也就是说,只要在某一水平线下,就采取平均式的社会保障。北欧国家的普惠型的制度也是在某一标准下采取一致的社会福利水准,只不过其标准要高于其他发展中国家。

② 徐延辉:《社会服务体系:欧洲模式与中国方向》,《人民论坛·学术前沿》,2012 年第 17期。

③ 刘兴菊:《论瑞典养老保险制度改革的原因与过程》,《经济管理者》,2012 年第 2 期。

④ 我国计划经济时代的退休金(类似于养老金)主要采取工资替代率的方式,即退休工资相当于退休前工资的一定比例。瑞典没有工资替代率一说,但是退休人员的养老金之和也非常高,70%只是平均的说法。

当于原工资的 40%①。瑞典规定,在本国内定居的人,只要年龄达到 65 岁,都有资格享受养老金,但享受的比例及数额的大小要根据其居住年限而定,无论如何,瑞典的养老金能完全满足人们的基本生活。同时,在高福利政策的支持下,瑞典对低收入者、退休人员提供住房的优惠政策。此外,各地政府还为老年人提供免费医疗服务,使得退休后的老年人社会福利水平能得到进一步提升。优越的养老金制度为城市社区居家养老服务效能优化奠定了财政基础,老年人也愿意将其多余的养老金投入城市社区居家养老服务的项目中。

（2）家政服务是城市社区居家养老服务效能优化的拓展

瑞典的家政服务有其自身特点:其一,以社区为基础的家政服务(主要的工作还是由社会服务组织来完成)。瑞典非常注重社区的建设,经过多年的发展,社区的硬件设施、人文环境已经达到社区服务的较高标准。瑞典根据社区规划的要求,设立不同规模、不同内容的家政服务。基本的服务如生活照顾、老年人卫生、订餐服务等;更高一级的服务如短期护理、心理慰藉、房屋维修等服务。非营利性的家政服务使得城市社区居家养老服务更具直接性,提高了服务效能。其二,以地方政府主导的城市社区居家养老服务。瑞典把家政服务的主导权下放到地方政府,地方根据实际需求推出多元化的服务方式。该方式能有效发挥地方政府的自主性,有效调动地方政府的社会资源,最大限度满足老年人多样化的需求,进而在主体构建和服务传递方面优化了城市社区居家养老服务的效能。

（3）社会服务组织是城市社区居家养老服务效能优化的根本

瑞典实行的是国家福利制度,社会服务组织是社会福利的有益补充,"政府直接管理的社会工作机构突出非营利性,所有工作人员均为政府公职人员"②。因此,瑞典的城市社区居家养老服务组织机构受国家管控较大,最高一级的社会服务组织归卫生部管理,各地方都建立了相应的城市社区居家养老服务机构,为地方的老年人提供无偿服务,而全部服务经费由政府买单。除此之外,城市社区居家养老服务类社会服务组织大部分由志愿者组成,他们以利他主义的精神开展专业化的服务,只要辖区内的老年人有需求并符合条件,就可以申请组织或机构提供相应的服务,这种模式在瑞典实施多年并已形成制度化,在城市社区居家养老服务效能优化方面取得了非

①　佟琳、陈婷:《养老之忧:养老金账户小变动退休生活大影响》,中金在线网,2005 年 11 月 29 日。

②　唐珊珊:《瑞典瑞士社会服务组织挑大梁拥有社会服务绝对优先权》,《深圳特区报》,2008 年 1 月 9 日。

常好的效果。

2. 家庭主导下的介入模式

所谓家庭主导模式，就是强调家庭为养老照顾的主导力量，弱化政府城市社区居家养老服务中的责任，即这种模式强调的是社会福利的私有化[①]，而社会服务组织的力量与斯堪的纳维亚模式相去甚远，只是作为政府的附属。这种模式的代表集中于欧盟的意大利、西班牙及葡萄牙等国家。该模式的特点表现为：其一，以商业化城市社区居家养老服务模式为主。政府与家庭城市社区居家养老服务力量的不均等，催生了市场力量的发展。现实中表现为富人可利用其高收入购买完善的城市社区居家养老服务，而穷人只能享受传统的家庭服务，这样会造成城市社区居家养老服务的"贫富差距"。其二，服务系统的碎片化。在家庭主导的城市社区居家养老服务模式中，政府的组织力量相对薄弱，非正式的服务供给则成为主导的模式，这样就会形成诸多碎片化的服务模式。客观上讲，碎片化的服务模式一方面容易造成资源浪费，很难达到城市社区居家养老服务效能优化的效果，另一方面为城市社区居家养老服务的管理增加了难度。欧盟部分国家通过有效的监督系统弥补了这一弊端，把不同的非正式服务标准化，在城市社区居家养老服务方面实施简化的服务传输机制，这一方面减少了资源浪费，另一方面优化了管理内容。其三，社会服务组织的功能发挥灵活多样。家庭对城市社区居家养老服务起主导作用，加上市场化的主导模式，使得城市社区居家养老服务类社会服务组织必须要发挥其灵活性的特点，它们往往与政府合作推出服务产品，使得城市社区居家养老服务效能得以优化。下面以西班牙、意大利为例，对社会服务组织介入下城市社区居家养老服务效能优化加以探讨。

西班牙的老龄化也较为严重，主要原因在于：一方面，西班牙的出生率自 2005 年以来就呈下降趋势，并且在速度方面快于其他欧洲国家，"根据西班牙国家统计局的数据，2011 年西班牙的人口出生率为 10.2‰，低于欧盟 10.4‰的平均水平"[②]；另一方面，西班牙的预期寿命有不断增加的趋势，"已经从 1960 年的 69.85 岁上升到 2011 年的 82.5 岁，超过欧盟 79.7 岁的平均数"[③]。这两方面影响因素使得西班牙的社区居家养老服务问题较为突出，亟须解决。西班牙的社会服务组织大体分为两类，一类是由专业人员

---

① 私有化并不意味着养老服务效能的降低，从主体、过程、评估等方面参考，在这些国家中，私有化的服务方式对养老服务效能优化或许还有些帮助。

② 国际司：《西班牙养老服务业的发展情况》，中国政府采购网，2014 年 7 月 10 日。

③ 国际司：《西班牙养老服务业的发展情况》，中国政府采购网，2014 年 7 月 10 日。

组成的社会服务组织,另一类是提供基本服务类的社会服务组织。前者提供特殊的城市社区居家养老服务,如老年人护理、康复等;后者提供基本的城市社区居家养老服务,如养老咨询、家政、免费居所、老年人监护等。老年人若想得到社会服务组织提供的服务,需要向当地社区提出申请,经过评估委员会审核达到补助条件的老年人,相应机构会委派专业的社工上门为其服务。老年人在接受服务后可直接给予社会服务组织人员养老券作为补偿,该券由政府发放,老年人可自行决定其使用范围,但只局限于机构养老或社会服务组织开展的服务,这种方式减少了城市社区居家养老服务进程中的烦琐环节,简化了程序,提升了服务效能。

除此之外,社会服务组织还可以通过老年人活动中心介入社区居家养老服务中。西班牙的老年人活动中心众多,范围可缩小到区政府,大多由社会服务组织委派专业的工作人员为辖区内的老年人进行服务,这样能有效地减轻政府的负担,使得服务更加多元,进而优化了社区居家养老服务效能。西班牙的金融部门社会服务意识较强①,它们会定期联系社区老年人活动中心,为其提供硬件设施,如"酒吧、电脑、电视等活动设施"②。

意大利的城市社区居家养老服务供给主要以养老金为基础,尽管意大利的社会保险系统较为发达,尤其是在退休金系统以及医疗护理系统上。③但其社会帮扶以及特殊照顾的供给则较少,意大利的社会福利制度还是建立在以家庭成员的财政及心理支持上,其家庭主义(Familialism)和其他的南欧国家一样,都是建立在天主教的观念(Catholic conception)上,这种观念认为家庭应该发挥主导作用,妇女应该作为中坚力量④,而社会服务组织应该作为国家最后的手段(Last Resort)⑤。从这一角度看,意大利的城市社区居家养老服务在主体多元化方面体现得并不明显。

意大利的社会服务组织大多是由志愿性组织所组成,它们由国家进行资助,但财政采取自治的方式。其管理主体也委托给地方,这就导致了地方社会服务组织服务的不均衡,据统计,早在 2000 年,意大利北部 65 岁以上

---

① 西班牙的某些金融部门也具有了公益性社会服务组织的性质。

② 彭嘉琳:《从德国、西班牙人口老龄化现状谈我国应采取的对策》,《中国护理管理》,2007年第 4 期。

③ Ferrera, M. (1996). "The 'Southern Model' of welfare in social Europe." Journal of European Social Policy6(1): 17-37.

④ Natali, D. (2004). "Europeanization, policy arenas, and creative opportunism: the politics of welfare state reforms in Italy." Journal of European Public Policy 11(6): 1077-1095.

⑤ Saraceno, C. (1998). Mutamenti della famiglia e politiche sociali in Italia. Bologna, Mulino.

的老年人接受社会服务组织服务的比例达 3.24%,而南部则仅有 0.94%。①目前,社会服务组织主要采取的方式是介入社区的养老机构,意大利的社区居家养老机构区别于我国的社区居家养服务中心,它更接近于专业的养老机构,老年人在里面能享受专业的康复、医疗、心理服务,这些服务都需要专业的社会服务组织来完成,专业性加上服务多元化使得城市社区居家养老服务效能不断优化。同时,意大利的很多社会服务组织都具有宗教背景,其利他主义程度较高,这也有利于社会服务组织服务的有效拓展,并有效地优化了城市社区居家养老服务效能。

3. 部门合作模式

这种模式区别于前两者,政府对社会服务组织的态度既不采取完全管理的方式,又不采取放任自流的方式,而是积极地与社会服务组织合作,创新管理观念与方式,创造价值,为政府所用,从而实现城市社区居家养老服务效能的有效提升。这种模式的代表国家有德国、荷兰、法国、比利时等。这种模式的特点表现为:其一,城市社区居家养老服务各部门合作密切。一般性的城市社区居家养老服务由志愿性以及宗教相关的社会服务组织来完成,由于社会服务组织起源较早,具备了丰富的服务经验,能较顺利地完成相关服务,同时家庭与社会服务组织有较强的合作基础(有些家庭成员就是社会服务组织的志愿者)。此外,"政府对自愿福利组织(尤其是宗教性慈善组织)进入社会服务领域持肯定态度,自愿福利组织与公共部门在社会政策领域形成了一种合作互补关系"②。其二,合作的多元化、市场化并存。在合作模式类的国家,城市社区居家养老服务主体既包括营利性的,也包括非营利性的,既有政府推出的项目,又有社会服务组织的项目,服务主体多元化能很好满足老年人多样化的需求,有效提升城市社区居家养老服务的效能。随着福利国家制度的改革,政府更加注重财政支持的效率,这导致部分社会服务组织参与市场竞争,招标的进程愈加激烈,合同也愈加规范,此时的政府只是作为监督者的角色参与其中,在服务标准的制定、服务质量的监控等效能优化的要素方面发挥主导作用。下面以德国为例,对社会服务组织介入下,城市社区居家养老服务效能的优化加以探讨。

在西方国家,社会服务组织服务对社会的影响愈加深远,社会服务组织

---

① Comas-Herrera, A. and R. Wittenberg (2003). European Study of long-Term Care Expenditure. PSSRU Discussion Paper. LSE. London, Report to the European Commission, Employment and Social Affairs DG.

② 徐延辉:《社会服务体系:欧洲模式与中国方向》,《人民论坛·学术前沿》,2012 年第 17 期。

（有些西方国家也称之为第三部门）已经成为德国社会治理的重要组成部分①，尽管很多学者认为，社会服务组织的服务效能已被社会政策的环境改变而改变，这些环境包括个人主义、服务的私人提供以及个人消费的改变②，但这些阻碍因素难以改变社会服务组织在服务方面的公益性、便利性、灵活性等与效能优化有关的特征。

在德国，社会服务组织与政府的合作最早可追溯到19世纪后半期基督教传统思想的普及③，而现代性的社会服务组织发展则受社团主义（corporatist）影响较大，德国的社团主义思想对社会服务组织的积极发展具有重要的作用，社团主义的表现就是，希望社会服务组织与政府间在包括养老在内的社会服务中密切合作，共同扩大服务影响。除此之外，德国也通过法律、政策、财政等支持手段，鼓励社会服务组织为社会服务。④ 起初，社会服务组织的发展资金主要由一些私人及企业赞助，随着社会服务组织的影响力愈加深远，地方政府在社会服务组织的财政方面承担起了主要责任。1992年，德国成立了"A National Board on Voluntary Action"（国家自愿行动委员会），其目标就是促进社会服务组织的有序发展，而1998年的社会服务法案（Social Service Act）则进一步将社会服务组织的内容写进了法律框架，以上标志着社会服务组织在德国进入黄金发展时期。⑤

以现实来看，德国的社会服务组织仍然属于政府管辖的范围，社会服务组织参与城市社区居家养老服务的形式集中于与养老机构进行合作。随着老龄化的发展，德国愈加注重改善养老机构的服务质量，完善服务内容，改变服务形式，而与社会服务组织合作则是主要的创新。社会服务组织在与政府、养老机构的合作过程中不断完善自己的服务内容，优化服务方式，并且不断专业化，从而成为城市社区居家养老服务效能优化的重要组成部分。

① Osborne, S. P. （Ed.）. （2008）. The third sector in Europe. Prospects and challenges. Abingdon: Routledge.

② Alber, J. （2010）. What the European and American Welfare States have in common and where they differ: factsand fiction in comparisons of the European Social Model and the United States. Journal of European Social Policy, 20(2), 102 - 125.

③ Achleitner, A. K. , W. Spiess-Knaf, and S. Volk. （2014）. "The Financing Structure of Social Enterprises: ConfictsandImplications. International Journal of Entrepreneurial Venturing 6 (1): 85 - 99.

④ Henriksen, L. S. , Boje, T. P. , Ibsen, B. , & Koch-Nielsen, I. （2008）. Welfare architecture and voluntarism. Or why 'changing the welfare mix' means different things in different contexts. In S. P. Osborne (Ed.), The third sector in Europe. Prospects and challenges (pp. 69 - 86). Routledge: London.

⑤ Henriksen, L. S. , & Bundesen, P. （2004）. The moving frontier in Denmark: Voluntary-state relationships since1850. Journal of Social Policy, 33(4), 605 - 625.

从养老的方式看,德国更加注重社区居家养老服务各项目的完美结合。德国采取统一化的城市社区居家养老服务模式,在原有社区居家养老的基础上,注重与周围养老机构的融合,德国养老机构较多,但规模较小。该做法的目的之一就在于便于开展有效的城市社区居家养老服务,老年人有事足不出户就能享受周围机构养老所提供的专业服务。养老机构所提供的城市社区居家养老服务多与社会服务组织合作完成,如在日间护理中心,老年人能享受到社会服务组织所提供的短期托老服务;通过上门服务,老年人可享受机构成员或社会服务组织成员提供的日常护理服务。同时,老年人还能享受社会服务组织工作人员提供的短期托老服务。

德国也较为重视住区式养老服务,这种方式是城市社区居家养老服务的拓展,在住区式养老社区中,老年人同质性较高,因而采取的服务方式具有规模效应。社会服务组织成员可利用先进的电子设备如电子信号器和电视监控器等完善老年人的上门护理服务,这种方式有力地缩短了服务的进程,使得服务传输更具直接性,有效地优化了城市社区居家养老服务效能。

此外,德国社会服务组织在发展过程中不断完善服务模式,创新了较多的服务内容,如与社会服务组织合作产生的"多代同堂"①形式,能有效地形成资源整合,提升城市社区居家养老服务效能。

(二) 东亚地区的经验分析

东亚位于亚洲东部地区,主要包括中国、日本等地区。以上地区虽然在社会、经济发展方面差异较大,但具有共同的儒家文化传统,所形成的社会福利制度具有一定的相似性。正因如此,东亚地区有诸多先进的城市社区居家养老服务经验值得借鉴。

东亚地区的城市社区居家养老服务制度隶属于东亚特殊的福利体制,通过对东亚福利体制的总结,可明晰城市社区居家养老服务发展的根源。自艾斯平—安德森将福利国家分为自由主义福利体制、保守主义福利体制、社会民主主义福利体制②后,对东亚福利体制的分类及划分就饱受争议。有学者从儒家文化出发,认为东亚福利体制应概括为"儒家福利制度"③,认

---

① 严建卫:《德国改革养老制度探索多元化养老服务》,和讯新闻网,2012 年 3 月 17 日。

② 考斯塔・艾斯平—安德森:《福利资本主义的三个世界》,郑秉文译,法律出版社,2003 年版,第 86 页。

③ Jones Finer, Catherine. The Pacific Challenge:Confucian Welfare States[J]. 1993:198 — 217,in Jones-Finer Catherine (ed.),New Perspectives on the Welfare State in Europe[M],London:Routlcdcc.

为东亚福利制度的形成原因在于儒家文化的相似性；有学者从与福利相关的经济、社会因素等角度，提出"东亚福利体制"①"东亚福利模式"②等概念；有学者从生产主义角度出发，将东亚社会福利体制概括为以生产主义为导向的发展战略，将西方的国家概括为以发展"福利国家"为导向的发展战略③。以笔者之见，东亚福利体制之所以众说纷纭，原因之一在于东亚各国所采取的经济模式（如我国采取的是社会主义市场经济体系，而韩国采取的是市场经济体制）和社会管理不尽一致，因此对待社会福利的态度也有所不同，因而能衍生出诸多观点；原因之二在于东亚有许多地区在历史上遭受过外国侵略，其现有的社会福利模式受原有侵略国家所影响，因而会产生较为复杂的福利模式，这在客观上增加了判定难度。整体上看，东亚福利模式已引起区域内外学者的广泛注意，对其研究也愈加全面、多元，这对东亚福利的发展以及我国的社会福利尤其是城市社区居家养老服务效能优化的研究有着极为重要的意义。从诸多学者的研究中可总结出东亚福利体制的特点：其一，整体主义的倾向。东亚地区社会福利制度的构建是以整体经济、社会的战略规划为方向的。其二，传统保障的优势较为明显。受儒家思想、文化的影响，东亚许多地区非常注重家庭在社会福利中的地位，福利的主体单一。但随着老龄化的发展，家庭的优势地位正逐渐被多元化的社会福利取代。其三，社会福利水平发展不均衡。东亚地区社会福利并不强调公正、公平等理念，而是过多注重原有的福利优势，"联合国相关部门提出的福利发展主义中的普遍性、社会公正与公众参与等原则并不是前一个东亚发展型社会福利所遵从或追求的重要价值"④。

　　东亚的老龄化较为严重，表现为：其一，整个亚洲的赡养比例要远高于欧洲，这可解释为亚洲许多地区受传统儒家思想文化的影响较大，并注重家庭养老，因此赡养比例较高；其二，亚洲老龄化程度要高于世界平均比例，预计到 2050 年，东南亚地区的老龄化水平为 39.3%，而世界的平均水平为 24.7%。在这一背景下，东亚地区的城市社区居家养老服务显得尤为重要。以社会福利体制为现实之基，东亚的城市社区居家养老服务也有自身之特点。

----

① Kwon, Huck Ju(1997): Beyond European Welfare Regimes: Comparative Perspectives on East Asian Welfare Systems Journal of Social Policy[J]. Vol. 26(4):467－484.

② Hort, Sven E 0, and Kuhnle, Stein(2000): The Coming of East and South-East Asian Welfare states[J]. Journal of European Social Policy, Vol. 10(2):162－184.

③ 江华、吕学静：《普遍整合视角的东亚福利模式探析》，《亚太经济》，2012 年第 5 期。

④ 楼苏萍：《东亚福利体制研究述评》，《山东社会科学》，2012 年第 3 期。

第一,家庭仍然占有重要地位。虽然"在家庭内的老年人照料仍然被描述为重要的非正式服务内容"①,但随着老年人社会地位以及隔代养老支持(Intergenerational Support)的降低,家庭的功能正在弱化。② 因此东亚许多地区都推出了优惠政策来支持家庭养老,如新加坡颁布了 Parental Maintenance Act 法案,该法案规定老年人可对没有尽到养老义务的家庭成员提起上诉并进一步追加责任。

第二,居家服务模式多样化。这一模式在日本和中国香港地区体现得尤为明显,并在法律的支持、资源的分配、后期的保障等方面领先于其他地区。在法律方面,如日本政府制定了《老人福利法》《老人保健法》《高龄老人保健福利推进 10 年战略计划(又称"黄金计划")》和《介户保险法》等相关政策和法规,从老人的福利、保健、保险等方面为社区老年服务提供了强有力的制度保证和法律支持③;在资源分配方面,香港地区的老年人护理人员由政府统一配置,保证了人员的专业性;在后期的保障方面,香港"持续照顾"的理念保证了城市社区居家养老服务的持续性与完整性④。

由以上特点可看出,在东亚地区,社会服务组织通常选择特殊的方式介入城市社区居家养老服务制度中。表现出的特征在于:首先,注意与传统的理念相结合。更多关注家庭、子女、亲临等要素在老年人心中的地位,适当采取创新的服务方式。其次,注重与政府的有效沟通。在国家主义(或称为威权主义)的影响下,社会服务组织结合政府的城市社区居家养老服务模式,提出创新性的项目。再次,关注与社区的有效合作。在东亚,很多地区的城市社区居家养老服务都是在社区内进行,因此社会服务组织要多进入社区并提供相关的服务。只有如此,社会服务组织才能与家庭、政府、社区建立长期有效的合作关系,并能创新出多元化的服务模式,提高城市社区居家养老服务效能。

---

① 引自 Angelique Chan《Aging in Southeast and East Asia: Issuesand Policy Directions》,原文为"Familial care of older persons is often described as informal care in most of the aging literature."

② Knodel, J. , Chayovan, N. , Graisurapong, S. , & Suraratdecha, C. (2000). Ageing in Thailand: An overview of formal and informal support. In D. R. Phillips (Ed.), Ageing in the Asia-Pacific region: Issues, policies and future trends (pp. 243 - 266). London: Routledge Advances in Asia-Pacific Studies.

③ 张莉清、潘锁生:《日本的社区老年服务》,《当代世界》,2007 年第 10 期。

④ 唐咏:《香港"持续照顾"的老年福利服务理念及其对中国内地的借鉴》,《山东社会科学》,2010 年第 11 期。

(三) 境外模式的特点

近年来,境外城市社区居家养老服务又出现了一些新的动向:在理念上更加强调最大限度的预防,提高老年人的自理能力;在服务的提供上更加多元化、人性化和专业化;在筹资上更加强调个人和社会的责任等。整体上看,境外城市社区居家养老服务的特点主要表现在以下几方面。

1. 为社区居家养老服务提供法律保障

在不断探索和实践中,很多国家和地区都选择了社区居家养老模式,将其纳入公共福利政策,并在法律、财政资助予以强而有力的支持。美国颁布了一系列的法律政策,为社区居家养老服务提供保障。如《老年法》《老年人志愿工作方案》《多目标老人中心方案》《老年人社区服务就业法》《老年人个人健康教育和培训方案》等,明确规定了社区居家养老服务参与主体的权利与义务,提高了运作效率。英国政府在 1977 年就制定了《全面健康服务质量》,提出地方政府对老人提供照顾和上门服务;1990 年的《全民健康服务与社区照顾法案》从制度上为照顾服务提供依据和保障[1]。日本政府早在 20 世纪 50 年代就开始通过立法解决养老问题:1959 年颁布的《国金法》解决了老年人的经济保障问题;1963 年制订了《老年人福利法》,并不断补充和完善;1982 年的《保健法》提供了老年人医疗保障,确立了社区居家养老的服务方向;2000 年的《护理保险制度》解决了老年人护理照料的费用问题[2]。这些法规和政策构成了比较完善的养老服务政策体系和法律保障体系。

2. 重视以政府为主导

在境外的社区居家养老服务中,政府都发挥了主导作用,运用政策手段等方式调配社会资源,监管服务机构,保证老年人能享受到更为优质的社区居家养老服务。如英国社区照顾的许多设施都是由政府资助的,从事服务的工作人员中有志愿者,也有政府雇员。这些服务免费或收费低廉,收费一般由地方政府决定,在老年人能够承担的范围之内,不足部分由政府开支。澳大利亚政府对养老事业投入庞大资金,并明确各级政府的投入份额,由联邦政府负责提供主要资金,州政府负责提供部分资金,地方政府负责筹措配套资金。日本大部分社区居家养老组织也是由政府主办,其服务人员由政府和民政人员组成。

---

[1]　张雅丽:《美英两国社区养老服务及启示》,《社会福利》,2010 年第 10 期。
[2]　田原:《日本城市社区养老服务的经验与启示》,《社会保障研究》,2010 年第 5 期。

3. 创建多元化服务主体

境外社区居家养老的共同点在于不仅发挥了政府的主导作用,同时充分地调动社会各界关心和参与养老服务的积极性。从志愿者、民间组织到企业参与社区居家养老服务,各主体职责分明,分工协作,有利于完善服务体系。日本的养老服务提供者包括政府主办的、民办的以及政府和民间资本合办的社会服务组织,政府积极鼓励民间组织、社会力量等参与社区居家养老制度中,有效补充了政府养老组织的不足,在提升服务水平的同时扩大了覆盖面,降低了成本。美国社区居家养老服务强调民众的社会参与,为鼓励青少年参与社区服务,甚至将青少年做义工的小时数直接与奖学金挂钩,有的大学明确将参与社区服务列入必修课中。社区志愿者数量众多,来源面广,组织形式多样,活动内容丰富。民众的积极参与极大地分担了政府的压力。美国的社会服务组织也积极参与社区居家养老服务,具有较大的资源优势,服务效率较高,并具有规模化的发展趋势。英国的社区照顾体系也比较完整,多主体、多层次的服务体系更加人性化,提高了社区居家养老服务的质量。[1]

4. 广泛拓展资金来源

政府财政支持是解决养老问题的重要保障,但单凭政府力量尚不足以应对发展迅猛的人口老龄化趋势。许多国家的实践证明,养老资金仅靠政府支持会给财政带来沉重的负担,必须开拓更为广泛的资金来源作为补充。政府可以通过契约方式向社区组织购买服务,或通过税收减免等政策鼓励民间组织参与,广泛动员吸收更多的社会资本为社区居家养老服务筹集资金。美国、日本等国家的居家养老筹资以其社会保障体系为依托,资金主要来自由医疗保险衍生而来的长期护理保险的保险金。此外,通过社会救助、慈善捐赠、公益服务、自身储蓄等渠道解决资金短缺的问题。美国老人家庭健康照顾服务费用来源有个人资金、医疗健康保险、医疗补助等。日本通过政策明确了养老资金由政府、社会、个人共同承担,以政府资助为主,服务机构筹募为辅,采取多种渠道筹募资金。英国以及北欧国家的居家养老服务所需资金基本上由国家以福利的形式提供,大部分由政府承担。为提高效率,在提供某些福利性服务时,政府也会根据服务对象的经济状况收取一定的费用。

5. 服务队伍的专业化

很多国家和地区的社区居家养老服务是由专业化队伍(以社会服务组

---

① 郭竞成:《居家养老模式的国际比较与借鉴》,《社会保障研究》,2010 年第 1 期。

织为主)承担,提供较为全面、专业和优质的服务,包括生活护理、家政服务、医疗养护、精神慰藉等。将养老服务作为一个职业,发展规模化、品牌化的养老服务产品,已成为发达国家社会福利事业的重要特征。同时,他们比较注重专业人才的培养,许多高校都设有相关专业,为养老模式向社区服务的转化提供了必需的人才资源。美国家庭健康照料机构直接受州和联邦法律的严格管制,通过任职的医生、护士、临床医生和社会工作者提供服务,十分注重社区居家养老服务工作人员的专业素质,对上岗人员的知识和技能进行严格的考核,合格者发给上岗证书。英国社区照顾实行"管理人员—专业工作人员—照顾员"的体系。照顾员基本都是由志愿者组成,而专业工作人员必须参加相关专业资格考试。日本颁布了《社会福利士及看护福利士法》,规定看护福利士必须具备相应的工作能力和专业技术知识,并须通过资格证书的认可。许多国家都对专职工作人员设立了准入门槛制度,实现了从业人员的专业化。

6. 社区居家养老服务设施较为完善

英国从20世纪90年代开始将养老服务问题纳入社区管辖的范畴,对老年人采取社区照顾的模式。荷兰拆除了部分养老机构,降低机构照料容量,接受居家养老服务的老人达三分之二。美国的社区居家养老服务设施颇具规模,有提供综合长期服务的养老院、托老所和荣誉公民社区中心;有提供饮食服务的食品供应所、上门送饭服务所和荣民营养所;有为贫苦老人服务的收容所和暂住处;有为体弱多病的老年人设立的服务性公寓、一般护理公寓、护士护理公寓等,还有居家援助式养老的老人公寓。① 澳大利亚建立了相关机构为老年人提供一系列的服务,如"社区老年人服务项目""高级老人居家照顾计划"等。老人及其家人可以就近寻求服务,也可以通过老年照顾信息热线或者登录老年照顾网络联系服务。社区访问计划为那些孤独的居家老人提供定时友好的访问,致力于为居家老人创造一种更为开放的服务环境。

7. 社区居家养老服务内容多样化

境外的社区居家养老服务遵循普遍服务原则,这种普惠福利型的养老服务不只是满足特定条件的群体,而是为所有老年人提供服务,老年人接受相关服务的比例较高。很多国家十分注重根据本地实际情况灵活开展各种服务。如美国基于医疗保险的"PACE"(The Program of All-Inclusive Care for the Elderly)项目形成了一个全方位的照顾计划,为老年人提供了所有

---

① 严晓萍:《美国社区养老服务设施建设及启示》,《社会保障研究》,2009年第4期。

的医疗相关服务,包括急性照顾服务、看护服务、初级医疗照顾、住院治疗、护理院照顾等,以及预防性的、恢复性的和护理性的服务。社区居家养老服务内容涵盖面较广,包括病历管理、日间照顾、家庭健康扶助、个人照料和杂务服务等。社区还普遍设立了家庭保健中心、老人活动中心,提供免费教育,进行老年人志愿者服务。政府还在社区为居家老人安装电子应急系统,处理紧急情况。从老人健康服务、自理、半自理服务到专门护理,各种服务类型齐全。英国采取社区照顾的模式解决养老服务问题,主要内容包括生活照料的居家服务、家庭照顾、老年人公寓、托老所等形式,提供居家服务、物质支援、心理支持和整体关怀等项目内容。澳大利亚的"家庭及社区服务计划"服务内容主要有家庭护理照料、送餐、协助购物、交通、园艺、维修、家庭日间护理服务等。服务的方式也很多样,有专人负责定期上门服务,还有临时服务,如老人需要帮助,只要拨打电话就会有社区工作者或志愿者上门服务。

三、境内外经验的启示

我国城市社区居家养老服务制度建设主要受两方面因素相互影响:一方面为服务政策的全面推广。自《国务院关于加快发展养老服务业的若干意见》颁布以来,各地大力推广相关的制度建设,却较少考虑地区背景,不仅没有很好地建立起完备的体系,原有的养老模式也逐渐被忽略。另一方面为原有的管理机制。我国的养老保障制度自中华人民共和国成立之后建立,城市社区居家养老服务的发展创新需要诸多新兴的元素,如社会服务组织、社会工作、医养结合,这些内容在我国实施时间较晚[1],有诸多问题需要解决。在两种力量的影响下,我国城市社区居家养老服务的资源分配就面临诸多问题,服务效能的优化进一步减弱。社会政策目标的定位集中于"将有限的资源服务于'最需要的人'"[2]。在城市社区居家养老服务全面推广后,政府理应将城市社区居家养老服务资源在市场和社会之间达到合理分配,但事实并非如此,虽然"城市社区居家养老服务归根结底是一种市场行为"[3],但公立养老机构能否参与市场竞争、家庭养老能否起到关键作用等问题依然存在。即是说,政策的全面推广与原有的养老机制有所冲突,而两

① 如社会工作师的资格考试从 2003 年才开始。
② 郑秉文、孙婕:《社会保障制度改革的一个政策工具:"目标定位"》,《中央财经大学学报》,2004 年第 8 期。
③ 吴玉韶:《养老服务热中的冷思考》,《北京社会科学》,2014 年第 1 期。

者的"磨合期"较短,出现了许多问题。

因此,我国若想优化城市社区居家养老服务效能,在未来发展中还要更多地考虑本土化的实现,如原有家庭养老的作用、计划经济体制养老问题的遗留、养老金双轨制的运行①等。通过区域经验的实施运作,逐步达到城市社区居家养老服务的全方位整合。借鉴现有的服务经验,实现城市社区居家养老服务的全面化,优化城市社区居家养老服务效能。诚然,除本土化视域外,还需要注意我国特有的文化观念,如我国历来注重家庭养老、社区发展缓慢等因素;特定的社会与人文环境,如对社会服务组织工作人员的接纳程度等。

从境外经验的角度看,无论是以瑞典、德国、意大利为代表的北欧城市社区居家养老服务介入模式,还是以日本、中国香港地区为代表的东亚模式,社会服务组织的介入在理念、理论、形式、内容等方面,都有诸多经验值得我们借鉴。但正如前文所述,境外的城市社区居家养老服务具有一定的制度依赖特征,有些内容放于我国并不能带来积极的、正面的效果,要谨慎行之。因此,要进行"选择性批判",要在反思的基础上进行借鉴,这样才能优化城市社区居家养老服务的效能。诚然,制度比较需要稳定的衡量标准,社会保障国际比较更是如此,因为社会保障涉及学科复杂,囊括经济学、管理学、社会学、政治学等多学科,不同的学科领域所倡导的比较方法差异较大,所得出的结论也不相同。本研究以公共管理的视角审视各国的城市社区居家养老服务制度,抛开文化要素,从制度的运行及评估等角度对境外城市社区居家养老服务的优势经验进行深入发掘,这样具有专一性,只涉及城市社区居家养老服务效能的优化,得出的结论也具有针对性。

通过对欧盟、东亚地区城市社区居家养老服务进行探讨,我们发现境外城市社区居家养老服务除关注本土化视域外,还创造了诸多其他政策优势,这些优势与原有理念的结合共同优化了城市社区居家养老服务效能。

(一) 明确理念是服务效能提升的前提

境外城市社区居家养老服务效能的发展与其原有理念息息相关。以欧洲国家为例,欧洲最初的社会保障制度源于其具有普世价值的宗教理念,"基督教内部出现的普世合一运动及其神学思想不仅影响着业已存在的国

---

① 很多人认为养老金与养老服务是两个问题,实际上,养老金直接影响着未来老年人的养老服务水平,在我国经济较发达的地区,许多老年人会拿出一部分养老金去机构养老,因此养老金的多寡能直接决定养老服务(以机构养老为主)的水平。

际宗教非政府组织,还促成了一批具有强烈普世主义色彩的组织产生"①。随着现代化的发展,社会风险也由传统的农业风险转化为工业风险,新出现的风险在范围、形式、性质等方面不同于以往②,传统救助方式显然难以满足社会需求,这时政府才逐渐成为社会保障制度的主体,德国在 1883 年建立了世界上第一部社会保障法律《疾病保险法》③,而后建立了养老保障方面的法律,城市社区居家养老服务也是在其基础上逐渐发展起来,服务效能提升的效果也愈加明显。发展至今,包括德国在内的欧洲国家,其城市社区居家养老服务已经明显区分了制度性与非制度性的两种方式,只不过各个国家对两种方式的选择比例、方式不尽一致,因而产生了不同的服务效能发展模式。毋庸置疑,传统的宗教理念深刻影响了欧洲城市社区居家养老服务效能提升的进度,如世界路德宗联合会(Lutheran World Federation)、行动国际组织(ACT International)等社会服务组织对包括老年人在内的弱势群体提供服务,有效弥补了政府方面的不足,提升了服务效能。同时,明确理念更多地关注城市社区居家养老服务效能的优化,包括城市社区居家养老服务在主体建构、过程优化及效果评定等方面。

(二) 完善法律体系是服务效能提升的保证

"社会保障法律制度是对全体国民共享经济发展成果的保障,是社会和谐发展和构建和谐社会核心价值的具体体现"④,完善的法律对城市社区居家养老服务效能的提升具有重要意义,一来可作为城市社区居家养老服务模式构建框架的基础。尤其是对社会服务组织的立法,对其资金来源、管理制度、人员分配等方面的法律规定,能更好地发挥其服务效益,进而提高社区居家养老服务效能。二来可有效保护老年人的权利。老年人是最具代表性的弱势群体,人数众多、需求多样,权利很容易被剥夺,因此要建立完善的老年人权益保护法律。境外城市社区居家养老服务在发展过程中大多实行法律先行、之后实施的治理路径,如东亚地区的日本,自 20 世纪 80 年代开始,就把老龄化问题列为最重要的政府意向,颁布了诸多与老年人有关的法

---

① 李峰:《国际宗教非政府组织的发展历程:新制度主义的视角》,《世界宗教研究》,2010 年第 4 期。

② [德]乌尔里希·贝克:《风险社会》,何博闻译,译林出版社,2004 年版,第 43−45 页。

③ 德国之所以建立世界第一部制度性的社会保障法典,其原因并不一定完全是市场化、工业化等经济原因。通过翻阅德国历史可知,在 19 世纪中后期,德国工人运动空前高涨,俾斯麦政府也因政治妥协而在工人间颁布社会保障法律。因此,对德国社会保障起源的原因一直存在争论。

④ 肖峰昌:《完善社会保障法律制度 促进社会和谐发展》,《教育理论与实践》,2006 年第 24 期,第 1−3 页。

律和法规,"如《老年人福利法》(1981 年)、《高龄人雇佣促进法》(1992 年)、《低出生高龄社会基本法》(2005 年)、《老年人长期疗养保险法》(2007 年)、《老龄基本年金法》(2008 年)等"①。完善的法律支持对城市社区居家养老服务的内容完善及评估优化等方面具有较为重要的支持,使得城市社区居家养老服务效能的优化有章可循。

(三) 多元合作模式是服务效能提升的基础

无论在欧盟国家还是东亚地区,针对城市社区居家养老服务,政府、市场、社会等服务部门都建立起了完善的多元合作机制。境外城市社区居家养老服务的发展经历了以政府为主到社会多元合作的阶段,通过调动社会力量的广泛参与,服务方式和内容越来越多元化,服务效能的优化也愈加明显。境外多元化的城市社区居家养老服务是以政府放权为理论基础,其目的在于激发社会活力,实现社会效益最大化。政府在城市社区居家养老服务方面放权并不表明政府无所作为,其功能主要体现在"承担购买服务、监督供需双方以及激励社会主体参与等管理任务"②。以英国社区居家养老为例,英国的城市社区居家养老服务正经历由"service by community"向"service in community"的转变,虽然两者说法相近,服务方式却有天壤之别,两者的服务效能的优化也不尽一致。"service in community"的城市社区居家养老服务分类明细,政府与社会服务组织的职责明确,合作的范围较为宽广;"service by community"主要是由社区进行简单的服务,其服务效能优化的要素残缺,最终的效果也不尽如人意。

(四) 专业化服务是服务效能改善的前提

对城市社区居家养老服务的专业化来说,其范畴主要包括两方面:一方面指向职业技能的专业化发展。在服务方面的专业技能的摄取能力。另一方面指向知识的专业化发展。这在日本体现得尤为明显,社会服务组织内的城市社区居家养老服务人员不仅要经过长期系统的知识培训,还要对知识进行考核和评估,之后才能正式开展服务。③ 以之为参考标准,境外城市社区居家养老服务类的社会服务组织专业化程度较高,原因在于针对性的训练。中国香港地区和日本主要体现出这一特点,中国香港地区的七所大

---

① 林宗浩:《日本老年人长期疗养保险立法的经验与启示》,《法学论坛》,2013 年 03 期。
② 李萌:《养老服务体系中政府责任的国际借鉴》,《老龄科学研究》,2013 年 05 期。
③ 刘祖云:《香港与武汉:城市社区服务比较》,《华中师范大学学报(人文社会科学版)》,2000 年第 1 期。

学都设有社会工作专业,学生毕业后去社会服务组织的概率也较高,这样能很好地把学校的专业知识与现实结合起来,对社区居家养老服务效能的提升也具有一定的帮扶作用。日本作为老龄化较高的国家,对老年人护理的专业训练早已有之,护理人员(在日本称之为介护福祉士)"一般分为三个级别:初级介护士主要从事简单的家政服务和一般性护理工作;中级介护士能够开展所有的护理工作;高级介护士除开展护理工作外,还兼有部分管理职责"①。同时,日本根据级别的要求制定了事无巨细的护理标准,这些护理标准能进一步规范城市社区居家养老服务人员的行为,并形成制度性的管理方式。专业化的管理水平能使得服务效果更加令人满意,服务效能由此得到了提升。

(五) 简化服务程序是服务效能优化的保障

从以上分析可看出,境外非常注重政府、市场、社会三者在城市社区居家养老服务方面的责权关系。虽然政府权力下放程度、市场的参与程度、社会服务组织的介入程度都不尽一致,但政府在放权之后,对市场、社会服务组织都有明确的规定。对城市社区居家养老服务来说,政府的主体地位应更加稳固,其原因就在于城市社区居家养老服务制度的发展愈加倾向于非制度性政策,面对多元化的要素,政府更应该起到引领与掌舵的作用。"政府主导原则主要体现在完善的法律体系和详细的政府规划中"②,如在中国香港地区,政府的主要职责包括:第一,集中于政策与法规的颁布,主要对城市社区居家养老服务对象的权益保障、服务标准等方面制定相关政策;第二,集中于安排城市社区居家养老服务的购买资金,中国香港地区的社会服务组织系统发达,政府购买城市社区居家养老服务的选择余地大,资金的投入也较多。据统计,"各社团和福利服务组织 80%的经常性经营费用来自政府财政拨款"③;第三,集中于对社会服务组织等机构的监督,针对购买城市社区居家养老服务类的社会服务组织,政府还要监管资金的运行、服务的水平等方面,如对财政的合理运用、服务水平是否能满足社会福利署所指定的标准等。由此看出,政府与其之外的服务主体应明确权责关系,这样才能形成稳固的服务主体,城市社区居家养老服务效能的优化才能有坚固的施展平台。

① 李林子:《日本老年护理人才培养模式的经验与启示》,《老龄科学研究》,2013 年第 4 期。
② 李萌:《养老服务体系中政府责任的国际借鉴》,《老龄科学研究》,2013 年第 5 期。
③ 陈晓璇:《香港:80 万老人社区养老》,网易新闻中心,2008 年 12 月 24 日。

第八章　社会服务组织介入下城市社区居家养老服务效能优化路径

　　社会服务组织能介入各种公共服务领域主要包括：文化与休闲领域、教育与科学研究、卫生领域、社会服务领域、环境领域、发展与住房领域、法律推进与政治领域、国际性活动领域、宗教活动和组织等方面。我国社会服务组织起步较晚，但是"传统官方对外发展援助的局限、海外中资企业社会责任需求的增加、公共治理时代的到来给中国社会服务组织国际化提供了广阔的发展空间"①。据统计，我国的民间社会服务组织达到300多万家②，广泛分布于扶贫、技术开发、政策决策、公民教育、基金会以及社会公益等方面，涉及内容较为庞杂，服务效果亦参差不齐。但总体来看，社会服务组织能有效地推进社会治理的发展，并为决策部门提供重要的参考。近几年，民生问题引起广泛关注，社会服务组织介入社会服务的条件日趋成熟。社会服务组织若想有效介入城市社区居家养老服务中，不仅需要考虑城市社区居家养老服务的特点，而且要兼顾介入的环境与组织自身的特征，这样才能形成有效的介入方式。本研究认为，在社会服务组织介入的背景下，城市社区居家养老服务效能需要保证理念更新与完善的法律保障。

　　其一，在理念更新方面。我国没有类似于欧洲的宗教理念③，但传统的儒家思想如养儿防老、家庭为主等观念依然对我国的养老方式产生深远影响。诸多观念使得我国的家庭养老依然占据主体地位。在这种情况下，养老服务国家主导的地位依然没有完全体现，这就会导致老年人的权益保护措施不足④，城市社区居家养老服务的效能优化更是无从谈起。为使得城

---

　　①　杨义凤：《中国NGO国际化的现状、挑战与对策》，《湖南师范大学社会科学学报》，2014年第3期。

　　②　宋欣洲：《中国环保NGO：存在带来改变》，《新观点》，2005年第208期。

　　③　通过分析发现，香港地区的很多NGO甚至都秉承西方的宗教理念，这与香港地区在历史上是英国的殖民地有一定的关系。

　　④　刘晓静、张继良：《中国养老服务体系建设的理念、路径及对策》，《河北学刊》，2013年第2期。

市社区居家养老服务能够有效开展,需要把居家养老当作服务模式创新的突破口。基于此,社会服务组织要以居家养老为主攻方向,要采取多种方式介入城市社区居家养老服务中,通过与相关部门的有效连接,优化与完善城市社区居家养老服务网络,进而优化服务效能,形成独具特色的、中国式的城市社区居家养老服务模式。此外,社会服务组织服务人员要坚定"助人自助"的服务理念,以社会利益最大化为自身的最终目标,以弱势群体的关怀为己任投入城市社区居家养老服务事业中。

除此之外,城市社区居家养老服务效能的优化还要确定以老年人为本的服务理念,这一理念是集科学性、现代性与文明性于一身,且在实践中不断完善与发展。为此,可借鉴中国香港地区的经验,从社会照料、长期照顾、能力提升等理念入手构建现有的服务理念。同时,还需要进一步在满足老年人的个性化需求、提升老年人的合法权益等方面优化现有的服务理念。

其二,在法律保障方面。我国老年人优惠政策较多,但形成法规并强制实施的较少[1],究其原因,一方面是由于养老服务多样化的客观限制,难以制定普适性的法规;另一方面是由于我国养老服务制度处于中期发展阶段,强制性的法律规定会使得施政主体更加被动,反而不利于制度的发展。由以上分析可知,许多国家或地区的养老服务发展都需要相关的政策法规支持。因此,我国应把养老服务制度建设有效融入各地的社区建设规划中,通过法规明确城市社区居家养老服务的建设指标标准,加强对高龄老年人、老年残疾人等最弱势群体的养老保障立法,同时要提高社会服务组织从业人员的待遇水平,规范其业务范围与标准(如社会工作师的资格认证等)。

在社会服务组织法规的建设方面:首先,要完善我国社会服务组织长期发展的相关立法,为社会服务组织的创新完善创造良好的法律环境。以目前来看,受政策利好的影响,社会服务组织在我国发展较快,但在组织建设原则、目标、方式等方面缺乏相关的法律规定。因此,建立健全法律和制度框架,有利于社会服务组织参与到城市社区居家养老服务中,并进一步优化其服务效能。在现有情况之下,可从服务内容及人群等角度对社会服务组织进行有效分类,在此基础上完善组织在服务评价体系建设方面的法规体系。

其次,出台促进社会服务组织参与、养老服务的法律法规,在社会服务组织、老年社区建设及老年人权益立法较为完备的基础上,促进社会服务组织参与社区居家养老服务法律规范的建立,从法律的层面和高度,为社会服

---

① 人民日报:《养老服务需要法律支撑》,民政部官方网站,2013 年 11 月 13 日。

务组织参与城市社区居家养老服务提供前提保障,推动其发展。如对社会服务组织参与城市社区居家养老服务进行分类,针对不同的税收优惠政策,实施不同的监督管理;从注重"准入"的限制性管理,到规范引入社会服务组织参与社会、城市社区居家养老服务流程,同时要在法律法规制定的过程中注重服务的公开化、财政的完善化以及效果的优化等方面的规定,使得社会服务组织的发展趋于更加健康的目标。

在以上工作的基础上,社会服务组织在主体建构、过程优化以及评估完善等方面优化城市社区居家养老服务的效能,并形成效能优化的机制。

一、社会服务组织介入社区居家养老服务的前提条件

(一) 社会服务组织自身的考量

社会服务组织介入城市社区居家养老服务主要以服务、开发、帮扶等形式提高其服务效能。在服务形式方面,社会服务组织主要以专业性为依托,涉及内容主要集中于老年人的生活、疾病、救助等方面;在开发形式方面,社会服务组织主要以组建专业团队的方式,为老年人的服务提供技术平台;在帮扶等形式方面,社会服务组织主要以老年人的社会融入为目标,为老年人及其家庭提供必要的社会支持。除此之外,部分类别的社会服务组织还为特殊老年人(如因老致残、低保老年人、少数民族老年人)提供资金支持,丰富了服务内容。

正如前文所述,我国社会服务组织的发展在理念实施、制度保障、专业性等方面依然任重而道远,需要不断完善、创新、提升。因此,社会服务组织介入城市社区居家养老服务中来提高服务效能也需要结合现实条件,有的放矢,这样方能有效介入。具体来说,需要考虑以下几方面。

1. 社会服务组织的适应性问题

所谓适应性问题,是指社会服务组织与城市社区居家养老服务中的多元主体、多种项目、多重管理的迎合问题。其一,在主体方面,城市社区居家养老服务效能得以有效提升,需要政府、市场、家庭等有效配合,因此社会服务组织有效介入城市社区居家养老服务的关键在于要与不同主体形成联合服务的模式。对城市社区居家养老服务来说,不同主体对社会服务组织的要求不尽相同,对政府来说,希望社会服务组织变成社会管理的辅助或分支;对市场来说,希望社会服务组织成为服务合作的有力伙伴;对家庭来说,

希望与社会服务组织形成依赖关系,等等。在这种情况下,社会服务组织要根据不同主体的需求,达到最大化的满足目标,这对社会服务组织来说无疑是一项重要挑战。其二,在项目方面,城市社区居家养老服务涉及生活、心理、社会资本、康复等诸多要素,这些要素对社会服务组织提出了更高要求。现实来看,社会上某些服务组织只是一种理念式的组织,缺乏要素融合的经验,服务开展的条件不够具备,因此要根据社会服务组织自身的特点,结合项目的情况寻求适合的城市社区居家养老服务内容。其三,在管理方面,"老龄问题是一个典型的政府间事务,涉及财政、社会保险、就业、产业、福利、教育、卫生、价格、环保和其他多方面的政府职能"①。对于社会服务组织来说,要与不同的政府部门形成稳固的关系则较为困难。因此,社会服务组织要关注主要养老部门的政策导向,在此基础上进一步完善关系,这样才能有效开展服务,提高服务效能。

以现实来看,社会服务组织介入城市社区居家养老服务后,在服务开展以及服务关系建立等方面需要注意以下问题:其一,发挥主动性。如在开展服务的时候要根据情况主动变换服务内容,实施有利于老年人的服务;参与角色的变化,变被动接受为主动服务;服务范围的拓展,争取老年人家庭成员的服务介入,等等。其二,正确对待组织间的竞争。城市社区居家养老服务资源亦属于公共资源的范畴,存在着竞争性的问题,面对日益稀缺的城市社区居家养老服务资源,社会服务组织间的竞争也会不断加剧,因此,需要采取合作的方式,在实现资源共享的同时,推出更加优化的服务项目。其三,社会服务组织的归属性问题。社会工作者所属的社会服务组织(如民办非企业)在成立时需要挂靠某一部门,这样在与政府合作推出购买服务时才能有效开展。但以目前来看,这种挂靠方式使得社工服务人员在实施相关服务时多局限于本地区域,这不利于服务内容的优化。因此,社会服务组织需要在现有的制度框架下,发挥主观能动性,变依附政府的关系为与政府合作的关系。

2. 社会服务组织的专业性问题

社会服务组织经常被冠以慈善组织、自愿组织、公益团体②、邻里组织等名称,其公益性的特点体现得尤为明显。目前,许多社会服务组织往往会弱化专业性,这一方面是由于社会服务组织依托于公益力量吸引志愿者加

---

① 《敬乂嘉、陈若静:〈从协作角度看我国居家养老服务体系的发展与管理创新〉》,《复旦学报(社会科学版)》,2009 年第 5 期。

② 这是中国台湾地区的普遍说法。

入其中的同时,也会进一步弱化服务的专业效果,另一方面是由于社会服务组织本身的多元化发展而使得专业化发展被放在次要的地位。整体上看,社会服务组织隶属于社会服务的分支机构,若想发挥其应用性,专业化必然成为未来发展之趋势。对城市社区居家养老服务来说,社会服务组织的专业性主要表现为以下几个方面。

首先,服务内容的专业性。主要指社会服务组织应提供专业化的服务内容,包括"制定居家城市社区居家养老服务实施要求和操作规程;开展城市社区居家养老服务评估;规范城市社区居家养老服务市场;监督城市社区居家养老服务质量;做好城市社区居家养老服务统计;发放养老服务券;结算城市社区居家养老服务经费"①等。诚然,社会服务组织不能在以上所有服务内容方面做到专业化,但可在专业性发展的基础上完善服务内容。

其次,服务人员的专业性。我国的社会服务组织成员主要由专职人员、兼职人员、志愿者所组成。专职人员是以社会服务为导向,具有一定的专业能力与技巧,同时遵循社会服务组织的基本素养与品质;兼职人员能得到一定的补助,但也体现出专业性差的弊端,大部分只具有初、中级的专业技能,长期、持续负责或者参与社会服务组织某个方面的职能工作,另一种兼职人员比普通的志愿者更充满激情,不仅不领取补助,甚至甘愿付出、牺牲自我;志愿者更多集中于爱心、奉献、热情、向上的人群,社会因为志愿者的广泛参与而更加文明、美好,但这些人员更多地表现为零散性、参与度低、专业性不够、精力有限、自主性强等特点。现有情况表明,社会服务组织中人才的流动性加大,导致整体的欠缺。因此要通过各种途径留住人才,同时通过教育、培训等形式加强组织的专业化建设,提高竞争力。

城市社区居家养老服务工作顺利进展的前提条件之一就在于专业化的服务队伍建设。目前,我国社会服务组织的服务人员多集中于原有社区人员,或者下岗人群,这一部分人群具有较为丰富的服务经验,当政府为他们提供的优惠政策,达到降低人工成本的目的时,其服务优势的体现最为明显,但是在专业的能力(如社会工作能力)方面则有所欠缺,在专业化服务发展的趋势下,服务人员的能力可能会导致服务效能的降低,因此必须加强服务人员的专业化建设。可学习日本的经验,在考核的基础上实现等级的评定,不断增加岗位的要求,以此才能不断优化服务效能。

此外,志愿者队伍的发展也应是未来专业化建设重点考察的内容,对志

---

① 鲁迎春:《城市居家养老服务中的 NGO 及其与政府的关系——基于上海市浦东新区的研究》,《前沿》,2013 年第 10 期。

愿者的专业化建设来说,其一,要完善现有的登记管理制度。对志愿者的能力、服务方向以及服务经验等方面有真实信息的记录,对志愿者队伍进行较高的分类,便于管理。其二,通过各种舆论健全志愿者服务机制的平台。吸引会接纳养老服务志愿者队伍的壮大,进而完善现有的城市社区居家养老服务模式。

再次,服务方式的专业性。社会服务组织在城市社区居家养老服务中的实施方式对城市社区居家养老服务效能的优化具有重要的意义,这不仅关乎整个服务的连续性问题,更关乎服务质量的评判。因此,社会服务组织要在城市社区居家养老服务中有效地完善服务方式。如前文所述,社会服务组织要想有效连接各服务方式,需要在发挥中介作用的同时,进一步与各主体进行沟通、协商,这需要"协同—生产"的服务理念,即以团体合作的方式,通过成员间在技能、专业、服务项目等方面的交流与融合,进而形成新的服务模式,以此来达到提高公共服务水平的目的。而社会服务组织在这一理念之下(或者说过程之中)发挥了重要的作用。

3. 社会服务组织的发展性问题

我国社会服务组织也面临诸多发展问题,主要集中于:首先,法律环境的适应性问题。整体看,受我国多重管理体制的影响,现行法律政策环境不利于我国社会服务组织的发展。[1] 我国对社会服务组织的业务、法律方面的规范主要集中于民政部门与业务主管部门,这实际上出现了多头管理的现象。举例来说,养老服务类的社会服务组织在主管单位依附于民政系统,但在开展医疗服务之时,其服务监督主体又归为卫生部门。因此,在同一层面的行政机制上,社会服务组织的业务监督就会出现较为混乱的现象。在管理结构难以改变的情况下,这一双重(或多重)管理的方式会持续存在。因此,社会服务组织要改变以往的依附方式,主动与相关管理部门采取联合的方式实施养老服务。

其次,社会资源的整合性问题。社会服务组织在发展中遇到的最大问题在于资金、资本等方面资源的整合能力不足,虽然有政策红利[2]的影响,但对功能相对健全的社会服务组织来说,有限的资金只是杯水车薪,难以满足其全面发展需求。同时,由于社会信任机制建立较为迟缓,社会人员难以对社会服务组织产生信任,这些无疑使得社会服务组织的发展雪上加霜。因此,社会服务组织要想完全介入城市社区居家养老服务中并发挥其应用

---

① 王名:《非营利组织管理概论》,中国人民大学出版社,2010年版,第64页。

② 主要集中于政府购买公共服务能力的增强,客观增加了社会服务组织的活动经费。

作用,需要不断积累社会资本,并采取灵活的发展方式。

再次,独立性发展的问题。社会服务组织能介入公共服务各领域中,从微观的个人服务到宏观的环境治理,服务领域的跨度较大,而且社会服务组织难以顾及所属领域的专业属性。因此,社会服务组织若想有效开展服务,必须要与相关领域所属部门合作,这就弱化了社会服务组织的独立性问题。独立性对社会服务组织具有非常重要的意义,而在"大合作"时代的背景下,社会服务组织要保持自身的独立性实则较为困难。对城市社区居家养老服务来说,社会服务组织一方面要与政府、市场产生长期有效的合作方式,另一方面要发挥自身的特色优势,利用公益性、专业性、灵活性的特点完善服务模式。

为进一步提升社会服务组织的发展能力,需要做到:其一,扩大服务范围。社会服务组织需要拓展服务群体。以先前经验来看,在有社会工作者介入的城市社区居家养老服务项目中,所针对之项目主要涉及扶贫、环保、教育等,对象多集中于高龄老人、失能老人等群体。这一群体能有效地达到"帕累托最优",但也会形成政策的"逆向选择",难以覆盖所有人。因此,需要将服务触角进一步延伸到其他老年人群体中。其二,完善服务方式。目前,社会工作者在城市社区居家养老服务项目中的服务方式多集中于精神慰藉、心理服务等内容,因此,社会服务组织在能力提升、社会融合等方面还有待进一步拓展。其三,提升服务时效。社会服务组织在城市社区居家养老服务中功能的发挥多在购买服务的基础上,实行项目化运作。以原有的经验来看,许多项目的期限长短不一,多则三年,短则几个月,在这种情况下,服务对象福利提升的态势较难形成,不利于社区居家养老服务效能的优化。因此,城市社区居家养老服务需要进一步明确阶段性目标,这不仅有利于服务过程的优化,也为后期的评估提供实际参考。

4. 社会服务组织与政府的权责关系问题

"我国 NGO 显得明显的先天弱质、后天困难。它们在获取和运用资源、协调关系、发挥作用等方面都不存在明显的优势。大多数 NGO 在政府规制和市场挤压下艰难寻求生存和发展之路,难以展现像境外 NGO 身上看到的勃勃生机。"①之所以出现以上弊端,其主要原因还在于政府与社会服务组织间的关系难以确定。在城市社区居家养老服务方面,社会服务组织的发展更多依赖于政府的公共服务购买制度,自身的定位也依托于政府的监管系统。因此,我国政府要对社会服务组织进行适当放权,除财务、服

① 王名、贾西津:《中国 NGO 的发展分析》,《管理世界》,2002 年第 8 期。

务标准、政策等方面进行干预外,还要发挥社会服务组织的自主性,让其适当介入市场竞争,这样才能形成有效的、良性发展的培育体制。但也要注意到,政府在社会权力下放的同时,要兼顾社会服务组织的发展问题。也就是说,目前还不能让社会服务组织完全独立于政府部门,这是因为一方面在城市社区居家养老服务中,政府购买还是社会服务组织开展服务的主要来源,如果让社会服务组织过分地独立,其生存就存在困难;另一方面,从制度惯性的角度看,社会服务组织通过与政府、社会、企业开展相关的工作已然成为一种新型的服务模式,这种模式形成的主因还在于政府的主导。政府放权的主要方式还是把自身不能干预的事情、精力有限的事情与社会服务组织开展合作,但政府要做好监督和评估的工作,不能因为过分放权而丧失了自主性,有可能会适得其反。

5. 社会服务组织获取资源问题

随着我国政府购买社会服务力度的不断增强,社会服务组织的数量亦呈现逐渐增多的趋势。面对有限的购买服务资源,社会服务组织数量的增多必然会导致组织间竞争的加剧,而争取更多的发展资源则成为社会服务组织的主要目标。发展资源是社会服务组织发展的动力,所谓发展资源,指的是社会服务组织为开展服务以及自身发展所需要的资金、场地、人员等方面的硬件与软件资源的总称。以目前来看,政府是为社会服务组织提供发展资源的主体,但过分依赖政府提供发展资源,也限制了社会服务组织的主观能动性,因此有学者建议应采取更加多元、灵活的手段积累发展资源。主要包括:其一,加大政府支持力度。既然政府支持(尤其是资金支持)是主导,且短时间内难以改变,不如进一步加强政府的资金支持。其二,发挥社会捐赠的作用。有学者建议扩大社会捐赠对社会服务组织的支持力度。其三,增强自身获取发展资源的能力。认为社会服务组织可以通过合作等方式来获取资源,并在资源依赖的基础上与企业形成合作共识,并进一步完善社会资本的合作。

社会服务组织获取发展资源的主要(甚至是唯一的)方式依靠政府的支持,这是由于在我国大部分地区,社会服务组织的发展还处于中期阶段,政府购买服务还处于探索阶段。但从长期来看,政府作为社会服务组织发展资源主要提供者的模式会被逐渐打破,这是因为:其一,如若政府始终作为社会服务组织发展资源的提供者,这样就会使得社会服务组织的工作内容多围绕政府来开展,进而较少关注服务对象,最终会因资源依赖的弊端而形成服务倒挂。其二,社会服务组织的发展资源集中于政府,会出现分配发展资源不当的现象,如部分地方政府对辖区内服务资源分配不均而导致社会服务组织之间的"马太效应",或者"较大的社会服务组织与政府形成的服务联盟"与"其他社会服务组织"之间在服务资源配置方面存在较大隔阂。

以目前来看,社会服务组织获取发展资源存在以下问题:第一,社会服务组织获取发展资源的方式较为单一。通过对相关机构的调研发现,承接政府购买服务项目是社会服务组织获取发展资源的主要甚至是唯一的方式。《国务院办公厅关于政府向社会力量购买服务的指导意见》(国办发〔2013〕96号)中明确指出:"政府向社会力量购买服务的主体是各级行政机关和参照公务员法管理、具有行政管理职能的事业单位。"但在调研过程中发现,政府购买服务的方式也会造成浪费现象。首先,社会服务组织的质量良莠不齐。很多社会服务组织缺乏专业与服务精神,在开展服务过程中不断地节省人力、物力等成本,最终利益受损者还是服务对象。其次,政府的监督机制也不够完善。各地的公益组织培育中心虽然由社会服务组织来运营,资源合作和服务安排等事项却由街道来安排,街道也意识到服务开展存在资源浪费现象,但监督效果不是很明显。第二,社会服务组织的独立性较差。社会服务组织在社区内开展服务多以"机构—服务对象"的单线服务为主,这种直线式的服务方式能有效提高服务效果。但实际上,一方面,社区不仅能提供服务名单,甚至能召集服务对象;另一方面,社区能为社会服务组织开展活动提供服务场所,与社区建立良好的关系亦有利于今后服务的持续开展。因此,社会服务组织在开展服务过程中经常需要迎合社区,缺乏独立性。缺乏独立性使得社会服务组织很难拓展发展资源。第三,社会资源的供给程度较低。首先,发展资源供给主体对服务的要求较高,且附带其他目标,一般的社会服务组织很难完成;其次,很多发展资源供给主体的目的与社会服务组织服务开展的目的不尽一致,使得合作难以形成;再次,对公益、社会服务、项目运作等理念的认识有所分歧也是发展资源以难介入社会服务组织难的主要原因。

(二) 社区居家养老服务模式的创新

社会服务组织介入城市社区居家养老服务并优化其效能也意味着养老服务模式的创新。因此,在介入分析前,需要详细分析城市社区居家养老服务模式的构成要素,只有这样才能有的放矢,针对性地提成一些政策建议。关于城市社区居家养老服务模式的研究,学者们众说纷纭,从概念上讲,就有社会化养老服务模式①、居家养老服务模式②、社区养老服务模式③等概念,针对模式的主体缺乏一致研究的口径;从内容上讲,有以居家养老为主、有以社区发展为主、有以多元化建设为主而建立起来的养老服务模式④,缺乏统一的研究取向。诚然,主体多元化、内容多样化等是养老服务模式的发展取向,但越是在这种复杂性的模式中,越要明晰构成要素,抓住其本质内容,这样才能在政策今后的实施过程中有所侧重。

1. 城市社区居家养老服务模式优化的意义

其一,宏观层面——转变服务方式,适应社会管理。我国城市社区居家养老服务过去一直奉行以家庭养老为主的模式,虽然随着市场化的完善,养老保险制度也随之发达,但难以改变传统的模式。随着计划政策效果的凸显,家庭规模正不断缩小,一方面,"4-2-1"家庭结构的出现无疑给中青年夫妻带来巨大的压力;另一方面,人口红利⑤的消失,养老负担比的加大,对社会亦会造成影响。此外,我国政府的职能正经历从管理到治理的转变⑥,管理方式变化的同时,也催生出诸多以社会利益为导向的社会服务团体,其中不乏与养老服务相关的社会服务组织,这为城市社区居家养老服务模式的优化奠定了现实基础。

其二,中观层面——激发市场活力,提高就业能力。城市社区居家养老服务模式的优化,能有效开放现有的养老服务市场。据推算,"到2019年,我国老年人护理服务和生活照料的潜在市场规模将超过4500亿元,养老服务就业岗位潜在需求将超过500万个,而专门人才的培养目前却以百计数"⑦。此外,城市社区居家养老服务模式的优化不仅能有效提高社会工作、医疗、护理等专业的就业率,而且使得未来养老服务专业化更具发展前景。

其三,微观层面——满足老年人需求,提升社会福利。老年人的需求具有多样化特征,不仅包括与物质、生理、生活等有关的硬件方面,还涉及心

---

① 袁小波:《社会化养老服务体系的构建》,《人民论坛》,2014年第17期。
② 吉鹏、李放:《政府购买居家养老服务的绩效评价:实践探索与指标体系建构》,《理论与改革》,2013年第3期。
③ 潘屹:《优化整合城乡资源,完善社区综合养老服务体系——上海、甘肃、云南社区综合养老服务体系研究》,《山东社会科学》,2014年第3期。
④ 刘迟、韩俊江:《社区居家养老服务的多元体系构建》,《税务与经济》,2013年第2期。
⑤ 陈友华:《人口红利与人口负债:数量界定、经验观察与理论思考》,《人口研究》,2005年第6期。
⑥ 麻宝斌、任晓春:《从社会管理到社会治理:挑战与变革》,《学习与探索》,2011年第3期。
⑦ 中国网:《养老服务前景广阔 市场开发大有可为》,凤凰网,2019年7月27日。

理、情感、社会交往等方面的软件需求。有些需求诸如物质方面较容易解决，但类似于心理方面的问题则不易观察，解决方式也较为困难。而城市社区居家养老服务模式的优化能有效地解决以上问题，如以政府为主体的救助可满足老年人的基本生活水平，以社会服务组织为主体的服务可提升老年人的社会适应能力，提高其心理素质。这对满足老年人多样化需求，提升其社会福利水平具有重要的意义。

2. 城市社区居家养老服务模式的要素

城市居家养老服务模式不同于服务体系，服务体系是一个综合性的概念，具有过程的意义，而服务模式更加综合且固化为一种形式。① 服务模式的要素主要包括主体（资源）、过程（组织、技术的分配、信息的传递）、结果的衡量。以此来看，城市社区居家养老服务模式的要素应该涉及主体（如政府、市场、社会服务组织等）、过程（如服务的传递、信息的透明）、评估（结果优化的标准等）。不仅如此，城市社区居家养老服务模式的各要素可通过一定的方式进行优化，如主体间的有效组合，政府虽然发挥主导作用，但涉及行使范围的度量标准值得研究，也就是说，政府如果干预过度，则会造成其他主体的被动性，服务的接受者（主要指老年人）也可能会形成"福利依赖"的习惯。因此我们要设计一种有效的政策模型，使得各主体间达到配合的最佳标准，进一步发挥能动性，从而打造良好的政策实施平台。再比如服务传递的优化，是否能形成直接对等的服务方式，即不经过中间环节，通过信息的直接对接，主体直接把服务传递给客体等。

3. 养老服务模式创新与养老服务效能提升的关系

养老服务模式的优化与养老服务效能提升具有诸多相似之处。首先，两者都是关注服务主体的优化、服务过程以及服务评估等方面的内容。其次，两者是互为影响的，养老服务模式的优化能进一步提升养老服务质量，进而提高养老服务的效能。养老服务效能的提升能进一步优化服务主体间的关系，使其发展出更为创新、精准的服务方式，进而优化服务模式。

虽然以现实来看，社会服务组织介入城市社区居家养老服务已是未来发展的主要方向，但是通过观察以往的城市社区居家养老服务政策发现，包括社会服务组织在内的社会力量介入的政策设计较多以养老服务模式优化为前提，如在养老服务信息化和智能化的建设方面，民政部根据《国务院关于推进"互联网＋"行动的指导意见》（国发〔2015〕40 号）、《关于推进社区公

---

① 此观点受林闽钢教授在《社会保障国际比较》一书中关于社会保障体系和模式区分的启发。

共服务综合信息平台建设的指导意见》(民发〔2013〕170号)等文件精神,积极推进社区信息化和智慧健康养老工作;联合工业和信息化部、发展改革委等部门印发了《关于推进社区公共服务综合信息平台建设的指导意见》(民发〔2013〕170号)、《关于开展养老服务和社区服务信息惠民工程试点工作的通知》(民函〔2014〕325号)、《关于确定首批养老服务和社区服务信息惠民工程试点单位和地区的通知》(民办函〔2015〕315号),推进社区公共服务综合信息平台和智慧社区建设,等等。由以上分析可知,养老服务信息化和智能化是服务传递质量优化的重要前提,应以服务效能的视角来对信息化的效果进行评判。因此,现在应该从养老服务效能的视角来进一步审视社会服务组织介入的方式和方法。

二、社会服务组织介入与服务主体效能的优化

社会服务组织发挥其灵活性的特征,可通过合作、替代等方式实现与其他社区居家养老服务主体合作,共同优化城市社区居家养老服务的效能。

(一)完善政府的引导机制

从引导的角度看,社会服务组织可通过优化政策效果以及完善资源供给与协调等方式,加强对政府的引导。

1. 通过提高政策实施效果提高服务效能

首先,参与枢纽型社会组织建设。枢纽型社会组织在承接政府(主要以街道、社区为主)养老服务外包产品的同时,实现行政资源与专业资源的结合。政府购买养老服务是公共服务的一部分[1],是政府通过公共招标的方式,与社会部门间通过签订合同的方式建立委托关系,并把一部分业务分担给枢纽型社会组织的行为[2]。目前,社会服务组织在政府购买服务中参与的规模、程度、积极性等越来越高,这一方面受政策条件放宽的影响,另一方面也与我国近几年社会服务组织发展壮大的因素有关。社会服务组织可通过参与枢纽型社会组织建设或变成枢纽型社会组织的方式,开展社区居家养老服务,以此影响政府的政策制定,提高服务效能。

---

[1] 胡宏伟、时媛媛、肖伊雪:《公共服务均等化视角下中国养老保障方式与路径选择——居家养老服务保障的优势与发展路径》,《华东经济管理》,2012年第1期。
[2] 王名、乐园:《中国民间组织参与公共服务购买的模式分析》,《中共浙江省委党校学报》,2008年第4期。

　　此外,社会服务组织可在社区内运营养老类社会服务组织孵化中心。目前,城市社区居家养老服务中心所提供的服务包括娱乐、书报阅览、教育培训、室内健身、日间照料、健康咨询等方面,而提供服务的人员多由大学生、老年人家庭成员、社会热心团体所组成,缺乏专业性。如笔者在合肥市部分社区调查时发现,许多社区居家养老服务中心的图书报刊基本源于两部分,一部分来自社区购买,一部分来自社会人士爱心捐赠,种类多集中于新闻、养生等方面,难以丰富老年人的知识。因此,作为社区内老年人的重要活动场所,城市社区居家养老服务中心的功能必将不断发展,其服务方式也应愈加专业化。在这一趋势下,社会服务组织应及时、有效地介入城市社区居家养老服务中心的建构过程。实际上,社会服务组织可发挥其专业性的优势,介入城市社区居家养老服务的各种服务内容,如在休闲娱乐方面,社会服务组织可开发专业性较强的互动模式,丰富老年人的业余生活,链接老年人间的情感所求;在老年人知识储备方面,社会服务组织可在前期调研的基础上,广泛联系社会单位为老年人提供图书以及教育培训等服务。公益社会服务组织在我国发展较快,加之政策扶持力度加大,数目繁多的社会服务组织也随之而来。在未来充满竞争性的环境下,社会服务组织能与政府合作共同完善城市社区居家养老服务中心的建设可作为有效的参考抉择。

　　社会服务组织介入城市社区居家养老服务中心的建设要注意与政府关系的处理问题。从养老服务的主体来看,政府、市场、社会是三类主要的服务主体,政府虽起到重要的主体地位,但仅限于对后两者的监督,其权力并不能无限延伸。与市场相比,社会养老服务主体刚刚兴起,并没有成为发展趋势,在此种情况下,社会部门依附于政府也实属当然。但这并不代表社会服务组织是政府的拓展,两者应把关系定位在合作而非指派,是"伙伴"而非"伙计"。在养老服务中心的建设方面,社会服务组织更要发挥其主要功能,利用自身的资源优势,找寻城市社区居家养老服务中心建设存在的不足和改进之处。

　　其次,进行老年人社会工作方法和技巧培训。社会服务组织一方面可承接城市社区居家养老服务中心的部分内容,如生活娱乐、教育培训等。如在教育培训方面,社会服务组织可开展多彩的、与老年人生活相关的知识类讲座,丰富老年人的日常生活,同时,还可与相关的高校、科研院所联系邀请相关的老年专家在社区内为老年人开展教育活动。另一方面,社会服务组织可在社区服务中心现有服务内容的基础上,进一步开发多种老年人服务项目,如在生活娱乐服务方面,社会服务组织可开发利于老年人心理素质的服务项目,通过专业的社会工作、心理辅导等手法,鼓励社区内的老年人参与其中,有效地提升整体性社会福利。

2. 通过完善资源供给与协调方式提高服务效能

首先,改善服务项目资金的安排方向。社会服务组织要秉持分类合作的原则来明确资金的使用方向。在政府作为供给主体时,要明确与政府间是"契约关系"还是"帮扶关系",前一种关系是以合同的形式建立起来的、对双方的权利义务有明确规定的关系与购买服务资金,如政府购买服务中对资金使用的明确规定;而后一种关系是基于互动、熟知的形式建立起来的,并没有明确的权利义务对等关系,如分派相关的工作人员,帮助街道完成民生调查任务,依次安排相应的资金等。当社会资本作为供给主体时,要以服务内容确定关系。如社区养老服务的互助组织以志愿者服务、团体建设为主,合作方式随意,而基金会更加关注特殊老年人的服务,对服务量化的要求较高,强调契约关系。

其次,合理安排学历层次较高的社区居家养老服务人员。当前社区居家养老招聘的服务人员文化水平普遍不高,社区缺乏吸引和留住高文化素质人员的措施,对此应当采取措施吸引学历层次较高的人员加入社区养老服务队伍以提高整个队伍的文化水平。其一,社区养老机构要针对高文化素质人员建立相应的激励机制,拓展其发展空间,吸引高学历高素质人才留在社区养老服务队伍。其二,要提高服务人员待遇水平,可以为学历层次较高的人员提供各种福利待遇,做到"待遇留人"。其三,完善社区养老服务人员薪酬管理制度,根据养老服务人员的专业技能水平进行职业资格等级认定,出台针对不同等级的薪资标准,使高素质高等级的专业人才能够得到相应的报酬。其四,可以根据实际情况安排高素质人才担任一定职务并做好组织宣传工作。让高学历高素质人才在社区得到尊重和拥护,让其感到社区就是自己的家,这样才能不断吸引高学历高素质人才持续留在社区并为此不懈奋斗,也只有这样才能不断优化整个社区居家养老服务队伍的学历结构。

(二) 加强市场部门的参与机制

1. 在福利供给方面:与市场部门合作开展公益养老服务项目

由上述分析可知,城市社区居家养老服务的市场主体并不能提供全部的服务内容,在心理安抚、社会融入等服务方面有所欠缺。原因在于:一方面,以上服务内容更多地体现出非专业化的特点,对于量化指标较为严格的市场服务来说,较难操作;另一方面,以上服务内容涉及多种社会关系的调动,服务结果是多重要素的体现,市场价值体现较少,因此许多市场主体望而却步。对城市社区居家养老服务来说,其初级目标就在于老年人家庭内的服务,其最终目标在于让老年人走出家庭,融入社会,最终达到心理素质方面的提升。因此,心理安抚和社会关系建构对老年人的发展显得至关重要。在现有的情况下,社会服务组织要以独立的身份介入养老服务中,与老年人市场部门开展广泛合作,提供诸如心理安慰、社会融入等公益性的社区居家养老服务。

社会服务组织还可与市场部门联合在社区内普及生活知识,包括:第一,安全保障知识。如突发情况的应急知识、呼叫通的原理知识、应急物品的摆放位置、安全措施的注意事项等。除此之外,还要针对特殊老年人完善相应的知识普及,针对空巢老年人要格外注意呼叫系统的便利之处,针对因老致残的老年人要提供辅助的基本原理等。第二,生活照料知识。老年人家庭护理是养老服务的重要内容,社会服务组织与市场部门要和老年人的家庭成员建立长期有效的沟通机制,为其提供专业化的托老、购物、配餐、送餐、陪护等知识,同时还要在洗衣、打扫卫生、家电维修等方面向家庭成员灌输相关的知识。第三,医疗保健知识。社会服务组织要与市场部门一起向老年人及其家庭成员提供疾病防治、康复护理、心理卫生、临终关怀、健康教育等方面的康复知识,这样才能加强互相信任的服务关系。第四,文化娱乐知识。老年人文化娱乐的场所多集中于社区和家庭,社会服务组织要联系相关市场部门,为老年人提供诸如学习进修、绘画、书法、图书等方面的服务。

2. 在供给方式及配合程度方面:有效连接政府与市场部门来提供服务

与政府、市场部门合作的方式主要集中于与市场部门合作购买政府的城市社区居家养老服务,这在前文已有所提及。政府购买城市社区居家养老服务多集中于"内容"方面,涉及保洁公司、医院等部门而服务过程的优化则有所欠缺。也就是说,保洁公司、医院所提供的服务具有直接性,在信息采集、资格认定等方面有所欠缺,而这些内容需要社会服务组织的参与。为进一步提高养老服务效能,社会服务组织需要与市场部门开展合作,在城市社区居家养老服务状况的调查的基础上,开展帮扶活动。

第一,城市社区居家养老服务的调研。社区部门不可能对辖区内老年人的所有需求开展调研活动,这一方面受人员限制,另一方面老年人在面对上级部门时有可能对自身需求信息有所保留。如果采取社会服务组织介入的方式,可有效解决以上问题,这是因为一方面社会服务组织有大量的专业人员开展调研服务,另一方面社会服务组织成员能较快地融入老年群体中,并有效地开展工作。因此,市场部门、政府可定期与社会服务组织合作,在辖区内开展老年人需求的信息收集工作,为下一步服务的开展奠定基础。作者所调研的南京市部分地区如江宁区、秦淮区、鼓楼区等已开展了此项合作,取得了良好的效果。

第二,城市社区居家养老服务内容的帮扶。部分老年人及其家庭受自身条件所限,并不能完全了解城市社区居家养老服务的内容、条件、政策等,这阻碍了城市社区居家养老服务的开展。因此,社会服务组织要以利他主义为理念,与市场部门一起为老年人及其家庭成员提供完善的政策信息服务。主要包括:城市社区居家养老服务的认定条件,如护理等级认定、家庭的经济状况认定、老年人社会关系建构、城市社区居家养老服务的过程、居家养老服务主体基本信息的收集,等等。

3. 在供给内容方面:与居家养老机构合作开展收费性的养老服务项目

与公立的养老机构相比,私营的居家养老机构所占市场份额较小、竞争优势不太明显、发展空间有限等弊端,但从目前来看,私营的居家养老机构在服务内容的多样化、服务方式的多元化、服务项目的安排等方面都要优于公立居家养老机构,并能较好地提升服务质量。目前,全国养老机构的床位与实际目标相比有较大的差距,面对如此巨大的服务市场,未来应着力发展私营居家养老机构作为养老服务效能优化的制度补充。收费性的养老服务在我国的发展仍面临诸多滞碍,老年人及其家庭尚未形成服务收费的接受理念,且与政府提供的公益服务相比,老年人更愿意接受后者,因此收费性的养老服务在我国的发展依然任重而道远,但不可否认的是,收费性的养老服务项目在我国部分地区已经开展起来,且得到了诸多老年人的信任和支持。因此,未来可在收费的方式、方法方面进一步优化,以此提升社区居家养老服务的多元化发展。社会服务组织应该与居家养老服务机构进行合作,将服务人员安排进机构或者将机构的一些项目引入社区,在收费的基础上(满足自身的生存),完善服务内容的对接与优化。

三、社会服务组织介入与服务过程的优化

城市社区居家养老服务过程主要包括:老年人家庭向所在社区申请接受养老服务→社区对其状况进行评估→如果条件允许→为老年人提供服务→中间的服务变更环节→服务结束阶段。在这一进程中,政府(社区)在服务信息收集、服务人员安排、服务资源整合等方面起到决定性作用。如果

单独依靠政府实施城市社区居家养老服务政策,则会出现许多弊端,包括:第一,人员不足。政府工作人员的任务是行政化管理,在城市社区居家养老服务方面的工作多集中于信息的采集、服务对象的确立、服务过程的监督等方面。如果让其转变服务人员的身份,则工作量极大,进而影响工作的积极性。第二,信息不对称。受人员不足的限制,政府人员不可能对老年人家庭的状况完全了解,即使了解一些表面信息,也难以从更为全面的角度理解老年人。在福利社会化的背景之下,"国家需要引入市场化的管理模式,把国家重新塑造为组织者、管理者和购买者,而不是服务的直接提供者。政府购买服务作为一种福利供给,也应充分发挥社会服务组织的积极作用,尤其是在服务提供这个主要环节上"①。基于此,政府可依赖如社会服务组织来完善城市社区居家养老服务过程。社会服务组织可以通过丰富服务内容、优化服务环境、完善服务资源安排效果以及优化服务进程管理等方面,完善社区居家养老服务的过程,以此提高服务效能。

(一) 促进服务内容及环境优化

1. 通过介入服务项目来优化服务内容

从现实来看,社会服务组织可介入以下社区居家养老服务内容,以此来提高服务效能。

第一,介入老年人的配餐服务。在社区内为老年人提供配餐地点,通过科学有效的管理方式,为老年人提供餐饮服务。我国大部分地区已然开展了社区老年人配餐服务。通过招标的方式引导社会部门参与竞争(包括社会服务组织),政府一方面对提供配餐服务的组织进行补贴,另一方面弥补配餐价格的差价,可以说,配餐服务能为老年人提供诸多便利。笔者于2020年在苏州市调查时发现,老年人的配餐服务能较好地满足老年人的饮食需求,但该服务也会出现一定的问题,如部分老年人利用便宜的饭菜价格为家人谋取福利;配餐点所提供的菜谱不能满足所有老年人的需求;工作人员(尤其是送饭人员)的待遇较低,流动性较大。在引入社会服务组织后,由于社会服务组织更具灵活性,且能较好地把与助餐相关的服务资源调动起来,能进一步节省社区老年人的配餐成本。

第二,介入老年人的卫生保洁服务。老年人的卫生保洁服务多由保洁公司来完成。它会根据老年人的行动能力将服务模式归纳为自理服务,针对具有自理能力的老年人,保洁公司为其提供的服务主要包括:大件物品的

---

① 虞维华:《公共服务业市场化改革与非营利组织的市场化》,《经济纵横》,2006年第2期。

清洗、室内卫生的清洁、老年人洗澡等卫生问题、老年人社会活动的参与、老年人的功能锻炼等;半护理服务,包括老年人不能完成自理服务的内容、健康检查、理发、卫生清理等;全护理服务,根据老年人行动能力的状况(主要分为一、二、三级),为老年人提供内容不同的养老服务。此外,还有一部分卫生服务内容划过到医院等事业单位,主要为老年人提供免费体检等内容。目前,我国大部分社区老年人的卫生服务已经外包给市场单位,政府只是起到监督、监管的作用,但尚未成型,制度建设缺乏衡量标准,未来应大力发展,也可适当引入社会服务组织。社会服务组织可在社区内驻点或与卫生保洁公司合作,通过引入保洁服务资源的方式为老年人提供相关服务。

第三,介入老年人心理咨询服务。老年人心理服务在我国发展较为缓慢,一方面是因为缺乏老年心理方面的人才;另一方面是因为老年人心理问题较为复杂,既有家庭问题,又有邻里、社会问题。此外,老年人情绪波动较大,不一定能完全配合心理辅导人员的安排。虽然有诸多困难,老年人心理服务理应成为养老服务未来发展之趋势,这是因为养老服务的最终目标在于老年人社会福利的提升,这涉及主观感受,而心理素质的提高则是主观感受的基础。目前,提供老年人心理服务的部门较少,而社会服务组织的介入能有效完善这一缺陷。社会服务组织可采取灵活的方式,通过身临其境、感同身受的方法引导老年人敞开心扉,在此基础上,利用个案工作、小组工作等社会工作专业方法提升老年人的心理素质,促使其参与、融入社会。

此外,从替代的角度看,社会服务组织可代替社区部分的养老服务职能,如康复辅助、相谈、医疗辅助等方面,这既能提高服务效能,又能减轻社区负担,达到"双赢"的效果。在康复、医疗的辅助方面,除医院、保洁公司所提供的需求之外,老年人对辅助器具的需求量呈逐年提高之趋势,对失能老年人来说,这种现象更为严重。据统计,"我国失能老年人口将达到 3750万,康复辅助器具服务率仅为 7.31%,而康复辅助行业服务对象也由原来的伤残军人、普通残疾人扩大到老年人、伤病人等所有身心障碍人士"[1]。因此,失能老年人的康复器具具有良好的市场发展前景。社会服务组织若想有效介入老年人的康复辅助项目中,需要从康复辅助的推广应用方面入手,这并不是让社会服务组织向老年人推销康复辅助器材,而是要与相关的开发、生产单位合作,为老年人提供免费或廉价的产品。社会服务组织可发挥其灵活性的优势,动员社区与器具制造企业联系,通过诸如为企业提供良

---

[1] 翁晔、覃星星:《失能老年人越来越多康复辅助器具需求大》,中国资本证券网,2013 年 9 月 17 日。

好的销售平台、建立老年人家庭与企业的信息沟通机制能方式,完善与便利产品供给渠道,一方面扩大企业的销售范围,另一方面满足老年人对器具的需求。

2. 通过介入优化服务环境

首先,提高老年人的社区融入力度。社会服务组织可利用其灵巧性特点,发挥社区帮扶的作用,以老年人家庭为核心,利用宣传、情感表达等手段,影响周围人群为老年人提供临时性帮扶,形成广泛意义上的服务主体。社会服务组织的宣传方式要不同于政府有关部门,除了采取直接的宣传方式(所谓直接的宣传方式,是指在服务客体所在的社区,通过张贴海报、广告等方式让服务对象对相关机构有更为直观的印象,这种方式的优点在于较直观、也便于理解,但弊端在于难以与服务客体进行有效沟通,不便于服务的开展)外,还要以现代化的通信方式进行宣传,如建立 QQ 群、微信群等,该方式一来可简化服务过程,二来能有效、准确收集服务对象的基本信息。此外,老年人缺乏日常的情感慰藉,社会服务组织可采用社会工作专业情感融入手法,与老年人达成一致的利益点和兴趣点,这样更有利于服务的实施。此外,要以老年人亲属为对象,通过亲情关系的强化,扩展家庭服务的范围。城市社区居家养老服务的实质是强调老年人在家庭内养老,但这并不代表家庭是居家养老服务的唯一主体。在我国社区发展尚未成熟、传统的邻里救助已然存在的现实条件下,通过社区互助来发展、完善城市社区居家养老服务应成为较普遍的方式。我国部分城市社区(如笔者调查的常州市、苏州市、沈阳市、淮北市等)已建立、发展了社区互助的养老方式,服务效果较为明显,在我国部分城乡结合的地区(如笔者调查的辽宁省本溪市桓仁县),多元化的养老方式尚未形成,传统的社区互助较为盛行,以上的现状为建立社区帮扶的养老方式提供了现实基础。在此情况下,社会服务组织要作为老年人、社区互动的桥梁,通过多方联系的方式,融合养老服务资源,共同为老年人提供服务。

其次,营造养老助老的公益文化。要不断完善、巩固家庭在养老服务中的地位。社会服务组织介入城市社区居家养老服务遵循客观条件的同时,要进一步提升服务的功能。采取的方式包括:第一,巩固老年人的家庭地位。家庭所提供养老服务的优劣、多寡等最直接的影响因素是老年人在家庭中的地位,社会服务组织要通过宣传、引导、说服等方式进一步发挥与巩固老年人的地位。第二,加强传统养老观念的影响。传统养老观念对家庭成员的养老行为有重要的影响,社会服务组织宣传传统养老观念的作用,一是可进一步强化家庭在养老服务中的基础性地位,二是能建立并完善家庭与社会服务组织间的关系,变临时性、短暂性、目标模糊的家庭帮扶为固定化、长期化、内嵌式的制度形式。

(二) 夯实服务政府管理网络

城市社区居家养老服务效能优化机制形成的基础是服务政策管理网络的建构。政策管理网络是研究政府与其他社会行动者间的相互依赖关系,它是以老年人为中心,以社会服务组织为行动链接,以资源互接为实现条件,以政府(社区)、市场部门(邻里)、社会服务组织为行动主体,实现持续性的协作理念与制度化的互动联系。城市社区居家养老服务政策管理网络的特点包括:① 多元性。多元性主要指城市社区居家养老服务政策管理网络实施的主体包括政府和社会的部门,具有多元化的特征。以未来社会之发展趋势看,多元化的形式应成为城市社区居家养老服务制度实施的常态,对其优势在前已有所论述。多元主体并非是削弱政府的主导地位,而是推动城市社区居家养老服务的多样化。② 协同性。城市社区居家养老服务政策主体的多元并不能直接产生良好的政策效果,还需要各主体间协调一致。政策主体协调性的基础就在于服务主体的一致,要围绕唯一的服务主体开展政策的设置,这样主体间才能达到有效的协同。③ 网络性。城市社区居家养老服务政策不是单方向的行动,需要各服务主体围绕服务客体形成优化的服务网络,最大限度地把服务客体集中于服务网络中。

政策管理网络倾向于主体的相互作用以及在相互作用中形成的资源互动关系,此外,还"包括基于对方的权威、资金、正当性、信息、人员、技术、设备的需求所形成的联盟或利益共同体"①。在社会服务组织的介入下,社区居家养老服务政策网络的建构可采取以下方式。

1. 通过与其他部门合作来完善管理制度

在城市社区居家养老服务政策管理网络中,各服务单位已不能单独运作,必须通过互助或依赖的形式完善、巩固、发展政策管理网络,并形成一个有效的管理制度,从而更好地为老年人服务。城市社区居家养老服务政策管理网络注重系统性、链接性、互助性、依赖性以及利益相关性,其重点在于社会服务组织的介入与运作。通过社会服务组织作用的发挥,寻求各主体服务之共同要素,以结合、凝练、提升等方式,变点对点的服务方式为面对面的服务方式,提升主体影响、扩大服务范围、优化城市社区居家养老服务效能,最终形成固化的服务政策模式。

---

① 郓啸:《政策网络:社区治理研究的新框架》,《湖北社会科学》,2014 年第 2 期。

2. 通过与其他部门合作来创新服务模式

城市社区居家养老服务政策管理网络是一个系统,在这个系统中,市场部门、社区、机构等通过社会服务组织的链接不断发挥其功能并产生新的服务项目。此外,社会服务组织不仅能有效链接各服务主体,优化服务效能,而且各服务主体也能进行联合,创新服务模式。

四、社会服务组织介入与服务评估制度的完善

由于缺乏完善的考核评估机制,我国社区居家养老服务制度会出现诸如服务效果难以衡量、服务内容多种多样、管理主体九龙治水、投入与产出不对等等问题,这不仅影响服务质量,而且会进一步减少服务体系整合的效果,降低养老服务效能。因此,需要通过社会服务组织的介入来优化服务评估制度,进而提升社区居家养老服务的效能。本研究认为,我国社区居家养老服务制度包含内容较多、主体复杂,这为服务的评估带来一定的困难。因此,社会服务组织介入社区居家养老服务评估不仅要关注社区居家养老服务制度评估面临的问题,还要考虑社会服务组织介入的前提。

(一) 社区居家养老服务制度评估面临的问题

1. 主体多样化模糊评估定位

主要表现在:其一,从管理主体角度看。社区居家养老服务的评估主体涉及民政、财务、人社部等多个部门,各部门在管理内容、人员、方式、方法等方面存在诸多差异,政策执行时经常出现业务交叉重叠、职能模糊的现象[①],例如,《关于做好医养结合服务机构许可证的通知》(民发〔2016〕52号)中规定医疗机构在开展养老服务时,应该按照相关规定申请养老方面的认定,而养老机构若想申请医疗服务,也需要得到相关医疗部门的认可。由于社区居家养老服务相关管理部门在短时间内很难能形成融合的管理模式,如果没有统一的领导,势必造成多头管理,增加协商的难度。在这种情况下,评估制度的建立需要迎合不同管理主体的特点,客观上增加了评估的难度。其二,从服务主体角度看。社区居家养老服务涉及医疗和养老两个部门,其评估制度的建立分属不同的系统,需要考虑诸多要素,这使得医养融合服务更加难以定位。

---

① 袁坤:《推进医养融合养老模式的困境与对策建议》,《学习月刊》,2019年第10期。

社区居家养老服务定位模糊会导致诸多问题,表现在:其一,阻碍服务体系完善的进度。评估定位的模糊使得社区居家养老服务所涉及的部门更加各自为政,久而久之会形成差异较大的服务内容。其二,导致服务效果参差不齐。评估定位的模糊容易导致服务对象对部门主观评判性不确定性的提高,以医疗为主的社区居家养老服务部门,专业性较高,服务效果较好,反之以养老机构为主的社区居家养老服务部门,医疗条件一般,服务效果相对较差,这导致老年人会更加倾向于选择以医疗为主的社区居家养老服务部门,对社会上的养老机构的有效运行造成较大的挑战。

2. 涵盖内容广增加评估难度

社区居家养老服务制度涉及内容较多,综合来看主要包括:其一,生活照料服务,如起居饮食、日常出行、吃饭洗浴、基本卫生照护等;其二,护理服务,如身体机能恢复、护理措施实施、残疾预防;其三,健康教育服务,如疾病预防、均衡饮食、营养指导、保健养生、健康知识普及、健康咨询服务等;其四,档案管理服务,如建立老年人健康档案、依据现状更新健康情况、评估健康现状、实施健康督导;其五,疾病治疗服务,如常见病的诊治、疾病预防、急救服务;其六,心理慰藉服务,如心理健康辅导、心理疏导、社会关系建立等。

由以上分析可看出,社区居家养老服务内容很难严格区分,这给社区居家养老服务评估带来诸多困难:其一,标准不一所导致的困难。社区居家养老服务相关机构的服务标准并没有统一,例如,社区居家养老服务若想开展医疗服务,需要在护理人员比例、相关科室的数量、硬件条件等方面达到卫计委的要求,这说明以养老机构为主体的社区居家养老服务机构的发展,既要符合相关民政部门对机构建设规范要求,又要符合卫计委对护理机构的硬性要求。但以现实来看,民政部门和卫计部门对机构的要求并未达到统一的口径,这为社区居家养老服务评估标准的设置增加了难度。其二,内容的不确定性亦有可能增加评估成本。社区居家养老服务的内容会随着技术的发展、其他服务要素的加入、制度的创新等原因而发生变化,如在以往,老年人的康复多以医为主,对其评估自然要围绕身体机能恢复的效果为准,但随着康复理念的更新,老年人的残疾康复会增加社会康复的内容,而传统的康复标准缺乏对社会康复的准确界定,进而需要制定新的康复标准。由此可看出,社区居家养老服务的内容不仅繁多,而且会不断增添新的内容,这为社区居家养老服务的评估带来了新的挑战。

3. 监督不完善降低评估质量

我国的社区居家养老服务制度虽处于发展中期的阶段,但仍面临诸多如监管部门众多、监管力度不一致、监管内容有冲突等问题。这些问题会进一步降低社区居家养老服务的评估质量,阻碍评估制度的完善,主要包括:其一,服务监管导致评估质量降低的问题。首先,服务监管力度不够。如有些机构将其业务拓展至周边地区,开展上门服务,在服务过程中却发现,相关服务机构难以区别基础护理与医疗护理两种服务方式,这为社区居家养老服务的评估带来了较大的挑战。其二,监管内容空白。如针对护理的监管,部分地区的社区居家养老服务机构没有监管标准的指导,尤其是在心理干预、巡诊等方面,这些问题阻碍了监管的有序进行。再比如相关部门并未对社区居家养老服务的项目编码、相关项目的支付标准等进行审定,亦使得监管出现困难。

(二) 社会服务组织介入服务评估的前提

在以上问题的影响下,我国社区居家养老服务评估制度更为复杂,因此需要对其评估的要素及评估前提进行分析。在社会服务组织介入的前提下,社区居家养老服务评估制度需要考虑的前提包括以下几方面。

1. 要明确社区居家养老服务内容评估的重点

只有明确重点内容的评估,才能以之为基础拓展评估内容,最终形成完整的评估制度。其一,服务的重点内容应该是康复与保健。这是因为:首先,老年人对康复和保健的需求更高,我国每年新增的老年人口中,有60%～70%的人有康复需求。[①] 此外,随着老年产业的发展与老年健康市场的逐步开放,老年人的保健意识不断增强。其次,老年人因老致残、因病致残的比例较高,平均达到50%以上[②],而医疗康复对预防与治疗因老致残、因病致残的效果明显,值得推广。其二,服务的主体应集中于养老机构,评估的重点应集中于基本养老服务层面,这是我国建立社区居家养老服务制度的基本出发点。《关于加快推进健康与养老服务工程建设的通知》(发改投资〔2014〕2091号)中明确提出要为失能、半失能老人提供基本养老服务。基本养老服务是狭义的概念,其服务对象主要集中于失能失智老人[③],它在服务对象的选择、服务方式的确定、服务机制的选择等方面不同于其他养老服务。目前,部分社区居家养老服务机构没有认识到基本养老服务和一般养老服务的区别,片面追求"高大上、全而精"的养老服务,却忽略了基本养老

---

① 前瞻产业研究院:《中国康复医疗行业发展前景与投资预测分析报告》,2018年。

② 易艳阳、周沛:《危机与重构:AGIL框架下的农村残障老人家庭支持系统》,《南京农业大学学报(社会科学版)》,2019年第9期。

③ 甄炳亮:《凝心聚力,为中国养老服务业夯实根基——养老服务、医养结合、长期护理协调发展政策分析》,《中国社会工作》,2017年第3期。

服务的质量。其三,从服务对象看,需要考虑以下问题:首先,社区居家养老服务制度设计的前提条件是满足老年人的多元化需求,那么对这些需求的满足程度要不要全部进行评估? 以目前情况来看,进行全部评估的难度较大,这是因为一方面会增加评估成本,另一方面是老年人心理问题多种多样,且受年龄、身体状况、与子女关系、社会环境等主客观因素影响较大,难以评估。其次,居家养老服务的对象多集中于生活不能自理的老年人,社区居家养老的服务对象面向所有老年人,那么以何种标准(如失能程度、年龄、病种等)对服务对象进行分类? 这一问题的解决是社区居家养老服务评估的重要前提。

2. 柔性与刚性评估融合

整体上看,养老服务评估的项目繁多且复杂,其主要原因在于养老服务包含的内容较多。整体上看,养老服务既包括柔性的服务,又包括刚性的服务。柔性的服务是指伸缩范围较大的服务,如心理康复、助餐助浴、信息咨询、社会融入等内容,而刚性服务是指伸缩度较小,能用客观指标量化的服务,如老年人档案信息的建立、老年人护理等内容。刚性服务的评估相对容易,如老年人护理可用护理的次数、满意度来衡量,信息档案服务可以档案个数、包含内容等客观指标来衡量;但对柔性服务的评估相对较难,还需要介入主观感性的评断。

社区居家养老服务的评估更为复杂,这是由于:其一,评估项目更多。社区居家养老服务的项目涉及健康教育、健康管理、疾病诊治、康复护理、生活照料、心理关爱、临终关怀等内容,很难用柔性和刚性的标准对以上服务内容进行评估。其二,专业要求更高。尤其是医疗服务的评估,如老年人用药、双向转诊、疾病预防、急症救护、护理服务、康复指导等方面都需要专业的医疗知识,对评估的主体和评估方式的要求更高。

由以上分析可知,刚柔评估的特点,加之专业性的要求,增加了社区居家养老服务制度评估的难度。因此,社区居家养老服务在评估时应把握适当的尺度,既不能望尘莫及,又不能过犹不及。如若采取过多柔性的评估机制,那么评估结果就会过分主观性,有失公正;如若采取过多的刚性评估机制,那么就会有可能限制服务主体的主观能动性,影响社区居家养老服务模式的创新和服务效能的提升。

(三) 社会服务组织介入服务评估制度的优化

社区居家养老服务政策的评估能有效督促服务主体,使其功能更加有效地发挥,进而提升养老服务的质量。可以说,社区居家养老服务政策评估是最具代表性的质量评价指标。但以目前观之,我国缺乏系统性的、综合性的、可操作性的养老服务评估体系。因此,当务之急需要建立与完善社区居家养老服务政策的评估方法。毋庸置疑,社区居家养老服务政策效果的最终目标在于老年人社会福利的提升,"福利是一个动态过程,它必须具备使能条件(社会使个人具备提升和发挥能力的条件)、心理健康的资源(通过社会功能正常发挥和满足人类需要),从而实现幸福的目标"①。因此,社区居家养老服务政策评估方法的建立之基就在于最大化满足老年人的生活水平需求。从现有的评估方法来看,老年人对社区居家养老服务政策的评价多集中于对自身之影响,具有强烈的主观性,但经过社会政策所设计的公共产品并不能使所有老年人受益,甚至还会出现"负外部性"而使得某些人福利受损,因而不能完全依靠老年人对社区居家养老服务政策进行效果评估;同样,专家评估又缺乏客观性,亦不能得出真正结论。

本研究建议在福利效能理念的指导下,建立客观化、科学化的评估标准。其一,福利效能本身就强调客观性,它是服务在服务对象上的一种客观反映;其二,福利效能强调全面性与系统性,与科学化的理念吻合。以目前的情况来看,社区居家养老服务政策应该采取引进第三方评估的方式(即以社会服务组织为主体),这是因为第三方的评估具有客观性和独立性,能站在不同的视角制定科学的评估体系。如若引进社会服务组织进行社区居家养老服务的政策评估,需要注意:第一,采取主客观相结合的评估方法。社区居家养老服务政策的评估涉及项目非常之多,有些项目如服务次数、服务时间等能较容易建立标准,但有些项目如社会融合、心理提升方面则需要采取主观性的态度评估。第二,评价分数区间的限定。对养老服务评估的分数要制定一个合理的区间,以便为今后服务标准的制定奠定经验基础。第三,评估资源的协作。养老服务评估涉及康复学、心理学、社会学、管理学等方面,具有复杂性,因此要在评估开始之前进行有效的资源协调,这样才能达成理想的效果。

五、社会服务组织介入下服务效能优化机制的创新

由上述分析可知,通过社会服务组织的介入,能完善城市社区居家养老服务模式,这为城市社区居家养老服务效能优化奠定了现实之基。城市社

---

① 彭华民:《中国组合式普惠型社会福利制度的构建》,《学术月刊》,2011 第 10 期。

区居家养老服务效能优化不仅是老年人所需，更是未来的发展趋势，这是由于以下几点。

其一，资源整合的需要。目前，城市社区居家养老服务的组成部分在资源方面有日益整合之趋势。部分社区居家养老服务中心直接经营了居家养老服务的内容。如笔者在江苏省苏州市调查时发现，社区居家养老服务中心直接为老年人提供配餐，由专门的人员为行动不便者提供上门送餐服务，而这是居家养老服务的内容。实际上，社区居家养老服务在许多项目上有融合，原因就在于两者都是在社区内完成服务，服务对象又都集中于老年人，因此资源融合必是大势所趋。对机构养老来说，其资源的共享趋势也不例外，一方面是因为目前很多养老机构都与社区有长期合作的关系；另一方面是因为居家养老的许多服务供给者都来自原养老院（机构养老）。在模式互动的情况下，城市社区居家养老服务资源整合、效能的优化应是必然的趋势。

其二，技术条件日趋成熟。"互联网时代，尤其是社交网络、电子商务与移动通信把人类社会带入了一个结构与非结构数据信息的新时代。"[①]在这一背景下，人与人之间的联系变得更加便利，交流更加顺畅，这会进一步减少人们之间的交流成本，为城市社区居家养老服务效能优化提升提供便利。现存的养老服务的方式并不仅局限于社会的现实空间，而且拓展至网络的虚拟空间。在虚拟空间里，老年人能更有效地表达自己的需求，这些需求涉及社区居家养老机构养老的服务内容。由此看出，未来养老服务不能细化为各个模式、各自为政，要以老年人需求的视角出发，进一步统筹各模式的优势，形成服务合力，提升服务效能。以上表明技术革新在增加人们交流机会的同时，也正在改变人们的观念、行为。以养老服务角度来看，工业时代的来临使得传统的家庭养老方式正逐渐被社会化养老方式代替，而信息化时代的来临，使得各种养老模式间的交流更加便捷，更容易形成完善的城市社区居家养老服务效能优化模式。

其三，养老观念已然发生变化。现代化伴随着社会风险，而老龄化与现代化社会风险紧密相连。老龄化所引发的社会风险具有时空结构特点，老龄化不仅是时间积累的结果，也因所处区域境况不同而表现各异。作为后发型发展中国家的代表，我国的老龄化表现出激进性、不规则性、区域性、阶段性等方面的特征。因此，城市社区居家养老服务政策的提出既是适时（在

---

① ［英］维克托·迈尔一舍恩伯格，肯尼思·库克耶：《大数据时代：生活、工作与思维的大变革》，盛杨燕，周涛译，浙江人民出版社，2013年版，第167-170页。

老龄化发展的时限)的,又是适势(在现代化因素健全的条件之下)的。可以说,城市社区居家养老服务政策的提出正是为了缓解老龄化负面影响,弥合社会风险对发展所造成的阻碍。但也应看到,在老龄化快速发展的背景下,社会的养老观念也在悄然发生转变,而这一变化在现代化的背景下,对社区、社会、社会公平、政治等要素的不断影响且逐渐强化,并使得各城市社区居家养老服务模式有融合的趋势。具体而言,主要包括以下几方面:第一,社区的发展。城市社区是现代社会出现之后的产物,它由现代性引发所致,因为现代性带来了社会的分化。"在现代化的背景下,尤其是改革开放后,我国以"单位制"为基础的社会治理方式逐渐淡出了历史舞台,"单位人"转变为"社会人",同时,"单位制"所承载的社会功能也在逐渐瓦解。在这一背景下,以社区为主的治理方式逐渐兴起,人们对社区也经历了从陌生到熟悉再到融入的认识过程。[1] 社区在被人们熟悉的同时,其社会的功能触角亦在不断拓展,而社区城市社区居家养老服务的完善最为明显,并有逐渐融合政府、机构、家庭养老的趋势。第二,社会的态度。现代化既包括外生的现代化,也包括内生的现代化[2],前者通常指独立于个人之外的客观要素改进,而后者指在现代化要素之影响下,价值观、观念、态度等方面的变化。在现代化的影响下,人们的社会态度已然发生变化,尤其是在社会公平方面的认识已然迥异于以往。社会公平的态度亦对养老观念有重要影响,其一,社会公平度的上升,人们相互依赖的程度更高,这使得养老主体会脱离于单一的家庭组织,从而转向政府或社会;其二,社会公平的完善,职业、城乡之间的差距逐渐缩小,以底线公平[3]为基础的制度性保障更容易满足养老需求,家庭养老保障趋于次要地位。第三,个人因素影响养老服务观念。以上所列影响因素多取决于客观环境,真正对养老观念起主导性作用的还在于个人的自身条件。在个人因素中,教育程度对养老观念的影响最为直接。子女的受教育程度越高,养老获得的支持程度则越高。[4] 也就是说,"教育程度越高的子女,父母对子女的教育投入相对越多,子女成年后收入越多,给予父母的养老回报越多"[5]。这样在子女与服务之间就建立起了家庭养老的代际关系。在这种情况之下,子女更容易接受综合性的养老方式,以此减轻

---

① Cosimo Talò, Terri Mannarini, Alessia Rochira (2014). "Sense of Community and Community Participation:A Meta-Analytic Review", Social Indicators Research117(1):1-28.

② 戴维·波普诺:《社会学(下)》,沈阳:辽宁人民出版社,1987年,第168页。

③ 景天魁:《底线公平:和谐社会的基础》,北京:北京师范大学出版社,2009年,第96页。

④ 熊跃根:《中国城市家庭的代际关系与老人照顾》,《中国人口科学》,2009年第6期。

⑤ 伍海霞:《家庭子女的教育投入与亲代的养老回报——来自河北农村的调查发现》,《人口与发展》,2011年第1期。

自身的养老负担,这客观优化了城市社区居家养老服务的效能。

其四,硬件条件已经具备。除技术、观念等软件条件外,城市社区居家养老服务效能优化还需要硬件条件的支持,包括服务设施、网点布置、人员安排等。以现实来看,社区居家养老服务中心的设施不仅能在量上满足服务的要求,更能从质上进一步提升其服务功用。网点布置已然成型,许多地区正试点医养结合的养老服务模式①,当地社区居家养老服务中心与医疗机构以签订协议,建立合作关系,为老年人提供服务。而协议合作"是指与周边医疗机构签订合作协议的方式,开辟就诊绿色通道,为入住老年人开展医疗服务"②。由此看来,医养结合养老服务模式的基础在于社区卫生服务中心网店的配置,这对诸多城市社区来说已然不能形成过多滞碍。人员布置发展迅速,城市社区居家养老服务制度的完善需要大量的专业的社工群体以及非专业的志愿者团队,这两部分群体在我国正逐步形成,并日益发挥重要的影响力。我国社工人才缺口较大,各高校大力培养社会工作人才,形成了逐渐完善的社工团队。同时,志愿者服务人数不断增长,截至 2020 年12 月,我国注册青年志愿者人数达到 6 136 万人。③ 丰富的人力资源能较好地融入城市社区居家养老服务中,加强各模式之间的链接,形成完善的服务模式。以现有的资源、技术、观念、硬件等条件,我国城市社区居家养老服务的模式融合已有长足发展,服务效能优化机制已然形成。

(一) 社会服务组织介入下服务资源获取优化机制

1. 社会资本:社会服务组织获取服务资源的另优选择

如前所述,既然政府作为城市社区居家养老服务资源的供给主体存在一定的弊端,那么社会服务组织就要改变以往被动接受的局面,从自身的角度出发来提高获取城市社区居家养老服务资源的能力。实际上,社会服务组织自身的社会资本对城市社区居家养老服务资源的获取也有一定的帮助作用,可弥补政府单一供给方式的不足,只有将政府供给和社会资本相结合,才能有效提高社会服务组织获取城市社区居家养老服务资源的能力。在中国港台地区以及部分欧美国家,社会资本积累环境相对完善,部分社会服务组织可发挥主观能动性来提高城市社区居家养老服务资源获取的效果,

---

① 主要集中于北京、武汉、合肥、福州等地,以目前观之,北京推出的医养结合发展较早,也具有代表性。但依笔者之见,医养结合还需要很长的路要走,如城市化背景下,农村是否能实行医养结合的模式? 如若实行的话,能否解决城乡医疗资源的不均等状况,诸问题都需要后续的研究。

② 中国社会报:《北京力推医养结合养老服务模式》,民政部官方网站,2014 年 8 月 21 日。

③ 《全国注册志愿者人数已达 6136 万名》,搜狐网,2020 年 3 月 19 日。

但在我国大陆地区,由于缺乏理念的支撑与完善的推进策略,社会服务组织尚未形成强有力的社会资本开发动力,获取城市社区居家养老服务资源的方式及效果不足,因此,当前亟须从理论的角度厘清社会资本与社会服务组织获取城市社区居家养老服务资源间的关系,以期在实践中进一步加强两者的融合程度,提高社会服务组织获取城市社区居家养老服务资源的效果。

2. 类别及路径:社会服务组织获取服务资源的框架设计

由以上分析可知,社会服务组织获取城市社区居家养老服务资源主要包括政府供给与社会资本获取两种方式,但以现实观之,社会服务组织通常会综合运用以上方法,这使得资源获取的方式更加难以把握,不利于扶持政策的有效铺陈。因此,当前需要进一步厘清社会服务组织获取城市社区居家养老服务资源的类别,并实施针对性、精准性的政策供给。基于此,本研究按照政府供给与社会资本获取的程度,对社会服务组织获取城市社区居家养老服务资源进行了四分位分析,如图 8-1 所示。

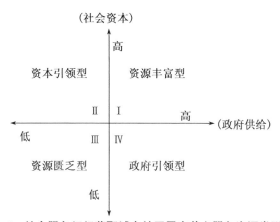

图 8-1　社会服务组织获取城市社区居家养老服务资源类型分析

第Ⅰ种:资源丰富型。政府与社会服务组织的合作程度比较充分,为其提供的资源较多;同时,社会服务组织所拥有的社会资本也较多,更加容易从社会中获得城市社区居家养老服务资源。在这种类型中,社会服务组织获取城市社区居家养老服务资源时应重点关注两方面:一是供给主体。该类型的资源供给主体包括政府与社会。政府作为供给主体,涉及民政部、街道社区等行政部门残联、妇联等社会团体以及部分事业单位。社会(通过社会资本获得)作为供给主体,主要涉及企业、高校、基金会等部门。二是供给方式。政府作为主体的供给方式包括购买服务、委托运营等,根据市场失灵程度的高低,社会服务组织与政府之间的合作内容也有所不同。社会作为主体的供给方式包括委托、合作等,根据供给部门的不同,社会服务组织与其合作的方式亦有所不同。

在综合考量以上问题的基础上,社会服务组织获取城市社区居家养老服务资源的路径应按照以下方式进行:首先,对供给资源进行分类。这是优化资源供给方式的前提,要在清楚掌握各主体资源的特点上进行分类,政府资源具有周期固定、量化指标多、模式化等特点,社会资源具有功利性目标明显、资金多、企业化管理等特点。其次,优化供给方式。以往有关社会服务资源供给的研究多围绕单一主体开展。在资源供给服务主体多元化的模式下,社会服务组织不应依赖于某一单独主体,而要链接各主体,优化资源供给方式。如社会服务组织可与社会团体联合申报政府购买服务项目,又如可在高校内成立志愿性团体(类似于分支机构),政府成立专项基金购买这些团体的社区服务,等等。

第Ⅱ种:资本引领型。社会服务服务组织通过社会资本所获得的资源较多,而从政府部门获得的资源较少。该类型中,政府并没有完全意识到社会服务组织的作用,但组织的雏形如社会团体、志愿者团队、企业慈善等发展程度高,便于社会服务组织获取城市社区居家养老服务资源。"资本引领型"社会服务组织在获取城市社区居家养老服务资源时应关注以下问题:社会资本能提供哪些资源?通过社会资本来获取的资源较为广泛且松散,如若依赖社会资本来获取城市社区居家养老服务资源,前提是要结合地区、部门等社会环境特点,厘清社会资本提供城市社区居家养老服务资源的方式、方法和类别,以此才能优化城市社区居家养老服务资源获取方案的设计。社会服务组织想要发展成哪种类型?社会资本对社会服务组织提供城市社区居家养老服务资源具有不确定性,因此对于该类型下的社会服务组织来说,需要深入思考自身的发展定位。整体上看,社会服务组织可由内、外社会资本来获取城市社区居家养老服务资源,现有的研究过多注重外部社会资本对资源获取的影响,较少考虑内部社会资本的影响。研究发现,组织内部的信任、网络及规范等社会资本要素对组织的发展起到一定的促进作用,并促使其向自助型组织的趋势发展。以现实观之,自助组织较符合"资本引领型"社会服务组织的发展方向,理论上,部分学者对自组织社会资本建设的重要性以及建构路径进行了研究;实践上,部分自助组织在内部社会资源获取方面取得了较好的效果,并形成一定的发展规模,具有借鉴作用。[1]

---

① 大陆地区如兰州的爱心智障碍者家长组织充分利用残疾人家长的社会资源,为残疾人提供相关的社会服务,得到了残联、民政部门的一致认可。香港地区如肌腱协会、卓新力量等自助组织,都会利用内部的社会资本开展工作,取得了较好的效果。

基于以上分析,"资本引领型"社会服务组织获取城市社区居家养老服务资源的路径应按照以下方式进行:首先,明确社会资本类型及其供给资源分类。从内、外两个视角看待社会资本,并在其基础上对资源进行分类。外部社会资本是指社会服务组织与外在主体形成关系后产生的资本,外在主体提供的城市社区居家养老服务资源具有随意性、不确定性等特征;内部社会资本是指社会服务组织内部成员(或者通过资源链接形成的社会团体)通过关系构建、资源共享形成的社会资本,这种资本形成的城市社区居家养老服务资源具有较高的稳定性。其次,确定资源获取方式。可分为两种情况,在外部社会资本较多的情况下,社会服务组织可与相关的资源供给主体达成合作关系,开展社会服务;在内部社会资本较多的情况下,应当以发展自助组织为目标,并通过自助组织内社会资本的内生性,形成循环的资源获取机制。

第Ⅲ种:资源匮乏型。由于缺乏政府的支持,加之匮乏的社会资本,该类型的社会服务组织很难获取到城市社区居家养老服务资源,这在我国部分农村地区普遍存在。在社会治理转型的背景下,"社会服务组织化力量"不断发展,社会服务组织参与社会建设是必然趋势。面对"资源匮乏型"的现状,社会服务组织应该寻求各种突破:第一,确立争取城市社区居家养老服务资源的"方便"原则。在资源匮乏的背景下,社会服务组织首先应该考虑到的是生存问题,因此,如何方便快捷地获取城市社区居家养老服务资源应成为其首要的目标。虽然政府提供城市社区居家养老服务资源的方式具有直接性、便利性、风险低等特点,但是在这种供给方式中,社会服务组织处于被动地位,且烦琐的程序会加大其获取的难度,因而不适合该类型中的社会服务组织。社会资本引导下的社会服务组织具有主观性,会在综合考量获取方式的基础上开展相关工作。因此,从社会资本视角争取城市社区居家养老服务资源是"资源匮乏型"社会服务组织的首选。第二,重视志愿服务。城市社区居家养老服务资源的匮乏会使得很多社会服务组织面临生存挑战,在此情况下,社会服务组织应该变被动为主动,多方争取资源。开展志愿服务不仅能有效积累内外社会资本,夯实资源拓展的基础,还能形成一定的模式与影响,提高政府和社会资本介入的可能性,应该得到提倡。

第Ⅳ种:政府引领型。将政府作为社会服务组织城市社区居家养老服务资源的供给主体,是传统的城市社区居家养老服务资源获取方式,在该类型下,社会服务组织获取资源时需要关注以下几方面内容:第一,社会服务组织与政府间的关系。城市社区居家养老服务资源由政府主导,社会服务组织常处于被动局面,较容易违背以"合作"为前提的政府购买服务制度的初衷。表现在:其一,社会服务组织的日常工作常徘徊于服务事项与街道、社区办公事项之间,工作压力较大;其二,疲于应付市级、区级、街道级的项目评估、工作检查,较少有精力放置于社区服务,降低了服务的质量,因此,厘清社会服务组织和政府间的关系,是该类型下社会服务组织获取城市社区居家养老服务资源的重要前提。第二,政府失灵抑或职能延伸。政府失灵(government failure)的主因在于"政府的行动不能改善市场经济的效率或者收入分配",该理论认为,政府在提供公共物品(public goods)或准公共物品(quasi-public goods)时遵循的是大数法则,即大多数人的偏好①②,但对异质性偏好(heterogeneous preference)无能为力,存在失灵的领域。在此种情况下,政府会通过引入社会服务组织来减少负面影响,因此会进一步加强社会服务组织发展资源的供给力度。但以我国现实情况来看(尤其是大陆地区),部分社会服务组织的工作内容变成了政府职能的延伸与工作附属③,独立性受到影响。第三,城市社区居家养老服务资源的均衡匹配。在服务区域日益模糊化的前提下,街道、社区外的社会服务组织会承接更多辖区内的社会服务项目,这为当地政府提出了一个新的要求,对不熟悉的社会服务组织提供城市社区居家养老服务资源是否对本土组织造成不公?社会服务组织发展资源分配的公平性是直接影响地方社会治理质量的重要前提,应当引起高度重视。

　　该类型的社会服务组织应进一步提高自主性与竞争力,拓展资源的获取范围,提高资源获取能力。首先,提高社会资本积累,获取更多的社会资源。提高社会资本并不是要取代政府在发展性资源供给中的主导地位,而是为社会服务组织提供更多的选择。这需要政府为社会服务组织链接各种如企业、高校、社会团体等社会资源,为社会服务组织创造更多的发展机会。其次,在竞争性的环境中,社会服务组织需要提升专业性,以获取专业资源。社会服务组织获取城市社区居家养老服务资源的目的在于专业性的提升,而专业性的提升依靠专业人才与专业服务。在社工人才稀缺的背景下,发展专业服务是社会服务组织的发展方向,因此,获取以提升专业服务为主的城市社区居家养老服务资源是该类型下社会服务组织的重要目标。

　　以上四种类型在资源获取能力、发展方向、代表地区以及独立性方面的内容如表 8-1 所示。

---

　　① Douglas, J. A. (1983). Why charity?: The case for a third sector. Sage Publications Beverly Hills.

　　② Weisbrod, B. A. (1991). The nonprofit economy. Cambridge: Harvard University Press.

　　③ 在调查中发现部分社会服务组织开展的工作与服务项目规定的有所差距,如春节慰问、审计调查、办公会议、接待考察等。

表 8-1　社会服务组织获取城市社区居家养老服务资源类型的情况分析

类型	资源获取能力	独立性程度	组织发展方向	代表地区
资源丰富型	高	高	专业性社会服务组织	部分欧美地区
资本引领型	中	高	自助组织/社会企业	中国香港地区
资源匮乏型	低	低	志愿性团体	农村地区
政府引领型	中	中	民办非企业	大陆地区

在资源获取能力上,资源丰富型的社会服务组织能从政府与社会资本中获取较多城市社区居家养老服务资源,获取能力较强,资本引领型和政府引领型的社会服务组织因只依赖于某一主体获取城市社区居家养老服务资源,因而获取资本能力中等,资源匮乏型的社会服务组织获取城市社区居家养老服务资源的能力最低。在独立性上,资源丰富型的获取机制能提供较多的城市社区居家养老服务资源,加强社会服务组织的主观性,因而其独立性较高,资本引领型的社会服务组织能灵活运用社会资本获取城市社区居家养老服务资源,也具有较高的独立性,而政府引领型的社会服务组织对政府依赖性较强,独立性程度处于中等,资源匮乏型的社会服务组织的独立性程度较低。在发展方向上,资源丰富型的社会服务组织更容易获得专业性的城市社区居家养老服务资源而走向专业化,因此专业性社会服务组织是其发展方向。依靠内部社会资本获取城市社区居家养老服务资源的社会服务组织,容易形成互帮互扶的自助组织,依靠外部社会资本获取城市社区居家养老服务资源的社会服务组织,会实行更加多元化的组织发展战略与经营模式,社会企业为较好的发展选择。资源匮乏型的社会服务组织可在发展志愿性组织的基础上不断挖掘城市社区居家养老服务资源。民办非企业主要通过购买政府服务来获取城市社区居家养老服务资源,理应成为政府引领型社会服务组织的发展方向。

3. 反思与优化:社会服务组织获取服务资源类型的转化策略

社会服务组织获取城市社区居家养老服务资源的方式并不是一成不变的,因为社会服务组织需要通过城市社区居家养老服务资源不断壮大自身,因而会不断优化资源获取的方式。此外,为解决政府失灵的问题,提高社会治理的效果,政府也会不断地调整服务资源的供给方式,以迎合或满足社会服务组织的要求。社会服务组织获取城市社区居家养老服务资源一般按照资源匮乏性—政府引领型(资本引领型)—资源丰富型的发展路径进行。那么,资源匮乏型的社会服务组织在面对政府或社会资本时,如何做出选择?政府引领型或资本引领型发展到资源丰富型,需要注意哪些? 这是我们不得不面临的现实问题。因此,在明确城市社区居家养老服务资源获取类型的基础上,需要进一步对类型转化的策略进行分析。

其一,资源匮乏型社会服务组织的转化策略。资源匮乏型社会服务组织对社会资本和政府供给的城市社区居家养老服务资源都较为依赖,其发展成政府引领型与资本引领型都有可能。社会服务组织发展为何种类型受内、外两方面因素的影响:在外部因素方面,地方发展规划对社会服务组织发展有较大影响。党的十九大报告提出要"打造共建共治共享的社会治理格局",而政府主导是关键,在这种治理背景下,各地方政府会进一步对社会资源进行合理配置,并在其基础上发挥包括社会服务组织在内治理主体参与的积极性,提高治理效果。因此,地方发展规划对社会服务组织获取资源的效果有着较为重要的影响。在内部因素方面,社会服务组织的主观选择亦决定发展方向。任何组织在发展初期都明确了使命与目标,对选择何种发展类型有其自身的选择。

由是观之,应该充分利用内外因素,引导资源匮乏型社会服务组织的发展,首先,充分发挥内部因素的主观作用。社会服务组织不仅要发展志愿团体来争取内部社会资本,还需进一步发挥主观性,通过社会资本来获取城市社区居家养老服务资源。如与同质性的志愿团体联合,扩大社会影响,以承接购买服务项目等方式争取到政府的城市社区居家养老服务资源。其次,利用外部因素的优势。在资源匮乏型的地区,政府也应提高对社会服务组织的支持力度,如加强与具有丰富服务经验地区的合作,并引入该地区的社会服务组织在本地区进行社会服务组织的孵化培育或开展服务等工作,一来为本地社会服务组织提供城市社区居家养老服务资源,二来形成常态化的合作引导机制,共同推进资源匮乏性地区社会服务的发展进度。

其二,资本引领型到资源丰富型的转化策略。资本引领型社会服务组织对社会资源依赖程度较高,发展成为自助组织或者社会企业是较好的选择,因为这两种组织能充分发挥社会资源的优势发展壮大,并逐渐成为资源丰富型社会服务组织。自助组织发展壮大可采取的方法有三:第一,提高核心人物的地位。自助组织松散,需要专业的核心人物在其中开展专业服务、进行资源链接等工作。此外,核心人物具备精神感召力,对组织内的软环境建设具有一定的促进作用。第二,发挥同质性认知的作用。自助组织需要一定的情感维系,而情感维系的一个重要的前提是同质性认知,通过同质性认知能加强成员的归属感,进而增强组织凝聚力。同质性认知需防范符号化的社会效应以及对组织内成员的负面影响。第三,以人为中心开展工作。自助组织社会资本的来源在于成员,服务亦围绕成员展开,因此与其他组织相比,自助组织要更加关心人的发展。在此基础上,自助组织可进一步丰富城市社区居家养老服务资源的获取方式,如在组织凝聚力增强的同时,将自组织转换成正式组织,承接政府购买服务项目。又如可依托人力资源优化的工作,提升服务专业化水平,并与专业社会服务组织开展相关合作。

社会企业是利用商业手段来获取收益,并将之用于帮扶弱势群体,服务于社会。以笔者调研所得经验来看,社会企业在我国发展之境况不尽如人意,原因在于:首先,定位问题。部分社会企业定位不准,容易进入盈利性误区。其次,管理问题。社会企业的管理要兼顾营利与非营利、私利与公利、产品与服务等多种关系,较为庞杂。再次,产出问题。社会企业的产出既有实际物品,又有相关服务,评估其产出的难度较大。为避免以上问题的发生,可采取多元化经营的方式壮大社会企业:第一,通过制作产品来获取利润,进而扩大生产规模。第二,通过开设工厂来获取利润。如庇护工厂(其工作人员大多为残疾人与老年人等弱势群体)通过加工产品来获取利润,并进行分配,这种方式一方面能维持企业的运营,另一方面又有利于提高弱势群体的收入水平。在以上工作的基础上,社会企业才能逐渐被社会认可,这时,社会企业可介入政府所扶持的公益项目中,丰富城市社区居家养老服务资源获取方式,逐渐转向资源丰富型社会服务组织。

其三,政府引领型到资源丰富型的转化策略。政府引领型社会服务组织可通过丰富社会资本的方式,逐渐发展成为资源丰富型社会服务组织。由于该类型社会服务组织对政府的依赖程度高,缺乏获取社会资本的经验,如果单独依靠自身的社会资本获取城市社区居家养老服务资源,则会面临如下问题:第一,城市社区居家养老服务资源供给主体对服务的要求较高,且附带目标,社会服务组织较难完成;第二,城市社区居家养老服务资源供给主体的目的与社会服务组织服务开展的目的不尽一致,客观上阻碍了合作的开展;第三,对公益、社会服务、项目运作等理念的认识有所分歧,导致社会服务组织难以获得城市社区居家养老服务资源。因此,建议通过政府引导的方式加强社会资本的介入,并在此基础上逐步发展成为资源丰富型社会服务组织。首先,获取社会资本。政府部门可为社会服务组织提供各种获取社会资本的机会,采取的方式包括:在社会服务组织与企业(或高校)之间建立关系,谋求两者间合作的可能性;通过业务培训、资源共享、经验交流等方式在社会服务组织之间建立关系,发展壮大组织的自身力量;通过宣传、引导等方式,加强社会民众对社会服务组织的感性认知,提高其地位,拓宽其社会资本获取领域。其次,整合与优化社会资本。社会服务组织可采取合作与委培两种方式整合获取到的社会资本。合作方式:社会服务组织可与企业、高校志愿者、社会团体等建立合作关系,共同开展社会服务项目,提升服务质量;委培方式:社会服务组织可将服务项目某一环节委托相关社会团体来完成,这样即能巩固服务链条,又能丰富服务内容。

(二) 社会服务组织介入下社区＋家庭服务效能的优化机制

虽然社会服务组织介入对家庭养老服务效能的提升帮助较少,但我们不得不承认家庭在社区居家养老服务体系中的重要作用。本研究认为,可在社会服务组织的介入下,加强社区与家庭养老服务效能提升的效果。家庭与社区在功能方面有所区别,家庭是人们最基本的生活单位,其功能主要包括生育、抚养、教育、互动交流、娱乐等方面。社区是人们生活的场所,其功能之健全不仅受内部要素完善之影响,而且与外部政策、自然、人文环境有所牵连。可以说,社区的变化因人而异、因事而异、因情(风俗、感情等)而异。居民促成了社区的完善,而社区又框定了情感的积累,未来社区发展不仅要在共性上有所一致,而且要更加注重社区的个性。以此观之,社区不是一个物理性的单位,更像动态的组织形式。从目前来看,家庭对社会养老服务主体的发展起到了一定的作用。也就是说,家庭是社会得以存在的理念基础,也是社会政策得以拓展的重要之基。

虽然社区与家庭在本质上有所区别,但这并不代表两者在功能上有所重叠。以养老服务为例,居家养老、社区养老都面对同一服务对象,社区的发展是"与国家相反的社会"[①],是社会原子化的过渡形式。虽然人与社会的关系因社区的发展而变得扑朔迷离,但是人们正逐渐走出家庭而融入社区,社区功能愈加强大、家庭功能愈加弱化的现实,使得养老服务转向社区亦是必然的趋势。我国"单位制"[②]的快速瓦解延缓了社区的建立与发展,因此,家庭理应纳入社区养老之范围,成为社区养老的服务基本,而社区因社会服务组织的介入,效能优化机制内容更加丰富。因此,社区养老和居家养老是最具融合性的服务模式。

目前,我国许多地区在社区和居家养老方面都采取与社会服务组织合作的方式来优化服务模式,但服务的方法却千差万别,如有的社区直接委托相关社会服务组织介入城市社区居家养老服务模式中,为老年人提供心理咨询等服务;有的社区与社会服务组织合作,在社区内建立社工服务机构,利用社会工作的专业方法为辖区内的老年人提供专业的服务,等等。社会

① [德]斐迪南·滕尼斯:《共同体与社会》,林荣远译,商务印书馆,1999年版,第53页。
② 李汉林:《变迁中的中国单位制度——回顾中的思考》,《社会》,2008年第3期。

服务组织参与城市社区居家养老服务能有效地提升老年人的社会福利水平,但很难形成常态的、完善的机制。也就是说,社会服务组织介入没有形成完整的服务链条。出现这一问题的原因除了社会服务组织功能定位模糊不清外,服务内容界定面较宽也有一定的影响。如前所述,既然社会服务组织能有效提升居家、社区养老的服务效能,而未来养老服务效能优化发展的重点就在于如何确定社会服务组织链接两种模式的内容,本研究主要从两方面进行探讨。

1. 社会服务组织要完善社区与家庭的服务信息传递机制

社区居家养老服务的载体为社区居家养老服务中心,而城市社区居家养老服务的载体为家庭。在未来两种模式融合之趋势下,服务信息的传递才具有重要的意义。社会服务组织可发挥其灵活性的特点,通过信息的传递有效介入城市社区居家养老服务中,在这一过程中,社会服务组织对老年人信息的收集更加重要。社会服务组织采取的方式主要包括:第一,老年人基本信息的档案库建设;第二,老年人需求信息的分类。尤其是第二点,老年人的需求很多,除了衣、食、住、行等基本生活方面,还包括心理、社交等精神生活需求。社会服务组织要对不同的需求进行分类,哪些方面城市社区居家养老服务能满足?哪些方面社区居家养老能满足?对两者都不能满足的需求,社会服务组织要尝试其他的办法解决,尽量最大化满足老年人的需求,提升其社会福利水准。

2. 社会服务组织要强化家庭成员的社区融入

我国虽然强调政府为主导、社会为辅助的养老服务制度建设路径,但家庭的养老保障作用依然不能小觑,尤其是现代化的养老观念尚未形成的情况之下,传统的家庭养老观依然大力提倡。家庭养老发挥作用的关键因素就在于家庭成员的服务意识、观念的发挥。如若在社会中形成尊老敬老的观念,养老服务的成本管理会大大降低。因此,社会服务组织可通过引导、宣传、协同等方式,帮助老年人家庭尽快融入社区,简化服务过程,提升服务效能。在引导方面,社会服务组织要与老年人家庭形成良性的互动,通过公益的方式引导家庭成员参与社区的活动中来;在宣传方面,社会服务组织要多向老年人家庭成员灌输养老服务的思想,引导正确的养老方式;在协同方面,社会服务组织要与老年人家庭形成完善的帮扶关系,为家庭成员在养老服务方面提供咨询、帮助等。

(三) 社会服务组织介入下社区+机构服务效能的优化机制

社区居家养老服务机构都是为老年人提供福利性服务的场所。机构养老采取的是在政策指导下、以养老院养老为主的服务方式。目前,我国居家养老服务机构存在公办与民办之区别,两者在服务方式、营利性与否、服务效能等方面存在区别,但供求关系、盈利效果、功能优化、社会认同等方面存在困境①,亟须改革。究其原因,其发展弊端在于效率与公平的两难选择,若以营利性为目的,虽服务水平有所提高,但"排他性"的本质使得收入水平较低、健康状况不佳的老年人很难进入;若以非营利性为目的,虽说涵盖范围较广,但效率低下,工作人员人浮于事等弊端时有发生,直接阻碍养老服务的传递,因此要打破常规,以社会服务组织为联系中介、以社区为资源依托实现政策链接,优化养老服务的效能。

1. 资源共享体系的建立

社区居家养老服务资源并非单指政府提供的服务性资源,还包括社会主导或派生的服务资源。按此角度理解,社区、居家养老服务机构养老可共享地理资源、心理服务资源。从地理资源的角度,社区居家养老服务与机构养老难以整合的主要原因就在于两者分布于不同的位置,社区养老的地点较为固定,一般集中于社区,而居家养老服务机构的服务地点则分布广泛,主要集中于老年人聚集区和郊区的位置。为此,需要社会服务组织与双方主体进行位置整合,形成完备的服务模式。要以社会服务组织为管理和宣传核心,由社区提供服务场所,在社区内建立(可采取购买社区养老服务抑或单独申请等合作方式)类似养老院的福利机构,服务对象主要包含养老服务机构无法满足其心理安抚、自身提高等要求的老年人,此种方式既可满足社区居家养老服务与机构养老功能的不足,又可形成几方联网的养老模式。整合的方式可采用社会服务组织与养老服务机构方合作,在社区内建立养老机构的分支,或直接把机构养老的一部分业务拓展到社区养老服务中。笔者在江苏省扬州市调查时发现,有部分社区已经引入了机构养老的服务,在社区养老服务中心内设立专门的医疗服务部门为老年人开展日常的卫生服务。

2. 服务转移机制的形成

党的二十大报告强调,要健全基本公共服务体系,提高公共服务水平,增强均衡性和可及性。需以"增进民生福祉、提高人民生活品质"为目标,持续优化制度设计,为提升基本公共服务水平筑牢坚实基础。以目前来看,公共服务均等化采取的方式主要从价值取向、转移支付模式和内部管理结构

---

① 穆光宗:《我国机构养老发展的困境与对策》,《华中师范大学学报(人文社会科学版)》,2012年第3期。

角度来完善。社区居家养老服务与机构养老模式难以形成服务转移。究其原因就在于，各模式的服务内容有严格的界限，如社区养老服务主要集中于老年人的日常生活服务，机构的养老服务主要集中于专业性的医疗、康复服务。而以现实来看，养老服务的资源整合是未来发展的趋势，这不仅能节省服务空间，更能优化服务传递路径，优化养老服务效能，因此要进一步挖掘不同服务模式资源整合的可能性。在社区居家和机构养老服务模式的整合方面，要以社会服务组织为服务中介进行服务连接，即老年人在社区内满足日常生活需求，之后进入社会服务组织接受心理咨询、建立社会关系，最后进入养老服务机构享受照料、陪护等全方位服务。这种方式能满足老年人的多样化需求，服务效能优化效果较为明显。对社会服务组织来说，还要注意其独立性的问题。也就是说，社会服务组织在这种服务模式中要以独立的服务主体出现，不能倾向于另外两个主体，否则会成为其附庸。以笔者近几年的观察发现，社会服务组织参与社区居家养老服务的现象逐年增多，但往往是以参与者的身份介入，独立性较差，而介入机构养老则是寥寥无几，因此未来要大力发展。

（四）社会服务组织介入下机构＋家庭服务效能的优化机制

虽然社区居家养老是以老年人为重心，采取多样化的服务方式，但社区居家养老的服务地点大部分还是在家庭。况且从现有的情况看，社区居家养老的服务对象多集中于生活不能自理的老年人，如果家庭的老年人有亲属等照顾对象，那么城市社区居家养老服务的范围则没有涉及。这实际上是把一部分需要服务的老年人排斥在外，未来需要不断完善。受观念、文化、制度等因素影响，相对于居家养老服务机构养老而言，老年人及其家庭更愿接受家庭养老，因此政府才会强调"9073"的养老格局，如此发展，家庭养老会因服务的繁重而影响服务体系构建的质量，久而久之会成为养老服务的桎梏。为此，要在释放家庭服务压力之同时，深化其他主体的服务质量。

对家庭来说，较能接受的是养老服务机构所提供的服务，这是因为养老服务机构的服务更具专业性与针对性，能针对家庭或老年人的需求提供立竿见影的服务，以此角度观之，家庭服务和养老服务机构具有链接的可能。目前，可采取以社会服务组织为中介，链接养老服务机构和家庭养老服务。从专业性的角度看，社会服务组织所提供的服务逊色于养老服务机构，因此要在养老服务机构和家庭养老融合的前提下，发挥评估者的角色，进一步优化服务模式。

1. 评估服务模式的建立

建立评估服务模式即社会服务组织同时进入家庭、养老服务机构，通过定期听取后两者的反馈，并检视其服务状况，做出预期评估。社会服务组织可拓展养老服务机构介入家庭养老服务的评估业务。评估的内容见表8-2。

表8-2 居家养老服务机构介入家庭养老服务评估标准①

1. 健康评估服务

指居家养老服务机构为住院老人提供的健康状况的系统评价和健康等级的划分。

(1) 健康状况

指老人躯体健康、精神健康、社会健康等方面的状况。

(2) 健康等级

指居家养老服务机构根据健康评估的结果对住院老人的健康状况做出的等级划分。

(3) 健康史

指老人既往重大疾病史、家族疾病史、外伤史以及正在接受治疗的情况，也包括影响老人健康状况的重大生活事件和重要因素。

(4) 精神状况

指老人在评估时的外表、行为、情绪状态、认知功能等方面的外在表现。

(5) 功能评估

指对老人的感觉器官和运动系统完成功能活动情况以及老人完成日常生活活动能力的评估。

(6) 自理能力

指老人完成基本生活活动和利用日常生活服务设施的能力。

(7) 社会功能

指老人与周围人群和环境的联系与交流状况。

(8) 决定能力

指老人是否能自主选择接受或拒绝居家养老服务机构服务的能力。

(9) 风险评估

指居家养老服务机构对在照顾住院老人过程中可能出现的、易造成老人意外伤害的危险因素的评价和预测。

(10) 健康档案

指居家养老服务机构对住院老人的健康评估结果和有关问题的格式化记录，以及既往诊疗资料和体检记录。

(11) 评估中心

指由居家养老服务机构行业管理部门设立、认可或委托的，为住院老人提供专业化健康评估服务的机构。

(12) 评估室

指由居家养老服务机构设立的、用于提供健康评估服务的专门场所。

---

① 该表参考了《北京市养老服务机构老年人健康评估服务规范》的内容，并对内容进行改进而生成。

（13）评估员

指经养老服务行业管理部门培训并获得有关机构的资格认定,可从事健康评估服务工作的专业服务人员。

2. 健康评估要求

（1）评估的目的

评估结果仅作为老人现有健康状况的说明,而非疾病的诊断。提供老人健康管理的主要内容和要求,提供入院、转介、出院以及制订老人照顾计划的依据,提供老人生活照料服务和医疗护理服务定性的、定量的要求,提供老人照顾服务中发生意外风险的概率,采取规避风险措施的依据。

（2）基本要求

入住居家养老服务机构的老人均应接受健康评估服务。评估服务应由具有认定资质的从业人员完成。健康评估应遵循规定的程序和规范,评估结果须由评估员签字确认。应使用医学、护理学和养老服务行业的专业术语。

（3）评估内容

① 基本资料

基本资料应包括姓名、居民身份证号、性别、出生日期、文化程度和婚姻状况等个人基本信息,还应包括经济来源、居住情况、主要照顾者等社会信息。

② 健康史

健康史应包括现病史和既往病史、家族疾病史、外伤史、药物过敏史、目前接受的治疗护理方案等信息,还应包括饮食要求、营养和皮肤等需要特别注明的健康问题的信息。

③ 精神状况

精神状况应包括认知、情感和意志行为各方面的信息,还应包括自杀、伤人等需要特别注意的心理和行为问题的信息,可以有选择地使用精神卫生评定量表。

④ 功能活动

功能活动应包括言语、视力、听力等沟通能力的信息,还应包括完成进食、个人卫生等日常功能活动的信息,应注明眼镜、助听器、拐杖等辅助器具的使用情况。

⑤ 社会功能

社会功能应包括社会活动的参与程度、自身感受等信息,还应包括社会支持、社会评价等信息,可以有选择地使用精神卫生评定量表。

⑥ 其他专门项目的评估

应对褥疮、跌倒意外、自杀等需要特别注意的健康问题进行专门评估。

（4）评估分类

① 例行评估

例行评估主要回顾和总结老人目前面临的主要健康问题,评估结束后应在健康档案中作阶段小结。例行评估每年应不少于一次。

② 即时评估

即时评估指当老人健康出现重大变化或危急状况时进行的评估。评估时应首先回顾老人既往健康情况、目前出现的健康问题和严重程度并说明已采取的处理措施和下一步照顾计划,如请医生会诊应在健康档案中同时记录会诊情况。

3. 健康分级标准

健康分级标准包括健康总体等级划分标准和各维度的健康等级划分标准。

（1）总体等级划分标准

① 健康完好

自理能力完好。经过测试，工具性日常活动能力得分<12分，巴氏指数得分>60分。最近三个月内无新发或处于活动期的躯体疾病和功能残疾，无须治疗。无精神健康问题，社会功能完好。

② 健康受损

依赖他人帮助完成日常生活活动，存在发生意外的现实风险。存在必须使用药物维持治疗效果的躯体疾病。最近三个月内罹患了严重外伤、器质性疾病，已经患有的疾病处于活动期或出现恶化的倾向。存在病理性的精神问题。

③ 健康堪忧

自理能力严重受损。出现危及生命的紧急情况。躯体疾病出现明显的恶化。存在严重的精神健康问题，或者存在伤害自身或他人的较高风险。

（2）各维度健康等级划分标准

① 自理能力

完全自理能力指通过基本活动能力测试，巴氏指数得分>60分，工具性日常活动能力得分<12分，或单项得分>3分的项目少于三项。

部分自理能力指通过日常活动能力测试，基本活动能力基本完好，巴氏指数>40分；工具性日常活动能力得分>12分，或有三项以上项目受损。无自理能力指通过日常活动能力测试，基本活动能力严重受损，巴氏指数<40分。

② 精神状况

精神状况良好指老人接触主动合作，认知功能良好，无持续的情绪问题和异常行为。

精神状况受损指老人在认知、情感和意志行为等一个或几个方面存在异常，但其严重程度较轻，尚能维持正常的生活活动；其持续时间较短，通常在一个月之内即出现明显缓解；其产生往往是明确的外部因素作用的结果。

精神状况堪忧指老人在认知、情感和意志行为等一个或几个方面存在病理性障碍，或者存在冲动毁物等异常行为，或者精神功能出现严重而快速的衰退；这种精神障碍已经严重影响了正常生活；其持续时间较长或表现为进行性恶化的趋势；其原因往往是自身内在因素的作用或者是不可逆转的器质性病变造成的。

③ 决定能力

决定能力完好指老人通过智能测验和选择卫生服务能力问卷测验，能独立做出决定。

部分决定能力指老人仅通过智能测验或选择卫生服务能力问卷测验。

决定能力缺失指老人不能完成测试，或经过测试发现存有痴呆，或老人选择卫生服务能力问卷测验得分<11分。

　　社会服务组织对机构介入家庭养老的方式进行评估，需要更加专业化的人员和更为细致的分类标准。这一评估方式若能形成，不仅可为机构养老服务业务的拓展提供基础,而且对社会服务组织介入社会养老服务体系也有重要的利好。同时,这一模式有利于服务效果完善,提升城市社区居家养老服务效能。

2. 购买服务方式的跟进

目前,社会服务组织介入城市社区居家养老服务的主要方式是购买政府推出的养老服务。这一方式受制于政府的购买能力以及社会环境的变化。虽然我国在大力提倡城市社区居家养老服务制度建设,各地方政府也在积极应对,采取了较为完善的优惠政策,但城市社区居家养老服务不能完全以政府为主导,需要社会的大力跟进。况且以笔者调查所得的经验,第一,许多社会服务组织在购买政府服务之后,并没有完全采取有效的方式来进行服务。种类、数量繁多的社会服务组织也使得未来的发展状况令人担忧。第二,许多社会服务组织以社会公益的心态开展服务,但经常遭遇其他人的冷落,甚至少数的社区服务人员对社会服务组织的成员也是呼之则来、挥之则去,社工人员得不到应有的尊重,服务效果可想而知。因此,在现有的情况下,一是不能过度依赖购买政府养老服务的方式,二是以平常心态对待,拓展业务范围。

社会服务组织可在家庭与机构间采取间接的服务方式,即家庭购买社会服务组织的养老服务,在此基础上,社会服务组织可与服务机构联系,促使其工作人员进入家庭为老年人服务,形成多元并举的服务格局。需要考虑的是,家庭购买社会服务组织养老服务机制的形成需要两方面的合力,一方面为家庭的购买意愿;另一方面为社会服务组织家庭服务的吸引程度。家庭购买社会服务组织的养老服务的可能性为其他服务不能满足的情况之下,或缺乏家庭所需要的服务。现有的居家养老服务不能完全满足老年人的服务需求已成事实,社会服务组织可适当介入。此外,社会服务组织还要开发与创新养老服务模式,如开展创新性的活动来吸引老年人及其家庭、老年人互相帮扶机制的开发,等等。总之,社会服务组织介入社会养老服务体系的前景较为广阔,但还需社会服务组织发挥自身专业性、灵活性和实际操作能力。

第九章　研究结论与讨论

一、研究结论

　　本研究在对养老服务效能概念、构成要素以及主要特征进行分析的基础上，对我国社区居家养老效能发展的历程及现状进行了分析，认为我国社区居家养老服务效能不仅在理念上有待提升，而且在服务主体构建、服务过程优化以及服务评估机制等方面都存在诸多问题，亟须改进。以之为基础，探索社会服务组织介入对提升社区居家养老服务效能的作用。并从实证的角度出发，在对相关要素进行概念化操作的基础上，建构研究框架，探究社会服务组织介入对城市社区居家养老服务的影响。在实证分析与经验研究的基础上，提出社会服务组织介入视角下，社区居家养老服务效能提升的路径。通过研究，得出如下结论：

　　第一，养老服务效能的概念及理论探究。养老服务效能是养老服务政策执行的内在能力，是养老服务政策制定合理性、政策执行能力以及政策评估设计等效果的综合反馈，由养老服务供给主体、养老服务传递过程以及养老服务效果评估等要素组成，具有工具性、过程性和全面性的特点。社区居家养老服务的服务资源整合对养老服务效能的发展具有一定的影响。同时，社区居家养老服务服务主体间协同的效果与养老服务效能也存在一定的关系。

　　第二，我国城市社区居家养老服务效能的发展历程。我国城市社区居家养老服务在提出阶段仍然面临许多问题，效能优化的效果并不明显。这一问题的原因与城市社区居家养老服务原初的定性、定位、定纲等有一定关系。在城市社区居家养老服务发展阶段，相关政策不仅促进了政策的优化以及制度的完善进度，又为城市社区居家养老服务效能的优化提供了良好的环境，这些都促使了社区居家养老服务的繁荣。在繁荣阶段，我国城市社区居家养老服务有序开展,服务水平等不断上升,服务效能不断优化,这也在客观上促进了服务配套设施的改善。通过对我国城市社区居家养老服务效能发展历程的分析可看出,我国城市社区居家养老服务各发展阶段效能表现为养老服务效能的评判要素不断丰富、各阶段服务主体构建效果各有优劣等特点。

第三,我国城市社区居家养老服务效能的现存问题。由于养老观念仍待提升、社区功能略显不足、服务理念有待深化、服务资源整合能力不足、管理质量需要优化等问题的存在,我国城市社区居家养老服务效能优化面临诸多阻力。主体建构面临的困境表现在参与功能不强、服务网络尚未形成;服务传递面临的困境表现在忽略市场服务作用、服务专业化较低、硬件设施建设落后;服务评估面临的困境表现在评估机制不完善、涵盖内容复杂等。

第四,城市社区居家养老服务效能指标设计。指标体系包括 3 个一级指标(养老服务主体、养老服务过程、养老服务评估)、7 个二级指标(政府引导、市场部门参与、家庭支持、服务内容及环境优化、资源安排完善、程度进程管理合理程度、养老服务效果评估的公正性与全面性)、18 个三级指标(制定政策效果、资源供给与协调动力、提供福利的效果、供给方式的表现、供给内容的表现、与各部门的配合程度、生活支持、心理慰藉、服务内容、服务环境、人力资源的安排、财政资源的安排、管理制度的完善、管理执行的力度、公平与效率兼顾、底线公平的体现、服务标准的完善、评估的层次性)。

第五,城市社区居家养老服务效能的问卷设计。围绕社区居家养老服务效能的 18 个三级指标以及相关指标内容,形成 31 个初始项目。所有项目均采用 Likert 五点计分,其中,"1"表示"完全不符合","2"表示"基本不符合","3"表示"中间状态","4"表示"基本符合","5"表示"完全符合"。所有项目的得分相加,总分越高,表示受测者的胜任力水平越高。

第六,社会服务组织介入对社区居家养老服务效能产生了积极的影响。在养老服务主体构建方面。其一,从引导政府角度而言。首先,从政策效果的引导方面来看:一方面,社会服务组织通过参与枢纽型社会组织建设,进一步引导其他社会服务组织介入社区居家养老服务中。另一方面,社会服务组织在社区内开展社区居家养老服务时会更加关注老年人社会工作方法和技巧的实施和培训,这对纠正政府对社会服务专业化的看法并颁布相关的政策具有一定的促进作用。其二,从引导市场部门角度而言。首先,从提供福利的角度看。社会服务组织与市场部门合作开展公益性服务项目。其次,从供给方式的角度看。社会服务组织可以作为中介,有效推动政府与市场部门合作开展综合性的养老服务项目。再次,从供给内容的角度看。社会服务组织与市场部门合作开展收费性的养老服务,有利于满足特殊老年人的需求。最后,从部门配合的角度看。社会服务组织可与市场部门、政府等部门形成有效的合作模式,进而提升社区居家养老服务的质量。

在养老服务过程优化方面。第一,从服务内容及环境优化角度而言。首先,从服务内容丰富角度看。社会服务组织能有效开展诸如关怀访视、生活陪伴、心理咨询、应急救援等服务。社会服务组织可与其他组织合作开展专业化的社区居家养老服务。其次,从服务环境优化的角度看。社会服务项目的开展有利于营造老年人社会融入的环境,有利于公益文化的形成。第二,从资源安排完善角度而言。社会服务组织会安排更多的服务人员参与社区居家养老服务。随着服务的不断深入,社会服务组织为提高服务质量也会更加关注服务人员之间的配合程度。第三,从进程管理的合理程度来看。首先,从管理制度完善的角度看。社会服务组织的参与使得社区居家养老服务管理更加规范。其次,从管理执行力度的角度看。社会服务组织通过与管理部门合作,能开展精准性社区居家养老服务,有利于提高管理的融合性。

在养老评估过程方面,首先,从公平与效率兼顾而言。社会服务组织在满足老年人需求的同时,能进一步提高服务效率,进而提高评估的客观程度。其次,从底线公平体现的角度看。社会服务组织的加入能使得评估主体考虑弱势老年群体的需求。再次,从服务标准完善的角度看。社会服务组织的介入不仅能丰富评估内容,而且能进一步优化评估的方式。

第七,社会服务组织介入下,家庭对社区居家养老服务效能的支持效果不够明显。在后测和追踪测试中,实验组和控制组在家庭支持上无显著差异(p 值>0.05),这说明社会服务组织的介入对家庭支持老年人的行为并不能产生影响。

第八,社会服务组织介入社区居家养老服务以提高后者服务效能的路径主要有:其一,社会服务组织介入与服务主体效能的优化,包括通过提高政策实施效果提高服务效能,通过完善资源供给与协调方式来完善政府的引导机制,与市场部门合作开展公益养老服务项目、有效连接政府与市场部门来提供服务,与居家养老机构合作开展收费性的养老服务项目来加强市场部门的参与机制。其二,社会服务组织介入与服务过程的优化,包括通过介入丰富服务内容,优化服务环境来促进服务内容及环境优化;通过与其他部门合作来完善管理制度,通过与其他部门合作来创新服务模式,夯实服务政府管理网络。其三,社会服务组织介入与服务评估制度的完善,包括要明确社区居家养老服务内容评估的重点,柔性与刚性评估融合作为社会服务组织介入服务评估的前提。其四,社会服务组织介入下服务效能优化机制的创新,包括以社会资本、类别路径以及反思优化等视角完善社会服务组织介入下服务资源获取优化机制,通过社会服务组织完善社区与家庭的服务信息传递机制、强化家庭成员的社区融入等形成社区＋家庭服务效能的优化机制;通过资源共享体系的建立、完善服务转移机制等方式形成社区＋机构服务效能的优化机制;通过建立评估服务模式、跟进购买服务方式等形成机构＋家庭服务效能的优化机制。

二、进一步讨论

总的来说,本研究对养老服务效能的概念、特点及构成要素,我国城市社区居家养老服务发展的历程、现状和问题,社会服务组织介入与社区居家养老服务效能提升的可能性研究,社会服务组织介入视角下社区居家养老服务效能提升的路径等内容进行了全面的分析。但深入分析可以发现,依然有一些值得进一步关注的内容。

第一,样本拓展性问题。本研究以江苏省部分地区社区居民为代表开展社会服务组织介入对社区居家养老服务效能提升的实证研究。需要注意的是,不同地区、不同社区的社区居家养老服务会存在一些差异,社区内居民对社会服务组织的了解程度也会有所异同。因此,本研究基于江苏样本得出的结论是否能够推广到更大的范围,这是今后需要进一步开展比较研究的内容。

第二,后续探究的跟进。本研究从制定政策效果、资源供给与协调动力、提供福利的效果、供给方式的表现、供给内容的表现、与各部门的配合程度、生活支持、心理慰藉、服务内容、服务环境、人力资源的安排、财政资源的安排、管理制度的完善、管理执行的力度、公平与效率兼顾、底线公平的体现、服务标准的完善、评估的层次性等角度出发,探讨社会服务组织介入与社区居家养老服务效能提升的问题,这些内容主要基于行为事件访谈等方法而得出,具有一定的即时性,因此需要在有条件的情况下,进一步开展追踪研究,对参与本研究调查的社区居民开展长期追踪,以使得研究中考察的内容与今后实践的要求更加契合。

第三,对社区居家养老服务供需平衡的关注。社会服务组织介入社区居家养老服务过程中,在提高其服务效能的同时,也会进一步加强社区居家养老服务效能的供给。以现实来看,一方面,政府为发展社区居家养老服务业投入了大量的人力、财力、物力,另一方面,老年人对社区居家养老服务的需求却较低,这一供需失衡的矛盾不仅会降低社区居家养老服务的利用水平,也会对社会服务介入的效果产生负面影响。因此,今后需要进一步探究社会服务组织介入与社区居家养老服务供需平衡间的问题。

参考文献

一、中文著作

[1] 艾尔·巴比. 社会研究方法[M]. 邱泽奇,译. 北京:华夏出版社,2009.

[2] 彼得·德鲁克. 非营利组织的管理[M]. 吴振阳,译. 北京:机械工业出版社,2010.

[3] 蔡林海. 老化预防、老年康复与居家养老:日本社会养老服务体系的成功经验与启示[M]. 上海:上海科技教育出版社,2012.

[4] 陈雪萍. 以社区为基础的老年人长期照护体系构建:基于杭州市的实证分析[M]. 杭州:浙江大学出版社,2011.

[5] 方振邦. 鲍春雷:管理学原理[M]. 北京:中国人民大学出版社,2014.

[6] 黄晓勇. 中国社会服务组织报告(2018)[M]. 北京:社会科学文献出版社,2018.

[7] 范斌. 福利社会学[M]. 北京:社会科学文献出版社,2006.

[8] 斐迪南·滕尼斯. 共同体与社会[M]. 林荣远,译. 北京:商务印书馆,1999.

[9] 康晓光,郑宽,蒋金富,等. NGO与政府合作策略[M]. 北京:社会科学文献出版社,2010.

[10] 考斯塔·艾斯平-安德森. 福利资本主义的三个世界[M]. 郑秉文,译. 北京:法律出版社,2003.

[11] 理查德·蒂特马斯. 社会政策十讲[M]. 江绍康,译. 长春:吉林出版集团有限责任公司,2011.

[12] 李强. 中国社会变迁30年(1978—2008)[M]. 北京:社会科学文献出版社,2008.

[13] 林闽钢. 现代西方社会福利思想:流派与名家[M]. 北京:中国劳动社会保障出版社,2012.

[14] 林闽钢,刘喜堂. 当代中国社会救助制度:完善与创新[M]. 北京:人民出版社,2012.

[15] 民政部政策研究中心. 我国养老服务准入研究[M]. 北京:中国社会出版社,2013.

[16] 民政部,全国老龄办养老服务体系建设领导小组办公室. 全国养老服务标准化文件汇编[M]. 北京:中国社会出版社,2010.

[17] Neil Gilbert,Paul Terrell. 社会福利政策引论[M]. 黄晨熹,译. 上海:华东理工大学出版社,2003.

[18] 诺曼·巴里. 福利[M]. 褚建国,译. 吉林:吉林人民出版社,2005.

[19] 威廉姆·法利. 社会工作概论[M]. 隋玉杰,译. 北京:中国人民大学出版社,2004.

[20] 齐炳文. 民间组织:管理、建设、发展[M]. 济南:山东大学出版社,2000.

[21] 庇古. 福利经济学[M]. 金镝,译. 北京:华夏出版社,2007.

[22] 秦晖. 政府与企业以外的现代化:中西公益史比较研究[M]. 杭州:浙江人民出版社,1999.

[23] 童星. 社会转型与社会保障[M]. 北京:中国劳动社会保障出版社,2007.

[24] 童星. 现代性的图景:多维视野多重透视[M]. 北京:北京师范大学出版社,2007.

[25] V. 帕累托. 普通社会学纲要[M]. 田时纲,译. 北京:东方出版社,2007.

[26] 王思斌. 社会政策[M]. 北京:中央广播电视大学出版社,2010.

[27] 王名. 中国 NGO 口述史[M]. 北京:社会科学文献出版社,2012.

[28] 王名. 非营利组织管理概论[M]. 北京:中国人民大学出版社,2010.

[29] 维克托·迈尔-舍恩伯格,肯尼思·库克耶. 大数据时代:生活、工作与思维的大变革[M]. 盛杨燕,周涛,译. 杭州:浙江人民出版社,2013.

[30] 乌尔里希·贝克. 世界风险社会[M]. 吴英姿,译. 南京:南京南京大学出版社,2004.

[31] 吴敏. 基于需求与供给视角的机构养老服务发展现状研究[M]. 北京:经济科学出版社,2011.

[32] 夏学鉴. 社区照顾的理论政策与实践[M]. 北京:北京大学出版社,1996.

[33] 徐晓林,杨锐. 电子政务[M]. 武汉:华中科技大学出版社,2014.

[34] 亚里士多德. 政治学[M]. 柯彪,译. 北京:人民出版社,2001.

［35］于洪.外国养老保障制度［M］.上海:上海财经大学出版社,2005.

［36］张军涛,曹煌玲.第三部门管理［M］.大连:东北财经大学出版社,2010.

［37］张良礼.应对人口老龄化:社会化养老服务体系构建及规划［M］.北京:社会科学文献出版社,2006.

［38］郑功成.中国社会保障改革与发展战略:理念、目标与行动方案［M］.北京:人民出版社,2008.

［39］郑功成.社会保障学［M］.北京:商务印书馆,2000.

［40］周沛.社会福利体系研究［M］.北京:中国劳动出版社,2007.

［41］周沛.社会工作概论［M］.天津:天津大学出版社,2009.

二、中文论文

［1］白晨,顾昕.高龄化、健康不平等与社会养老保障绩效研究:基于长期多维健康贫困指数的度量与分解［J］.社会保障研究,2019(4).

［2］北京市老年学会(家庭养老与社会化服务)课题组.市场经济条件下的家庭养老与社会化服务［J］.人口研究,1996(4).

［3］卞文忠,秦玉峰.黑龙江省城市社区服务存在的问题及对策［J］.商业经济,2005(9).

［4］陈静,周沛.论我国老年社会福利供给中政府角色的嬗变［J］.东南学术,2015(5).

［5］陈旗.我国城市社区养老的现状与问题研究——以珠海市香洲区为例［J］.中山大学学报(社会科学版),2009(3).

［6］陈淑君.黑龙江省社区养老服务问题探析［J］.商场现代化,2010(19).

［7］陈伟.英国社区照顾之于我国"居家养老服务"本土化进程及服务模式的构建［J］.南京工业大学学报(社会科学版),2012(1).

［8］陈友华,艾波,苗国.养老机构发展:问题与反思［J］.河海大学学报(哲学社会科学版),2016(12).

［9］陈友华.居家养老及其相关的几个问题［J］.人口学刊,2012(7).

［10］丁建定.论中国养老保障制度与服务整合:基于"四力协调"的分析框架［J］.西北大学学报(哲学社会科学版),2019(2).

［11］单大圣.中国养老服务管理体制的改革与发展［J］.经济论坛,2011(9).

［12］董红亚.居家养老服务的温州模式:强社会大服务［J］.西北人口,2016

(9).

[13] 杜鹏,王永梅. 中国老年人社会养老服务利用的影响因素[J]. 人口研究,2017(5).

[14] 窦影. 社区治理视角下城市老年人邻里互助养老"预阶段"的发展路径研究[J]. 云南民族大学学报(哲学社会科学版),2020(5).

[15] 风笑天. 从"依赖养老"到"独立养老":独生子女家庭养老观念的重要转变[J]. 河北学刊,2006(3).

[16] 封铁英,马朵朵. 社区居家养老服务如何包容性发展？一个理论分析视角[J]. 社会保障评论,2020(3).

[17] 龚万达. 社会资本视角下社会服务组织协商能力建设研究:对十九大报告"统筹推进社会服务组织协商"的思考[J]. 江苏大学学报(社会科学版),2018(11).

[18] 高祖林. 虚拟养老:居家养老服务的新探索[J]. 中国社会科学报,2012(380).

[19] 高祖林. 政策网络视域下社会化养老服务体系建设研究:以苏州市虚拟养老院为例[J]. 江海学刊,2013(3).

[20] 龚培兴,陈洪生. 政府公信力:理念、行为与效率的研究视角:以"非典型性肺炎"防治为例[J]. 中共中央党校学报,2003(3).

[21] 关信平,赵婷婷. 当前城市民办养老服务机构发展中的问题及相关政策分析[J]. 西北大学学报(哲学社会科学版),2012(5).

[22] 敬乂嘉,陈若静. 从协作角度看我国居家养老服务体系的发展与管理创新[J]. 复旦学报(社会科学版),2009(5).

[23] 郭金来. 中国家庭养老服务支持政策:需求、评估与政策体系构建[J]. 广州大学学报(社会科学版),2021(2).

[24] 郭林. 中国养老服务 70 年(1949—2019):演变脉络、政策评估、未来思路"[J]. 社会保障评论,2019(3).

[25] 侯非,秦玉婷,张隋. 养老服务业标准体系构建策略与运行机制分析[J]. 中国标准化,2013(2).

[26] 何增科. 公民社会与第三部门研究引论[J]. 马克思主义与现实,2000(1).

[27] 黄健元,杨琪,王欢. 我国养老服务体系发展:从医养结合到整合照护[J]. 中州学刊,2020(11).

[28] 黄健元,贾林霞. 社会主要矛盾视角下社会养老服务模式平衡发展研究[J]. 广西社会科学,2018(9).

［29］胡平,王雪珺,张银普,等.心理学在社会服务体系中作用的思考:以复原力建设为例［J］.心理科学进展,2020(1).

［30］胡宏伟,时媛媛,肖伊雪.公共服务均等化视角下中国养老保障方式与路径选择:居家养老服务保障的优势与发展路径［J］.华东经济管理,2012(1).

［31］吉鹏,李放.政府购买居家养老服务的绩效评价:实践探索与指标体系建构［J］.理论与改革,2013(3).

［32］江华,吕学静.普遍整合视角的东亚福利模式探析［J］.亚太经济,2012(5).

［33］江苏省民政厅.江苏重点推进五大养老服务项目［J］.政策瞭望,2013(7).

［34］蒋军成,高电玻,张子申.我国社会养老服务体系供给侧改革:个省案例研究［J］.湖北社会科学,2018(4).

［35］蒋万胜,张凤珠.个人观念、集体观念与制度变迁［J］.华东师范大学学报(哲学社会科学版),2013(1).

［36］姜向群,张钰斐.社会化养老:问题与挑战［J］.北京观察,2006(10).

［37］金德田.加快实现养老社会化的步伐［J］.党政十部学刊,1995(4).

［38］景天魁.底线公平概念和指标体系:关于社会保障基础理论的探讨［J］.哈尔滨工业大学学报社会科学版),2013(1).

［39］孔令卫,赵琛徽.供给侧改革背景下社会养老服务需求分析与优化对策研究［J］.老龄科学研究,2019(7).

［40］雷雨若,王娟.地方政府购买居家养老服务中的监管失灵及其矫正:基于南京、宁波、广州、合肥和深圳的分析［J］.济南大学学报(社会科学版),2020(1).

［41］李长远.社区居家医养结合养老服务模式的比较优势、掣肘因素及推进策略［J］.宁夏社会科学,2018(11).

［42］李放,樊禹彤,赵光.农村老人居家养老服务需求影响因素的实证分析［J］.河北大学学报(哲学社会科学版),2013(5).

［43］李娟.社会组织承接政府养老服务项目面临的制度困境:以新制度主义为视角［J］.苏州大学学报(哲学社会科学版),2020(2).

［44］李汉林.变迁中的中国单位制度:回顾中的思考［J］.社会,2008(3).

［45］李林子.日本老年护理人才培养模式的经验与启示［J］.老龄科学研究,2013(4).

［46］李萌.养老服务体系中政府责任的国际借鉴［J］.老龄科学研究,2013

(5).

[47] 李强,葛天任.社区的碎片化:Y市社区建设与城市社会治理的实证研究[J].学术界,2013(12).

[48] 李鹏.兜底视域下社会救助瞄准机制审视:问题辨析与改革取向[J].理论导刊,2020(3).

[49] 李廷,任凡兴,李明.农户社会资本结构的变化促使了农村资金互助组织的兴起吗?——以江苏省为例[J].农村经济,2018(7).

[50] 李扬.福利多元主义视界:我国非营利组织发展的路径选择[J].长春理工大学学报(高教版),2009(7).

[51] 李伟梁,社区资源整合略论[J].重庆邮电大学学报(社会科学版),2010(7).

[52] 李学斌.我国社区养老服务研究综述[J].宁夏社会科学,2008(1).

[53] 李卓.中国NGO的定义与分类[J].中国行政管理,2003(3).

[54] 梁新颖.家庭养老社会化问题探路[J].社会科学辑刊,2000(4).

[55] 林宝.养老服务供给侧改革:重点任务与改革思路[J].北京工业大学学报(社会科学版),2017(6).

[56] 林卡,朱浩.应对老龄化社会的挑战:中国养老服务政策目标定位的演化[J].山东社会科学,2014(2).

[57] 林闽钢.论我国社会养老服务的公益性及实现途径[J].人口与社会,2014(1).

[58] 林宗浩.韩国老年人长期疗养保险立法的经验与启示[J].法学论坛,2013(3).

[59] 廖敏,张蕾.养老机构发展主要问题及对策研究:长沙市养老机构及入住老人的调查与思考[J].长沙民政职业技术学院学报,2006(6).

[60] 刘春湘,姜耀辉.社会组织参与养老服务的逻辑框架:制度环境·主体类型·实践方式[J].吉首大学学报(社会科学版),2020(5).

[61] 刘芳.上海市长宁区社区为老服务体系的构建[J].中国老年学杂志,2010(12).

[62] 刘峰.农村养老保障服务体系建设的困境与突围[J].湖南社会科学,2013(1).

[63] 刘素华,王龙.建立基于劳动互换的居家养老服务体系的可行性探究[J].河北师范大学学报(哲学社会科学版),2007(5).

[64] 刘晓静,徐宏波.社区养老服务产业化发展路径研究:基于福利多元主义理论视角[J].河北师范大学学报(哲学社会科学版),2013(5).

[65] 刘晓梅.我国社会养老服务面临的形势及路径选择[J].人口研究，2012(5).

[66] 刘辛.北京市海淀区社区养老服务问题的调查研究[J].劳动保障世界，2010(10).

[67] 刘兴菊.论瑞典养老保险制度改革的原因与过程[J].经济管理者，2012(2).

[68] 刘振杰.家庭保障在现代社会保障体系中的功能及地位浅析[J].经济问题探索，2005(7).

[69] 刘祖云.香港与武汉：城市社区服务比较[J].华中师范大学学报（人文社会科学版），2000(1).

[70] 楼苏萍.东亚福利体制研究述评[J].山东社会科学，2012(3).

[71] 鲁恩·艾尔维克，英格丽·海尔格伊，戴格·阿恩·克里斯滕森，等.挪威和英国的积极养老观念与政策[J].国际社会科学杂志（中文版），2007(4).

[72] 鲁迎春.城市社区居家养老服务中的NGO及其与政府的关系：基于上海市浦东新区的研究[J].前沿，2013(10).

[73] 麻宝斌，任晓春.从社会管理到社会治理：挑战与变革[J].学习与探索，2011(3).

[74] 民政部调研组.发挥社会服务组织积极作用　助推民政转型升级　促进经济社会发展——江苏省调研告[J].中国社会服务组织，2013(4).

[75] 穆光宗.中国式养老：城市社区居家养老研究[J].浙江工商大学学报，2019(5).

[76] 穆光宗.我国机构养老发展的困境与对策[J].华中师范大学学报（人文社会科学版），2012(3).

[77] 宁玉梅.农村家庭养老方式面临的现实问题探讨[J].理论观察，2013(9).

[78] 潘鸿雁.公共服务社会化的三方合作研究：以上海市徐汇区养老服务社会化为例[J].中共中央党校学报，2010(1).

[79] 潘屹.优化整合城乡资源，完善社区综合养老服务体系——上海、甘肃、云南社区综合养老服务体系研究[J].山东社会科学，2014(3).

[80] 彭华民.中国组合式普惠型社会福利制度的构建（上）[J].社会保障制度，2012(1).

[81] 彭华民.中国组合式普惠型社会福利制度的构建[J].学术月刊，2011(10).

[82] 彭华民. 福利三角：一个社会政策分析的范式[J]. 社会学研究，2006(4).

[83] 彭华民，黄叶青. 福利多元主义：福利提供从国家到多元部门的转型[J]. 南开学报，2006(6).

[84] 彭嘉琳. 从德国、西班牙人口老龄化现状谈我国应采取的对策[J]. 中国护理管理，2007(4).

[85] 祁峰，谭丽萍. 完善非营利组织参与居家养老服务的对策[J]. 经济纵横，2015(5).

[86] 钱雪飞. 社区养老社会环境建设现状分析：基于1440份问卷调查[J]. 江海纵横，2011(7).

[87] 青连斌. 完善顶层设计解决我国养老服务难题[J]. 中国党政干部论，2018(2).

[88] 青连斌. 我国家庭养老的困境与居家养老服务发展的趋势[J]. 晋阳学刊，2017(7).

[89] 邱柏生. 论社区资源类型及其整合方式[J]. 探索与争鸣，2006(6).

[90] 任祥君，韩俊江. 我国农村社区养老机构存在的问题及对策研究[J]. 劳动保障世界，2011(12).

[91] 郸啸. 政策网络：社区治理研究的新框架[J]. 湖北社会科学，2014(2).

[92] 史柏年. 老人社区照顾的发展与策略[J]. 中国青年政治学院学报，1997(1).

[93] 石玶. 居家养老概念辨析、热点议题与研究趋势[J]. 社会保障研究，2018(4).

[94] 孙宏伟，孙睿. 我国社会养老服务体系建设的政策选择[J]. 东北大学学报(社会科学版)，2014(1).

[95] 孙鹃娟. 河南、贵州农村老年人的主观生活评价和养老观念[J]. 中国老年学杂志，2014(6).

[96] 孙萍. 中国社区治理的发展路径：党政主导下的多元共治[J]. 政治学研究，2018(2).

[97] 孙树菡，葛英. 我国社会机构养老发展探讨[J]. 中华女子学院学报，2004(8).

[98] 孙泽宇. 关于我国城市社区居家养老服务问题与对策的思考[J]. 中国劳动关系学院学报，2007年(1).

[99] 唐代望. 中国公民参与国家管理的特色[J]. 中国行政管理，1999(1).

[100] 唐珊珊. 瑞典瑞士社会服务组织挑大梁拥有社会服务绝对优先权

［J］.特区经济,2008(1).

［101］唐咏.香港"持续照顾"的老年福利服务理念及其对中国内地的借鉴 ［J］.山东社会科学,2010(11).

［102］唐咏,徐永德.中国社会福利变迁下养老服务中非营利民间组织的发 展［J］.深圳大学学报(人文社会科学版),2010(1).

［103］陶开宇.提高养老服务机构收入的主要思路［J］.商场现代化,2005 (11).

［104］汤学兵,张启春.中国政府间转移支付制度的完善:基于区域基本公 共服务均等化目标［J］.江海学刊,2011(2).

［105］田雪莹,胡文波.非营利组织评估体系研究［J］.中国地质大学学报 (社会科学版),2007(4).

［106］万谊娜.江西省人口老龄化与社区养老服务体系的思考:以南昌市东 湖区为例［J］.金融与经济,2007(11).

［107］王成利.医养融合养老:供给途径、实践困境与政府责任——基于公 共产品理论的视角［J］.东岳论丛,2017(10).

［108］王辅贤.社区养老助老服务的取向、问题与对策研究［J］.社会科学研 究,2004(6).

［109］王浦劬,雷雨若,吕普生.超越多重博弈的医养结合机制建构论析:我 国医养结合型养老模式的困境与出路［J］.国家行政学院学报,2018 (2).

［110］王慧,罗建华.重庆市城市社区养老服务现状调查分析:以江北区东 方家园社区为例［J］.大众文艺,2008(3).

［111］王进,张晶.城市居家养老模式的社区精神赡养［J］.三峡大学学报 (人文社会科学学报),2008(2).

［112］王岚,易中,姜忆南.社区养老服务设施规划的探讨［J］.北方交通大 学学报,2001(2).

［113］王素英.中国社会养老服务体系建设现状及发展思路［J］.社会福利, 2012(9).

［114］王树新.社区养老是辅助家庭养老的最佳载体［J］.南方人口,1999 (2).

［115］王媛媛.国外社区养老服务的发展模式及对我国的启示［J］.改革与 开放,2012(16).

［116］王小莹,王颖.探索人性化居家养老服务新模式［J］.江西财经大学学 报,2019(6).

[117] 王名,贾西津. 中国 NGO 的发展分析[J]. 管理世界,2002(8).

[118] 王名,乐园. 中国民间组织参与公共服务购买的模式分析[J]. 中共浙江省委党校学报,2008(4).

[119] 王洪宇. 江苏农村已经逐渐形成了“五位一体”的新型养老模式[J]. 老龄化研究,2012(3).

[120] 汪泳. 社会资本视域下支持家庭养老的政府行动逻辑及策略[J]. 理论探讨,2020(4).

[121] 王永梅,李雅楠,肖颖. 居家养老服务对城乡老年人生活质量的影响:基于三期 CLASS 数据的效应评估[J]. 人口研究,2020(6).

[122] 温海红,王怡欢. 基于个体差异的“互联网＋”居家社区养老服务需求分析[J]. 社会保障研究,2019(4).

[123] 邬沧萍,彭青云. 重新诠释“积极老龄化”的科学内涵[J]. 中国社会工作,2018(6).

[124] 邬沧萍. 提高对老年人照顾服务的理论认识[J]. 中国社会工作,2017(8).

[125] 吴迪. 中国城市社区居家养老服务模式比较研究:基于南京、大连、宁波、上海和兰州的分析[J]. 陕西行政学院学报,2014(2).

[126] 吴国卿. 社区养老服务:时代的呼唤[J]. 中国社会保险,1999(3).

[127] 吴宏洛. 论医疗保险制度设计对失能老人的救助功能:基于医养结合长期照护模式的考察[J]. 福建师范大学学报(哲学社会科学版),2014(2).

[128] 吴诺. 构建新型社会养老服务体系的研究[J]. 天津社会保险,2011(6).

[129] 吴玉韶. 养老服务热中的冷思考[J]. 北京社会科学,2014(1).

[130] 吴新叶,吴洪法. 配置与调适:现阶段社区资源分析[J]. 学术专论,2002(5).

[131] 向静林. 结构分化:当代中国社区治理中的社会服务组织,浙江社会科学,2018(7).

[132] 谢岳. 后现代国家“第三部门”运动评析[J]. 复旦学报(社会科学版),2000(4).

[133] 项丽萍. 我国社区养老服务方式探析[J]. 青海社会科学,2007(5).

[134] 向运华,王晓慧. 人工智能时代老年健康管理研究[J]. 新疆师范大学学报(哲学社会科学版),2019(4).

[135] 邢凤梅,董胜莲,孙玉倩,等. 日本地方养老服务现状、问题及借鉴

[J]. 中国康复医学杂志,2017(10).

[136] 徐世荣. 新社会运动、非营利组织与社区意识的兴起[J]. 深圳大学学报(人文社会科学版),2000(4).

[137] 许爱花. 社会工作视阈下的机构养老服务[J]. 江淮论坛,2010(1).

[138] 徐延辉. 社会服务体系:欧洲模式与中国方向[J]. 人民论坛·学术前沿,2012(17).

[139] 徐文芳,何晖. 我国农村家庭养老保障制度有效性分析[J]. 开放导报,2010(6).

[140] 肖峰昌. 完善社会保障法律制度促进社会和谐发展[J]. 教育理论与实践,2006(24).

[141] 肖谭. 社区资源整合"三部曲"[J]. 中国社会工作,2016(4).

[142] 许琳,唐丽娜. 残障老年人居家养老服务需求影响因素的实证分析:基于西部六省区的调查分析[J]. 甘肃社会科学,2013(1).

[143] 阎东彬. 日本社区老年服务制度对我国的借鉴[J]. 改革与开放,2008(8).

[144] 杨春. 南京市居家养老服务特色研究[J]. 人口与计划生育,2016(1).

[145] 杨翠迎,伍德安. 货币化子女赡养责任,以制度推动居家养老服务——基于上海市的社会调查[J]. 安徽师范大学学报(人文社会科学版),2015(1).

[146] 杨宏. 鞍山市社区养老模式探讨:城市社区养老服务的现状及发展对策[J]. 辽宁经济,2018(10).

[147] 杨金星,任立忠. 对有偿养老服务的思考[J]. 老年学杂志,1993(1).

[148] 杨述明. 论地方政府主导社会养老服务体系构建的"三根支柱"[J]. 《湖北社会科学,2014(7).

[149] 杨文杰,陈丽莎,韦玮. 日本社区老年服务体系及其对中国的启示[J]. 当代世界,2010(6).

[150] 杨义凤. 中国NGO国际化的现状、挑战与对策[J]. 湖南师范大学社会科学学报,2014(3).

[151] 杨宜勇,张本波,李璐,等. 及时、科学、综合应对我国人口老龄化研究[J]. 宏观经济研究,2016(9).

[152] 易大方,王玉伟. 武汉市养老服务机构现状调查"[J]. 科技创业月刊,2016(9).

[153] 虞维华. 公共服务业市场化改革与非营利组织的市场化[J]. 经济纵横,2006(2).

[154] 袁方. 中国老年人在家庭、社会中的地位和作用[J]. 北京大学学报（哲学社会科学版）,1987(3).

[155] 俞宪忠. 市场失灵与政府失灵[J]. 学术论坛,2004(6).

[156] 袁小波. 社会化养老服务体系的构建[J]. 人民论坛,2014(17).

[157] 于潇. 公共机构养老发展分析[J]. 人口学刊,2001(6).

[158] 曾昱. 社区养老服务的发展方向:专业化、产业化和规模化[J]. 西北人口,2008(3).

[159] 张红霞. 北欧国家的福利制度改革及其对中国的启示[J]. 中国石油大学学报(社会科学版),2017(6).

[160] 张国平. 居家养老社会化服务的新模式:以苏州沧浪区"虚拟养老院"为例[J]. 宁夏社会科学,2011(3).

[161] 张莉. 转型时期我国第三部门的兴起及其社会功能[J]. 社会科学,2000(9).

[162] 张莉清,潘锁生. 日本的社区老年服务[J]. 当代世界,2017(10).

[163] 张卫,张春龙. 当前我国养老服务社会化面临的问题及对策:基于地方养老服务工作的思考[J]. 现代经济探讨,2010(5).

[164] 张珂. 新时代推进文化养老服务体系的路径探析[J]. 人民论坛,2020(4).

[165] 张文娟,魏蒙. 中国老年人的失能水平到底有多高?——多来源数据的比较[J]. 人口研究,2017(3).

[166] 张艳. 快速老龄化背景下苏州市社区养老服务体系建设研究:沧浪区"邻里情"虚拟养老院为例[J]. 社会保障研究,2010(5).

[167] 张仲兵,徐宪. 养老服务体系保障机制建设研究[J]. 湖南社会科学,2016(2).

[168] 章晓懿,梅强. 城市社区居家养老服务绩效评估指标体系研究[J]. 统计与决策,2012(12).

[169] 赵聪锐,周玉萍. 城市社区养老模式探讨:城市社区老年照顾有关问题分析[J]. 山西高等学校社会科学学报,2011(2).

[170] 赵熙超,范张娟. 对沪垦企业养老服务社区化的探讨[J]. 农场经济管理,1996(1).

[171] 赵立新. 社区服务型居家养老的社会支持系统研究[J]. 人口学刊,2019(6).

[172] 赵一红,庞志. 城市社区养老服务供给主体的结构化分析[J]. 学术研究,2020(4).

[173] 中国人口与发展研究中心课题组. 中国人口老龄化战略研究[J]. 经济研究参考, 2011(34).

[174] 甄炳亮. 凝心聚力, 为中国养老服务业夯实根基——养老服务、医养结合、长期护理协调发展政策分析[J]. 中国社会工作, 2017(32).

[175] 郅玉玲. 长江三角洲地区居家养老服务的发展[J]. 学海, 2010(4).

[176] 钟涨宝, 聂建亮. 农民的养老观念与新农保养老保障能力评价[J]. 中南民族大学学报(人文社会科学版), 2014(1).

[177] 郑秉文, 孙婕. 社会保障制度改革的一个政策工具: "目标定位"[J]. 中央财经大学学报, 2004(8).

[178] 郑功成. 我国养老服务体系建设存在问题及对策[J]. 中国经济社会论坛, 2013(11).

[179] 仲达. 江苏养老服务社会化路径研究[J]. 唯实, 2009(4).

[180] 钟海燕. "正义论"对我国社会福利制度的启示[J]. 西南民族大学学报(人文社科版), 2005(1).

[181] 钟永圣, 李增森. 中国传统家庭养老的演进: 文化伦理观念的转变结果[J]. 人口学刊, 2017(2).

[182] 周昌祥. 和谐社会前景下社会福利有效传递与社会工作发展[J]. 广州大学学报(社会科学版), 2007(3).

[183] 周进萍. 社会服务供给中"市场机制"的认识误区、实践困境与优化策略. 云南行政学院学报, 2018(11).

[184] 周宁. 构建政府主导下的社会化养老服务体系: 以南京市鼓楼区为例[J]. 中国民政, 2012(2).

[185] 周沛. 社会工作和社会保障的同源性及其在和谐社会构建中的重要意义[J]. 江苏社会科学, 2006(2).

[186] 周沛. 福利国家和国家福利: 兼论社会福利体系中的政府责任主体[J]. 社会科学战线, 2008(2).

[187] 朱冬梅. 养老服务需求多元化视角下的社会服务组织建设[J]. 山东社会科学, 2014(3).

三、英文文献

[1] Alford J. Toward a new public management model: Beyond "managerialism" and its critics[J]. J Dev Adm, 1993, 35(3): 62-88.

[2] Alford J. A public management road less travelled: Clients as co-

producers of public services[J]. Aust J Public Adm, 1998, 57(4):
128 - 137.

[3] Alford J. Why do public-sector clients coproduce? Toward a contingency theory[J]. Adm Soc, 2002, 34(1): 32 - 56.

[4] Alford J. Public value from co-production by clients. Working Paper, Melbourne, Australia and New Zealand School of Government

[5] Alber, J. What the European and American Welfare States have in common and where they differ: Facts and fiction in comparisons of the European Social Model and the United States[J]. Journal of European Social Policy, 2010, 20(2): 102 - 125.

[6] Bourdieu P, Wacquant L J. An Invitation to Reflexive Sociology[M]. Chicago: University of Chicago Press, 1992.

[7] Bovaird T, Loeffler E. The public governance implications of user co-production of public services: A case study of public services in Carrick, UK[M]. ASPA Annual Conference, Washington DC, 2007.

[8] Casey J, Dalton B. The best of times, the worst of times: Community-sector advocacy in the age of "compacts"[J]. Aust J Polit Sci, 2006, 41(1): 23 - 38.

[9] Clipp E C. Caregiver needs and patterns of social support[J]. Gerontol Soci Sci, 2010, 45(11).

[10] Comas-Herrera A, Wittenberg R. European Study of long-Term Care Expenditure. PSSRU Discussion Paper. LSE. London, Report to the European Commission, Employment and Social Affairs DG, 2003.

[11] Considine M. Bureaucracy, network, or enterprise? Comparing models of governance in Australia, Britain, the Netherlands, and New Zealand[J]. Public Adm Rev, 2003, 63: 131 - 140.

[12] Deil S. Wright. "Intergovernmental Relations: An Analytical Overview"[J]. Annals of the American Academy of Political and Social Science, 1974, 416: 1 - 16.

[13] Douglas J A. Why charity? The case for a third sector[M]. Sage Publications Beverly Hills, 1983.

[14] Emily Y, David D, Colleen D, et al. Effects of case management in community aged care on client and carer outcomes: A systematic

review of randomized trials and comparative observational studies [J]. BMC Health Services Research, 2012(12): 95 – 106.

[15] Fukuyama F. Trust: The Social Virtues and the Creation of Prosperity[M]. New York: Free Press, 1995.

[16] Ferrera M. The "Southern Model" of welfare in social Europe[J]. Journal of European Social Policy, 1996, 6(1): 17 – 37.

[17] Ausenda G. On effectiveness, The Boydell Press, Woodbridge, 2003, 1 – 7.

[18] Gazley B. Why not partner with local government? Nonprofit managerial perceptions of collaborative disadvantage[J]. Nonprofit and Voluntary Sector Quarterly, 2010, 39(1): 51 – 76.

[19] Gershon P. Releasing resources to the front line: Independent review of public sector efficiency[M]. London, HMSO, 2004.

[20] Henriksen L S, et al. Welfare architecture and voluntarism. Or why "changing the welfare mix" means different things in different contexts. Prospects and challenges[M]. Routledge: London, 2008.

[21] Henriksen L S, Bundesen P. The moving frontier in Denmark: Voluntary-state relationships since 1850 [J]. Journal of Social Policy, 2004, 33(4), 605 – 625.

[22] Hillel. The Israeli long-term care insurance law: Selected issues in providing home care services to the frail elderly[J]. Health & Social Care in the Community, 2004, 13(3): 191 – 200.

[23] Hort, E O. The Coming of East and South-East Asian Welfare states[J]. Journal of European Social Policy, 2000, 10(2): 162 – 184.

[24] IfM and IBM. Succeeding through Service Innovation: A Service Perspective for Education, Research, Business and Government [M]. Cambridge, United Kingdom, 2008.

[25] Jones F. The Pacific Challenge: Confucian Welfare States[J]. 1993: 198 – 217, in Jones-Finer Catherine (ed.), New Perspectives on the Welfare State in Europe[M], London: Routlcdcc.

[26] Jorm L R, Walter S R, Lujic S, et al. Home and community care services: A major opportunity for preventive health care. BMC Geriatrics, 2011, 10(1).

[27] Walmsley J, Rolph S. The Development of Community Care For

People With Learning Difficulties 1913 to 1946[J]. Critical social policy, 2001, 21(1): 59 - 80.

[28] Johnson N. The Welfare State in Transition: The Theory and Practice of Welfare Pluralism[M]. Amherst: University of Massachusetts Press, 1987.

[29] Baeyens J P. Belgian care Programme for older pantients, The Journal of Nutrition[J]. Health & Aging, 2010(14): 471 - 475.

[30] Kagut B, Zmsder U. Knowledge of the firm, combinative capabilities, and the replication of technology[J]. Organiratian Science, 1992, 3(3): 383 - 397.

[31] Kempen G I, Suurmeijer T P. Factors influencing professional home care utilization among the elderly[J]. Social Science & Medicine, 2015, 32(1).

[32] Knodel J, et al. Ageing in Thailand: An overview of formal and informal support[M]. London: Routledge Advances in Asia-Pacific Studies, 2000.

[33] Kwon, Huck-Ju. Beyond European Wclfarc Regimes[J]. Comparative Perspectives on East Asian Welfare Systems Journal of Social Policy, 1997, 26(4): 467 - 484.

[34] Leadbeater C. Personalisation through participation: A new script for public services[M]. London, Demos, 2007.

[35] Lindeman M A, Pedler R P. Assessment of indigenous older peoples' needs for home and community care in remote Central Australia[J]. Journal of Cross-Cultural Gerontology, 2017, 23(1).

[36] Marek K D, Popejoy L. Clinical outcomes of aging in place[J]. Nursing Research, 2015, 54(3).

[37] McIntyre-Mills J. Participatory design for democracy and wellbeing: Narrowing the gap between services outcomes and perceived needs [J]. Syst Pract Action Res, 2010.

[38] Natali D. "Europeanization, policy arenas, and creative opportunism: The politics of welfare state reforms in Italy[J]. Journal of European Public Policy, 2004, 11(6): 1077 - 1095.

[39] Needham C. Realising the potential of co-production: Negotiating improvements in public services[J]. Soc Policy Soc, 2008, 7(2):

221 - 231.

[40] Needham C, Carr S. Co-production: An emerging evidence base for adult social care transformation. SCIE Research briefing 31.

[41] Nicolas S. Comparability of Health Care Responsiveness in Europe [J]. Soc Indic Res, 2012: 255 - 271.

[42] Osborne S P. The third sector in Europe. Prospects and challenges [M]. Abingdon: Routledge, 2008.

[43] Paarlberg, LGrønbjerg K A. Community variations in the size and scope of the nonprofit sector: Theory and preliminary findings[J]. Nonprofit and Voluntary Sector Quarterly, 2001, 30(4): 684 - 706.

[44] Peter F Dureker. The Effective Executive[M]. NewYork: Haprer and Row, 1966.

[45] Putnam R D. Bowling alone: America's declining social capital[J]. Journal of Democracy, 1995, 6(1): 65 - 78.

[46] Rhodes R A W. Understanding Governance: Policy Networks, Governance, Reflexivity, and Account-ability[M]. Phil a dephia: Open University Press, 1997.

[47] Robert Wuthnow. Between States and Markets: The Voluntary Sector in Comparative Perspective[M]. Princeton University Press, 1991.

[48] Rose, Richad. Common Goals but Different Roles: The State's Contribution to Welfare Mix. In Richad Rose and Rei Shiratori (eds.), The Welfare State East and West[M]. New York: Oxford University Press, 1986.

[49] Rupasingha A, Goetz S J, Freshwater D. The production of social capital in US counties[J]. Journal of Socio-Economics, 2006, 35 (1): 83 - 101.

[50] Sarah Gaskinl. Examining the role of information exchange in residential aged care work practices-a survey of residential aged care facilities[J]. BMC Geriatrics, 2012(12): 2 - 11.

[51] Saraceno C. Mutamenti della famiglia e politiche sociali in Italia[M]. Bologna, Mulino, 1998.

[52] Saxton G D, Benson M A. Social capital and the growth of the nonprofit sector[J]. Social Science Quarterly, 2005, 86(1): 16 - 35.

[53] Shane S, Stuart T. Organizational endowments and the performance of university start-ups[J]. Management Science, 2002, 48(1).

[54] Sharp E. Toward a new understanding of urban services and citizen participation: The co-production concept[J]. Midwest Rev Public Adm, 1980, 14:105 - 118.

[55] Schafft K A, Brown D L. Social capital and grassroots development: The case of Roma self-governance in Hungary[J]. Social Problems, 2000, 47(2): 201 - 219.

[56] Susan J Foster. Aged Residential Care Health Utilisation Study (ARCHUS): A randomised controlled trial to reduce acute hospitalisations from residential aged care[J]. BMC Geriatrics, 2012 (9): 54 - 65.

[57] Weisbrod B A. The Nonprofit Economy[M]. Cambridge: Harvard University Press, 1991.